Data-Driven Adaptive Scheduling and Optimization for Smart Shop Floors

数据驱动的智能车间适应性调度与优化

乔非　马玉敏　刘鹃 著

·北京·

内容简介

本书聚焦于智能制造环境下的车间调度问题，探讨一种旨在增强调度应变能力的适应性调度及其相关理论和技术方法。首先介绍了智能车间调度基本概念和需求挑战、新兴工业大数据技术和信息物理生产系统等对智能调度求解的支撑能力，然后提出了一种多级联动适应性调度体系框架，分别从鲁棒调度、实时调度、重调度和闭环优化四方面论述适应性调度的关键技术方法，最后结合案例给出系统实现及应用验证。

本书面向从事智能制造车间管理和生产调度等领域工作的科研和工程技术人员，也可供系统工程、工业工程、自动控制、机电管理等专业领域的师生使用。

图书在版编目（CIP）数据

数据驱动的智能车间适应性调度与优化 / 乔非，马玉敏，刘鹃著．—北京：化学工业出版社，2023.2
（工业智能化创新之路丛书）
ISBN 978-7-122-42638-3

Ⅰ．①数… Ⅱ．①乔…②马…③刘… Ⅲ．①车间调度 Ⅳ．①F406.2

中国版本图书馆 CIP 数据核字（2022）第 234190 号

责任编辑：宋　辉
文字编辑：李亚楠　陈小滔
责任校对：宋　玮
装帧设计：王晓宇

出版发行：化学工业出版社
　　　　（北京市东城区青年湖南街13号　邮政编码100011）
印　　装：三河市延风印装有限公司
710mm×1000mm　1/16　印张15¼　字数285千字
2023年10月北京第1版第1次印刷

购书咨询：010-64518888
售后服务：010-64518899
网　　址：http://www.cip.com.cn
凡购买本书，如有缺损质量问题，本社销售中心负责调换。

定　　价：78.00元　　　　　版权所有　违者必究

前言

伴随着互联网、大数据、人工智能等新兴技术与制造领域的高度融合和全面渗透，制造业已进入"智能制造"新时代。对于制造系统中的"智能"，也经历了由狭义"数字化"到"数字化网络化"再到"数字化网络化智能化"的概念提升过程。当下，新一代制造系统的智能性可以从结构层面的自组织性、优化层面的自适应性、决策层面的自学习性得到突出体现，是一个内涵丰富、外延宽广的综合性领域。本书聚焦于智能制造环境下的生产调度问题，探讨增强智能车间调度优化的适应性能力的相关技术方法。

生产调度作为车间控制与管理中的核心问题之一，解决的是生产资源的规划分配。自20世纪50年代以来，虽然已有大量学者致力于车间调度问题的研究并已取得了相当丰富的研究成果，但由于实用性和有效性的问题一直存在，制约了已有成果的实际应用。在实用性方面，大量调度研究专注于调度算法的创新探索，重在解决调度寻优问题，但由于优化算法的计算成本和模型偏差等因素，研究与应用间始终存在着较大鸿沟；在有效性方面，实际制造系统所处环境的复杂性和动态不确定性，往往使得寻优得到的调度方案被频繁发生的各类干扰所冲击甚至失效。

笔者致力于生产调度领域的研究多年，在此基础上，以突出实用性和有效性为目标，提出一种旨在增强车间调度对复杂动态制造系统环境应变能力的适应性调度，并带领研究团队，借助新一代信息技术，特别是以工业大数据和信息物理生产系统为支撑，进行相关理论和方法的研究探索，本书即为近年来研究工作的总结。

全书分为10章。第1章绪论，从智能制造到智能车间，再到智能车间的生产调度，引出本书的智能车间调度问题，并分析其面临的需求和挑战；第2~3章介绍新兴技术对智能车间调度问题求解的支撑能力，包括工业大数据与数据驱动技术和信息物理生产系统环境与构建技术；第4章提出智能车间调度的整体解决方案，即多级联动适应性调度体系框架；第5~8章分别针对体系框架中的四个关键技术展开论述，即针对前摄适应能力提升的鲁棒调度、针对在线适应力提升的实时调度、针对适应性调整的重调度，以及基于调度知识管理的闭环优化；第9和第10章分别是适应性调度方法的系统实现及应用验证。

本书面向从事智能制造车间管理和生产调度等相关领域工作的科研和工程技术人员，力图在面向智能制造的适应性调度与闭环优化技术、方法及系统等方面，为读者提供有价值的参考和帮助。

与本书内容相关的研究工作得到了科技部科技创新2030"新一代人工智能"重大项目子课题（2018AAA0101704）、国家自然科学基金重点项目（编号：62133011）、国家自然科学基金面上项目（编号：61873191和61973237）等的支持，也得到了团队创始人吴启迪教授的指导和帮助。在本书编写过程中，谷翔、孔维畅、房溪、王巧玲、曹秋实、肖枫、吴文靖、马丽萌、章凌威、陆晓玉、沈一路、黎声益、高陈媛等参与了研究工作，关柳恩、蔡静雯、王冬源、王怡琳、陈心一等协助了书稿整理，在此一并表示感谢。

限于笔者水平和能力有限，加之时间仓促，书中难免有不当之处，欢迎各位读者不吝批评指正。

著者

目录

第1章 绪论 / 001

1.1 智能制造与智能车间 002
- 1.1.1 智能制造 002
- 1.1.2 智能车间 003

1.2 生产调度 004
- 1.2.1 生产调度基本问题描述 004
- 1.2.2 生产调度国内外研究现状 007

1.3 智能车间生产调度面临的需求与挑战 013

第2章 工业大数据与数据驱动技术 / 021

2.1 工业大数据与智能制造 022
- 2.1.1 大数据与工业大数据 022
- 2.1.2 工业大数据特性分析 023
- 2.1.3 工业大数据技术架构 025
- 2.1.4 工业大数据在智能制造中的应用 026
- 2.1.5 工业大数据应用面临的挑战 028

2.2 工业大数据质量管理 029
- 2.2.1 工业大数据质量问题 030
- 2.2.2 领域知识无关的工业大数据质量管理 031
- 2.2.3 领域知识相关的工业大数据质量管理 034
- 2.2.4 工业大数据整体质量评价指标 040

2.3 工业大数据驱动的生产调度使能技术 043
- 2.3.1 生产特征选择 044
- 2.3.2 生产性能预测 046
- 2.3.3 调度知识挖掘 047

第3章 信息物理生产系统(CPPS) / 051

3.1 信息物理系统(CPS) 052
- 3.1.1 CPS概述 052
- 3.1.2 CPS的技术内核及运行方式 053
- 3.1.3 CPS的组织架构 054

3.1.4　CPS 的特征　　　　　　　　　　　　057
　　　3.1.5　CPS 在制造领域的应用　　　　　　　059
　3.2　面向智能制造的 CPPS　　　　　　　　　　060
　　　3.2.1　CPPS 概述　　　　　　　　　　　　060
　　　3.2.2　CPPS 的组成　　　　　　　　　　　061
　　　3.2.3　CPPS 的特征　　　　　　　　　　　062
　　　3.2.4　CPPS 的多层次体系架构　　　　　　063
　3.3　面向智能车间生产调度的 CPPS 环境构建　067
　　　3.3.1　生产调度对 CPPS 的需求分析　　　067
　　　3.3.2　面向智能车间生产调度的 CPPS 框架　068
　　　3.3.3　面向半导体生产线的 CPPS 环境构建
　　　　　　案例　　　　　　　　　　　　　　　070

第 4 章　智能车间适应性调度解决方案　　　/ 079

　4.1　智能车间多级联动适应性调度体系框架　　080
　　　4.1.1　需求分析　　　　　　　　　　　　080
　　　4.1.2　智能车间多级联动适应性调度体系
　　　　　　框架　　　　　　　　　　　　　　082
　4.2　多级联动适应性调度体系的运行演化　　　084
　　　4.2.1　体系运行演化中的多级联动　　　　085
　　　4.2.2　体系运行演化中的数据循环增值　　086

第 5 章　多目标鲁棒调度方法　　　　　　　/ 089

　5.1　多目标鲁棒调度问题描述　　　　　　　　090
　　　5.1.1　鲁棒调度概述　　　　　　　　　　090
　　　5.1.2　多目标鲁棒调度问题描述和鲁棒性
　　　　　　定义　　　　　　　　　　　　　　092
　　　5.1.3　鲁棒性度量　　　　　　　　　　　093
　5.2　多目标鲁棒调度方法框架　　　　　　　　097
　　　5.2.1　调度策略表达　　　　　　　　　　097
　　　5.2.2　多目标鲁棒调度方法框架　　　　　101
　5.3　确定环境下的多目标调度策略解集生成　　102

5.3.1　多目标优化方法　　　　　　　　　　　102
　　　5.3.2　基于仿真的优化方法　　　　　　　　　104
　　　5.3.3　SBO-NSGA-Ⅱ算法设计　　　　　　　　105
　5.4　不确定环境下的多目标鲁棒调度策略选择　　108
　　　5.4.1　基于场景规划的生产数据获取　　　　108
　　　5.4.2　基于熵权法的多目标鲁棒调度模型　　109

第6章　适应性的实时调度方法　　　　　　　　　/ 115

　6.1　实时调度问题描述　　　　　　　　　　　　116
　6.2　调度策略推荐方法　　　　　　　　　　　　117
　　　6.2.1　调度策略推荐问题描述　　　　　　　117
　　　6.2.2　调度策略推荐方法框架　　　　　　　118
　6.3　基于K-NN的调度规则推荐　　　　　　　　120
　　　6.3.1　算法框架　　　　　　　　　　　　　120
　　　6.3.2　基于GA的生产属性特征子集选择　　122
　　　6.3.3　基于K-NN的调度规则推荐模型　　　125
　6.4　基于SVR的调度参数推荐　　　　　　　　　126
　　　6.4.1　算法框架　　　　　　　　　　　　　126
　　　6.4.2　基于响应曲面法的最优样本获取　　　127
　　　6.4.3　基于SVR的调度参数推荐模型　　　　128

第7章　适应性的重调度方法　　　　　　　　　　/ 133

　7.1　重调度问题描述及方法框架　　　　　　　　134
　　　7.1.1　重调度问题描述　　　　　　　　　　134
　　　7.1.2　适应性重调度方法　　　　　　　　　136
　7.2　数据驱动的扰动在线识别与预测　　　　　　138
　　　7.2.1　扰动分类　　　　　　　　　　　　　138
　　　7.2.2　渐变型扰动识别方法　　　　　　　　139
　　　7.2.3　突发型扰动识别方法　　　　　　　　143
　7.3　全数据驱动的重调度方法　　　　　　　　　148
　　　7.3.1　基于长短期记忆神经网络的重调度

    方法框架 149
  7.3.2 LSTM 神经网络离线训练 151
  7.3.3 在线调度 152
 7.4 增强学习能力的重调度方法 152
  7.4.1 基于 DRL 的重调度问题描述 154
  7.4.2 基于 DQN 的重调度方法 156
  7.4.3 基于改进异步优势行动者评论家算法的重调度方法 158

第 8 章　适应性调度闭环优化方法　/ 165

 8.1 调度知识 166
  8.1.1 调度知识概念 166
  8.1.2 调度知识的表达 167
 8.2 调度知识管理 168
  8.2.1 调度知识管理概述 168
  8.2.2 调度知识生成 170
  8.2.3 调度知识评估与更新 171
 8.3 调度知识在线评估 172
  8.3.1 基于质量控制的调度知识评估方法 172
  8.3.2 基于生产状态变化的调度知识在线评估 176
 8.4 基于增量学习的调度知识更新方法 178
  8.4.1 基于 OS-ELM 的调度知识更新方法 178
  8.4.2 基于 Online SVR 的调度知识更新方法 180

第 9 章　智能车间适应性调度原型系统　/ 187

 9.1 智能车间适应性调度原型系统架构 188
  9.1.1 需求分析 188
  9.1.2 系统架构设计 189
 9.2 关键层级设计 192
  9.2.1 数据层设计 192
  9.2.2 分析层设计 193

9.2.3　服务层设计　　　　　　　　　　　193
　　　9.2.4　表示层设计　　　　　　　　　　　193
　9.3　智能车间适应性调度原型系统实现　　　194
　　　9.3.1　系统开发　　　　　　　　　　　　194
　　　9.3.2　系统界面　　　　　　　　　　　　197
　　　9.3.3　运行设置　　　　　　　　　　　　199
　　　9.3.4　结果展示　　　　　　　　　　　　204

第 10 章　适应性调度与优化方法验证与实施案例　/ 209
　10.1　基于适应性调度原型系统的方法验证　210
　　　10.1.1　单级调度方法验证　　　　　　　210
　　　10.1.2　多级联动适应性调度方法的综合
　　　　　　　验证　　　　　　　　　　　　　217
　10.2　以某企业航空发动机装配线 AEAL 为对象
　　　　的案例研究　　　　　　　　　　　　222
　　　10.2.1　航空发动机装配线 AEAL 介绍　222
　　　10.2.2　多级联动适应性调度方法的案例
　　　　　　　研究　　　　　　　　　　　　　226

缩略词索引　　　　　　　　　　　　　　　　 / 231

第 1 章

绪论

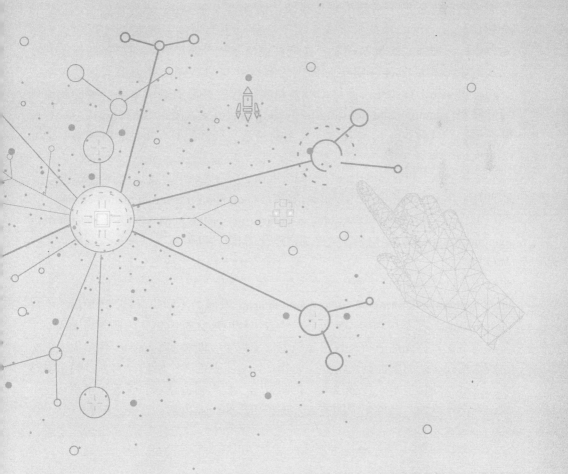

1.1 智能制造与智能车间

1.1.1 智能制造

在智能互联时代，信息革命进程持续快速演进，随着移动互联网、大数据、人工智能、物联网（internet of things，简称 IoT）、云计算等新一代信息技术在工业领域的全面渗透，催生出全新制造理念——智能制造，制造业的生产经营管理模式及运行方式发生了根本性改变。智能制造已经成为全球工业发展和产业转型升级的共同目标。

智能制造是互联网与大数据创新思维及其核心技术与制造业高度融合和全面渗透而形成的一种新型制造模式。德国"工业 4.0"认为智能制造是将制造技术与新一代信息技术集成应用于产品全生命周期，在制造过程中进行感知、分析、推理、决策与控制，实现产品需求的动态响应、新产品的迅速开发以及对生产和供应链网络实时优化的制造活动的总称，并强调信息物理系统（cyber physical system，简称 CPS）是实现智能制造的基础。美国智能制造领导者联盟（smart manufacturing leadership coalition，简称 SMLC）认为，智能制造是新一代数据与信息技术条件下的制造实践的总称，并且会对未来制造业产生深远影响。

"智能制造"（intelligent manufacturing）一词最早可以追溯到 1988 年，伴随近几十年来与其相关的计算机集成制造（computer integrated manufacturing，简称 CIM）、柔性制造（flexible manufacturin，简称 FM）、敏捷制造（agile manufacturing，简称 AM）等先进制造理念的共同发展[1]，其"智能"概念内涵已从最初的狭义"数字化"提升和拓宽为如今的"数字化网络化智能化"[2]，期间也经历了以"互联网+"为代表的"数字化网络化"智能制造[3-4]。在智能制造从 intelligent manufacturing 向 smart manufacturing 发展的不同阶段，所体现出的智能（intelligence）都不尽相同。如今，以"数字化网络化智能化"为概念内涵的新型智能制造在日益成熟的新一代信息技术的支撑下，即将演变成为一种集大成的新型制造模式。新的智能制造的含义是指在制造工业的各个阶段，将新一代信息技术与先进自动化技术、传感技术、控制技术、数字制造技术和管理技术相结合，以一种高度柔性与高度集成的方式，支持工厂和企业内部、企业之间和产品全生命周期（产品研发设计、生产加工、运营管理、维护服务到报废处理的全过程）的实时管理和优化[5-7]。

1.1.2 智能车间

我国制造业正处于新一轮科技产业变革与高质量快速发展的历史性交汇期，智能车间（工厂）作为智能制造实施的载体，对于推动产业技术优化升级，助力制造业产业模式变革，促进我国制造业迈向全球价值链中高端，具有十分重要的意义。

智能车间最早出现于美国智能制造领导联盟提出的智能过程制造（smart process manufacturing，简称 SPM），它主要是指：将所有生产要素集成到数字网络中，从而形成智能化生产系统，其关键特征包括全连接、敏捷化、自适应、自我学习、自主决策、人机协作等[8]。智能车间以新一代信息技术为基础，拥有完善的传感器网络、智能化设备与现场总线，具有一定自主性的感知、学习、分析、决策、通信与协调控制能力，能够实现智能排产、智能协同生产、设备智能互联、资源智能管控、质量智能控制、生产智能决策等功能，是贯穿产品原料采购、设计、生产、销售、服务等全生命周期的制造系统[9-10]。

智能车间着眼于打通车间生产制造的全部流程，实现从设备控制到车间资源管理所有环节的信息快速交换、传递、存储、处理和无缝智能化集成，所有的活动均能在信息空间中得到充分的数据支持、过程优化与验证，同时在物理系统中能够实时地执行活动并与信息（cyber）空间进行深度交互，实现制造过程中的自主感知、分析、推理、决策与控制，提高生产过程可控性，减少人工干预，制定合理计划排程，实现制造系统的自学习、自适应和自组织能力。

其中，自适应能力主要体现在生产环节，在不确定环境下生产运行仍可保持稳定与优化。在传统车间中，生产环境相对简单，传统的生产调度研究多集中于确定环境下的生产排程与调度优化。在智能车间中，智能设备的使用及 IoT 等新一代信息技术的全面渗透，导致生产数据呈现海量式增长，使制造系统具备了对车间状态等信息的全面感知能力。这种环境下，生产精细化管理对生产调度提出了新的挑战，制造过程处于更加不确定、随机性和难以预测的内外部环境中，且呈现出一系列连续动态性特征，尤其是跨领域、跨行业、跨区域的分布式网络生产特点，使生产调度问题的复杂度突增。

因此，在新的智能制造模式下，提高调度方案对生产中各类不确定因素的响应能力，建立高效的生产调度系统是保证智能车间优化运行的关键，研究具有自适应能力的生产调度方法成为智能制造的一个重要研究方向。

1.2 生产调度

1.2.1 生产调度基本问题描述

生产调度理论的研究历程如图 1-1 所示。生产调度问题的研究在 20 世纪 50 年代随着运筹学的发展而兴起，最早可追溯到 1954 年 Johnson 发表的关于两台机床流水车间调度问题的论文[11]，学术界普遍将 Conway、Maxwell 和 Miller 的早期研究[12]视为调度理论研究的开始[13]。1971 年，生产的调度问题首次被证明为 NP 完全问题[14]，标志着调度理论研究的重大突破，自此之后，生产的调度理论不断被完善和发展。20 世纪 80 年代以来，学者们开始关注解决实际生产的调度问题，充实调度复杂性问题的研究。Carnegie Mellon 大学的 Fox[15]开展了基于约束传播的智能调度和信息系统研究，将专家系统技术首次应用于生产调度问题。20 世纪 90 年代以来，随着计算机技术、生命科学和工程科学等相互交叉发展，启发式算法[16]和神经网络[17-19]等智能算法开始广泛应用于求解调度问题。进入 21 世纪，随着大数据、人工智能、互联网等新兴技术涌入制造领域，数据驱动、人工智能等方法受到生产调度领域学者的广泛关注[20]。

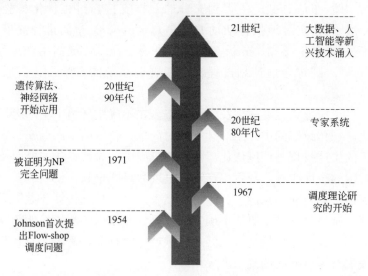

图 1-1 生产调度理论研究历程

生产调度（production scheduling）是指针对一项可分解的生产任务（如产品

制造），在尽可能满足约束条件（如工艺路线、资源情况、交货期等）的前提下，通过下达生产指令，安排其组成部分（操作）所使用的资源、加工时间及加工的先后顺序，以实现产品制造时间、成本、质量等的最优化。经典生产调度问题的描述如下。

（1）定义

给定工件集 $J = \{J_1, J_2, \cdots, J_i, \cdots, J_n\}$（$n$ 为工件总数），资源集 $R = \{R_1, R_2, \cdots, R_s\}$（$s$ 为资源总数，资源指生产所需的设备、物料、工装等），工件 i 的加工流程由工序集 $O = \{O_{i1}, O_{i2}, \cdots, O_{ij}, \cdots, O_{ip_i}\}$ 确定（l_i 为工件 i 工序总数）。生产调度问题指在满足对工件、设备及资源的约束条件下，把资源 R 按时间分配到工件的各个加工工序 O_{ij}，以使目标函数达到最优。

（2）目标函数

生产调度问题的优化目标是使其性能评价指标最优，常见的有最大完工时间最小、总加工时间最小、提前/拖期惩罚最小、设备利用率最高等，如下：

最大完工时间 C_{max}，一般使最大完工时间最小，即 $\text{Min}\{C_{max}\}$；

总加工时间 $\{\sum C_i\}$，一般使总加工时间最小，即 $\text{Min}\{\sum C_i\}$；

最大误工时间 L_{max}，一般使最大误工时间最小，即 $\text{Min}\{L_{max}\}$；

提前/拖期惩罚 $P = v_e p_e + v_t p_t$，其中，p_e 和 p_t 分别为提前和拖期惩罚；v_e 和 v_t 为相应的惩罚系数，一般使提前/拖期惩罚最小，即 $\text{Min}\{P\}$；

设备利用率 U，一般使设备利用率最高，即 $\text{Max}\{U\}$；

准时交货率 ODR，一般使准时交货率最大，即 $\text{Max}\{ODR\}$；

平均加工周期 MCT，一般使平均加工周期最小，即 $\text{Min}\{MCT\}$。

根据性能指标的不同特征，可将其划分为不同的类型，如图 1-2 所示。按照用途的不同，性能指标可分为时间相关的、成本相关的和质量相关的。按照反应灵敏度，分为短期性能指标和长期性能指标[21]。短期性能指标的统计频率较高、时间粒度较小，能较快地反映制造系统的状态变化，多为局部信息，它可进一步分为产品级和设备级，产品级包括在制品值、移动步数、移动速率等，设备级包括设备利用率、设备负荷、设备排队队长等。长期性能指标的计算需要整个长生产周期甚至整个生产过程的全局信息，因此属于系统级性能指标，能够反映制造系统全局的生产性能，也是生产调度领域最为关注的一类性能指标，包括最大完工时间、最大误工时间、准时交货率、提前/拖期惩罚、平均加工周期、成品率等。

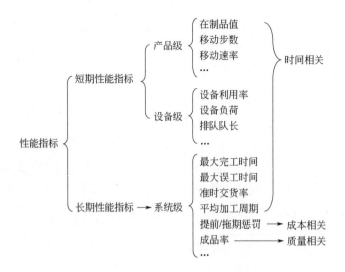

图 1-2　生产调度常见性能指标分类

（3）约束条件

制造系统调度的约束主要分为三类。

一是涉及产品加工工艺的约束。主要包括工艺流程（process flow）、指定设备加工（machine dedicated）及工序间隔时间约束（delay constraint）。工艺流程约束指工件必须按照预先规定的加工工艺顺序及步骤进行加工，是保证产品满足设计功能及要求的前提；指定设备加工约束指工件的某道工序必须由某台指定设备完成，属于一类加工匹配约束；工序间隔时间约束意味着在相邻工序之间，存在着前一道工序结束后需要在规定的时间内开始下一道工序的加工，此约束对成品率及产品质量非常重要。

二是涉及系统资源的约束。主要包括使用的设备、工具工装及人员对制造过程的限制。设备约束主要是指设备的使用条件以及设备的维修维护；工具工装约束是指制造系统使用的工具工装的类型、数量及更换时间的约束；人员约束是指完成各类专业性要求较强的任务的人员技能和数量的限制。

三是涉及满足需求的约束。包括订单交货期约束及各类制造性能约束两个方面。订单交货期约束是指产品的完工交货时间需要满足生产计划给定的时间要求，一般体现为准时要求或避免拖期要求。考虑制造系统的性能，还有生产线相关、产品相关、设备相关等多方面的性能指标，但由于不同指标之间存在着不一致甚至矛盾的地方，因而生产调度对这些性能指标的约束往往体现在重点针对某些重要指标，以及指标间的折中与平衡。

一般离散制造系统调度问题可采用 $(\alpha|\beta|\gamma)$ 三邻域法来简化表示，其中 α 表示制造系统的设备情况，包括设备类型和设备数量等，直观反映了问题规

模复杂度；β表示制造系统的加工特性和要求、资源的种类和数量、生产的约束条件等，它同时可以包含多项；γ表示生产调度要优化的目标函数，如最大完工时间、加工周期、准时交货率等性能指标。根据加工系统的复杂度，车间调度问题主要有四类基本问题模型：单机调度、并行机调度、流水车间调度及作业车间调度。

单机调度是指加工车间中只有一台设备，待加工的工件也都只有一道工序，所有工件都在这一台设备上进行加工。单机调度的任务是确定设备上待加工工件的加工顺序，以使得优化目标最优。

并行机调度是指加工系统有一组功能相同的设备，待加工的工件都只有一道工序，可选任意一台设备进行加工。其中，根据相同功能的设备组内设备的加工能力是否相同，又可将并行机调度问题分为等效并行机调度问题和非等效并行机调度问题。

流水车间（flow-shop）调度是指所有工件具有相同的单向工艺流程，需在每台设备上加工，但不出现回访设备的情况。流水车间调度的任务是确定工件在每台设备上的加工顺序，使得优化目标最优。

作业车间（job-shop）调度是指同时有多种类型工件进行加工，每种类型工件有确定的工艺流程，每个工件严格按照工艺流程进行加工，不同工件的工序间没有顺序约束。作业车间调度的任务是确定每台设备上的工件加工顺序，使得优化目标最优。

然而，实际制造系统呈现多种加工特征并存的高度复杂性，如并行机与单机并存、组批加工、工艺返流等，难以用上述四类基本问题来描述，因此，学者们提出了一系列具有特殊约束的混合车间调度问题，如考虑瓶颈设备的作业车间、具有可重入特征的半导体生产线、工艺路线可变的柔性作业车间等。

1.2.2 生产调度国内外研究现状

（1）生产调度方法

根据考虑环境的不同，生产调度方法可以分为静态调度方法和动态调度方法。静态调度方法指在调度执行前制定好调度方案，调度执行过程中按照预先制定的调度方案进行生产，且调度执行过程中不考虑设备状态、生产环境等变化的影响。动态调度则是指考虑生产环境等变化情况下的调度方法，也是更加符合实际生产系统复杂状况的调度方法。根据调度方式不同，动态调度方法一般可以分为完全反应式（completely reactive）、主动式（proactive）和预-反应式（pre-reactive）调度三类[22]。生产调度方法如图1-3所示。

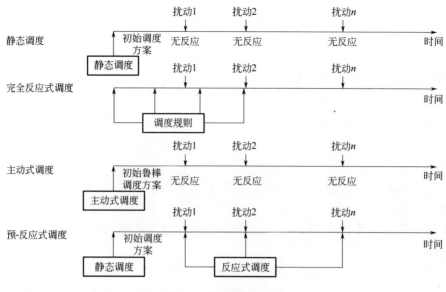

图 1-3　生产调度方法

① 完全反应式调度

完全反应式调度一般指事先不存在初始调度方案，在生产执行过程中，按照制造系统的实时生产状态，为空闲设备确定加工任务的过程。调度规则是一种最常用的完全反应式调度方法[23]。这里，调度规则是指一个启发式调度规则或多个启发式调度规则的组合，用来计算每个工件的加工优先级，并根据优先级将工件分配给设备。每当有设备空闲时，排队队列中等待的每个工件会根据调度规则计算得到一个优先级，然后，队列中的工件按照优先级高低重新排序，设备选择具有最高优先级的工件进行加工。较为常用的调度规则有 FIFO（first in first out）、SPT（shortest processing time）、EDD（earliest due date）等，Panwalkar 等[24]对 113 种不同规则进行了总结和归纳。此外，文献 [25] 列出了 26 种基本的调度规则以及它们的优先级表达式和规则定义的详细描述。调度规则是最早提出的近似算法，由于其原理简单，且较易实现，已被广泛研究和应用。

根据规则的结构特征，调度规则可分为单启发式调度规则（single dispatching rule，简称 SDR）、多启发式调度规则（multi-dispatching rule，简称 MDR）、组合式调度规则（composite dispatching rule，简称 CDR）和基于经验知识的调度规则。单启发式调度规则通常只与单个车间系统状态参数或性能参数有关，如加工工时、交货期、工序数量和到达时间，具体的规则有 SPT、EDD 等，因此，没有一个单启发式调度规则能在所有的性能指标下都表现良好。为了克服这个局限，多启发式调度规则采取制造系统中的不同设备采用不同调度规则的方式，使各设备根据自身状态达到局部优化。组合式调度规则则采取将单启发式调度规则中好的特性结合起来的方式，组合形式为用不同算子将不同规则进行组合，最常见的是计算权重，将简单优先规则进行线性组合，权值是由具体环境中工件的重要程度决定的。研究表明，组合式调度规则比单启发式调度规则更有效，因为它在继承了单启发式调度规则简洁性的同时，还在车间规模扩大时获得了一定的可扩展性。启发式调度规则有时也会使用人的经验知识，如通过对一个调度方案进行目测，从而将一道工序插入到一段空闲时间里。

关于调度规则的研究越来越多，后期成果多关注在已有规则基础上修正或生成新的规则，如通过组合或截断构造新的调度规则[26-27]，或是针对某个性能指标或者某个具体的调度环境设计新的规则[28]。调度规则具有较好的实时性，但是在决策过程中往往只能考虑局部信息，因此得到的调度方案只是可行的，无法保证其最优性。许多已有的研究表明，没有一个规则能在所有的调度环境下都比其他规则性能表现好[29]，因此，仅仅集中在构造和设计新的规则方面并不是最好的策略。由于制造系统的生产状态随着时间不断地变化，所以有必要根据系统当前的生产状态实时地调整调度规则，以适应动态变化的生产环境。

② 主动式调度

主动式调度是指在生成初始调度方案时便将不确定因素考虑在内，生成具有一定抗干扰能力的调度方案[30]。文献中常见的鲁棒调度、预测性调度等具有此类特点的均属于主动式调度[31]。根据对不确定因素的处理方式，主动式调度方法大致可分为三类：基于场景规划的方法[32]、基于随机规划的方法[33]和基于预测的方法[34]。其中，基于场景规划方法的思想是将不确定问题转化为若干个场景下的确定性调度问题进行求解。基于随机规划的方法是基于不确定性因素的概率分布和隶属度函数，构建不确定性问题模型并求解。基于预测的方法是采用预测方法将不确定性因素转化为确定性因素后进行求解。

主动式调度的目标是，在调度决策时，充分预估不确定性因素对调度性能的影响，以获得兼顾性能和鲁棒性的调度方案。主动式调度本质上是一个多目标优化问题，即调度方案的生产性能与鲁棒性两者之间的权衡。其中，鲁棒性通常涉及两个方面：性能鲁棒性和方案鲁棒性[35]。性能鲁棒性指的是调度方案执行时性能指标在不确定因素影响下的非灵敏性；方案鲁棒性也称为稳定性，指不确定条件下调度方案的稳定性。然而，多目标优化不仅需考虑单一指标下的性能与鲁棒性，还应充分考虑实际生产系统性能指标的多样性，即兼顾多个指标下的性能优化以及各性能的鲁棒性。另一方面，在实际的生产过程中，多种随机扰动的发生是不可避免的，当生产派工的实际执行与既定的调度方案产生较大偏离时，既定调度方案会失去指导效果，这时就需要重新对新系统状态下的鲁棒调度问题进行建模和求解。

③ 预-反应式调度

预-反应式调度是制造系统中最常用的动态调度方法,相关文献中对动态调度方法的定义大多指的均是预-反应式调度。与完全反应式调度的本质区别在于,它具有一个初始的调度方案。预-反应式调度是一个调度-重调度的过程,在这个过程中,调度系统会响应实时事件修改调度方案,即当原调度方案在执行过程中被干扰时,根据实时变化的生产状态,修正或重新生成新的调度方案,以适应当前状态。文献中常见的重调度、动态调度、实时调度等具有此类特点的都属于预-反应式调度[36,37]。预-反应式调度研究内容主要包括三个方面:反应式调度策略(周期性、事件驱动和混合式)、反应式调度方式(生成式和修正式)和评价指标。

随着人工智能、大数据技术在企业运营中的价值和作用日益凸显,不断有学者探索如何从工厂/车间运行数据中挖掘知识,并应用在设备故障诊断、质量控制、市场预测等领域,也可以应用于动态环境下制造系统生产调度中。在制造调度领域,关注点在于从优化的调度样本学习调度知识,即基于机器学习(或者基于数据)的方法来实现动态调度。如,Li 等[38]针对复杂制造系统,提出基于数据的适应性派工规则及调度系统框架。Mouelhi-Chibani 等[39]基于历史生产数据建立生产状态和调度规则之间的神经网络模型,根据生产线实时状态,实现实时数据的调度规则选取。Ma 等[40]采用特征提取与分类算法相结合的方法分析历史生产数据,应用支持向量机(support vector machine,简称 SVM)对经过二进制粒子群算法(binary particle swarm optimization,简称 BPSO)寻优产生的属性子集进行分类,建立调度模型,实现半导体生产线的动态调度。Choi 等[41]提出一种基于决策树的实时调度机制,该方法考虑系统状态,采用决策树算法从生产线历史数据样本集中挖掘出与派工规则相关的知识,用以指导实时调度过程中的规则选取。Guh 等[42]开发了一种基于自组织映射的神经网络模型,针对每台机器生成不同的调度规则系统,该系统通过仿真生成训练模型,再进行基于 Las Vegas Filter(拉斯维加斯过滤算法)的特征选择和归一化的数据预处理,基于自组织映射神经网络实现实时多调度规则的选取。

以上这些调度方法均基于数据驱动的思想,从历史数据中挖掘制造系统生产状态与调度方案/规则之间的映射关系模型(调度模型),基于此,根据制造系统的生产状态,选择相应优化的调度方案/调度规则。调度的触发是基于时间或基于事件,与调度决策对制造系统的影响无关。上述研究对于产生调度策略的调度知识库的有效性没有涉及,由于基于历史数据生成知识具有一定的时效性,无法确定知识是否依旧有效,因此,也无法确保其所生成的调度决策是否是优化的。此外,反应式调度旨在生产执行过程中调整调度方案以适应当前生产线状态,但是调度方案调整的目标依旧是性能指标最优或近似最优,未考虑调整后调度方案的抗干扰能力,调整后的调度方案不具有鲁棒性或鲁棒性较差。一旦又有扰动发生,还需继续调整调度方案。频繁地调整调度方案可能会造成生产线的动荡,这是管理者不愿意看到的情况。

(2) 调度优化算法

调度优化算法的研究已取得丰富的成果,许多学者对这一方面的研究成果做了综述,如学者 Jain 和 Meeran[43]对各种调度算法进行了分类、介绍和对比研究。Zhang 等[44]针对车间调度问题的求解方法进行了综述,并讨论了工业 4.0 环境下解决生产调度问题的新的思路。近年来,由于智能算法的发展,运用智能算法去解决新的更复杂的生产调度问题受到广泛关注。调度优化算法主要可以分为两大类:精确求解算法和近似优化算法,如图 1-4 所示。

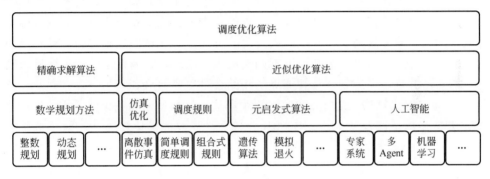

图 1-4 调度优化算法

① 精确求解算法

精确求解算法旨在求解得到调度问题的全局最优解或确定条件下的最优解,一般思路是:将生产调度问题简化为数学规划模型,然后采用整数规划、动态规划、分支定界等运筹学方法来求解。精确优化算法可以在多项式时间内求得特定调度问题的最优解或近似最优解。该方法主要应用于求解小规模、确定性的生产调度问题,对于规模较大的调度问题,加之其复杂性,精确优化算法需要花费大量的时间求解。一个 $n \times m$ 规模的作业车间调度问题,有 $(n!)^m$ 个可能的解决方案。对于大规模问题,精确求解方法很难在一个满意的响应时间内完成计算。并且,该方法基于对调度问题的统一建模,模型中任何参数变化都需要重新设计算法进行求解。因此,精确求解算法难以解决复杂多变的生产调度问题。

② 近似优化算法

复杂制造系统具有规模大、约束多等特点,其调度优化问题为 NP 难问题,加之不确定因素及动态环境的影响,使得求解其中的最优解极为困难,所以,在合理的计算复杂度内求解问题的近似最优解是近年来研究的一个方向[45,46]。近似优化算法主要有：基于仿真的优化、调度规则、智能搜索算法、人工智能算法。

a. 基于仿真的优化。基于仿真的优化方法（simulation-based optimization，简称SBO）的思路是构建制造系统的仿真模型，而后或遍历仿真待选方案，或与元启发式搜索算法相结合，求得满意解。显然，SBO能够解决复杂制造系统数学建模难的问题，但是该类方法在解空间较大的情况下，遍历仿真或搜索的时间成本较高，难以满足实时性需求。

b. 调度规则。调度规则可以快速求解调度问题，其本质是基于优先级的调度，即根据某种规则赋予每个作业一个优先级，系统根据优先级大小来确定加工序列，优先级高的优先执行。基于优先级的调度中，所有作业的加工顺序都依赖于优先级，优先级最高的作业最先被执行，工件的优先级取决于系统状态、调度目标等因素，因此，调度规则的选取是解决问题的关键[47]。在调度规则方面，针对典型调度问题设计新的调度规则和调度规则响应生产状态实时调整是近年来该领域的研究热点，并且，调度规则与智能算法相结合是研究趋势。

c. 元启发式算法。元启发式算法在生产调度领域的研究成果很丰富，包括遗传算法[48]、禁忌搜索算法[49]、模拟退火算法[50]、蚁群优化算法[51]、粒子群优化算法[52]、人工蜂群算法[53]、教与学优化算法[54]等。

元启发式算法在求解静态确定性调度问题方面已有了广泛的研究和应用，但在动态调度问题方面的研究还较少。在调度方案质量和算法本身的鲁棒性方面，元启发式算法相较于调度规则有很大的优势，但是，元启发式算法的实现和调优难度更大。此外，元启发式算法的计算复杂度高，寻优搜索的时间成本较高，使其难以满足在线调度决策的实时性需求。

以上调度优化算法的综述是根据算法的定义及自身特点来进行分类的。然而，大多数文献中并不是采用单一优化方法来求解问题，往往是通过两种或多种优化算法有机结合提出新的优化算法的方式，这样可以起到整合多种算法的优势、避免单一算法的局限性。如，Senties等[55]提出一种人工神经网络技术嵌入多目标遗传算法的方法，来解决复杂制造系统的多目标决策调度问题；Li和Gao[56]针对柔性作业车间调度提出了一种混合禁忌搜索和遗传算法。基于以上思路，现有调度优化算法多存在过度依赖机理模型、时间成本高或所需数据量大等局限性，混合智能调度优化算法是下一阶段的研究热点。

d. 人工智能算法。人工智能算法和大数据技术的引入，为生产调度问题提供了新的解决思路，通过采用人工智能的方法为生产调度提供知识支撑，以指导调度决策。传统人工智能算法基于专家手工构造的知识库来进行学习推理，如专家系统。由于难以构造较为全面的人类常识知识库，以及还存在不确定性知识，因此，依赖于知识库的人工智能方法在提升学习推理方法性能方面遇到了难以跨越的鸿沟。与基于规则、逻辑和知识的推理学习方法不同，机器学习方法从大数据出发，去洞悉海量数据中隐藏的调度知识[57-59]，包括归纳学习（inductive learning）[60]、神经网络（neural network）[61]、案例推理[62]、SVM[40]、强化学习（reinforcement learning）[63]等。

基于人工智能技术从数据和经验中挖掘支撑调度决策的调度知识是一种有效且备受关注的调度方法。大数据智能是以人工智能手段对大数据进行深入分析，探析其隐含模式和规律的智能形态，实现从大数据到知识，进而再到决策的理论方法和支撑技术。将新一代人工智能技术引入生产调度领域，把数据驱动机器学习方法与经验规则有效结合起来，探索数据驱动和知识引导相结合的智能调度方法，是调度优化方法领域的一个值得关注的重要方向。

1.3
智能车间生产调度面临的需求与挑战

在当今智能制造环境下，伴随着产品更新换代速度加快、用户需求日趋个性化、市场背景多样化，以及企业自身频繁的技术转型升级等问题，智能车间中许多问题与挑战日益尖锐：①海量、高维、多样的生产数据的处理、分析、存储；②柔性生产致使生产环境高度动态、不确定；③业务引入、技术革新、流程变动等问题时刻考验着生产运行管理架构的可靠性与拓展性。生产调度作为智能车间运行管理的核心，也面临新的需求和挑战，具体表现如下。

（1）生产调度问题更加复杂，亟须调度方法集成体系创新研究

生产调度问题由单机调度问题、并行机调度问题、流水车间调度问题、作业车间调度问题，发展到具有特殊约束的混合车间调度问题。如今，智能车间的生产调度问题复杂度大增：从系统规模角度，智能车间涉及的资源类型多样，且相互之间的耦合关系更加复杂，其调度问题难以采用已有调度模型描述；从时间维度角度，智能车间从计划到调度，从订单执行前到执行中再到执行结束，生产流程会经历不同的决策阶段，各阶段的调度问题特征有所不同，即使在同一阶段，也会因环境变化呈现出决策主体、优化目标等的动态变化；从约束条件角度，智能车间中的人、机、物、料、法、环制造要素之间的关联交互更为紧密，环境参数和系统参数的不确定性更为突出，传统数学模型难以完整描述其复杂动态约束关系。

因此，高度抽象化的局部问题模型和针对单一生产阶段的调度方法无法解决智能车间的生产调度问题，需要从更加系统化的视角，研究智能车间生产调度问题的整体描述和优化方法，构建覆盖智能车间生产执行全流程的调度体系框架。本书将集成多个调度模型或多种调度方法，且通过它们在不同阶段、不同层次或不同视图上的整合与交互来实现调度优化，以构成调度体系的研究。

（2）生产调度环境更加多变，对适应性的需求更为强烈

传统的调度方法强调在确定的生产环境下建立调度问题的数学模型，并针对该模型采用高效的优化方法求解最优解或近似最优解。智能制造的跨领域、跨行业、跨区域的分布式网络生产特点，以及横向、纵向、端到端的不同集成层次，都使智能车间处于不确定和难以预测的内外部环境中。影响生产执行的不确定因素可分为源于生产过程中的不确定因素，如设备故障或老化、工具或工装短缺、工序加工时间不确定、工件返工、操作人员缺勤、调度员决策失误等，以及源于外部环境的不确定因素，如产品需求变化、新产品试制、能源供应变化等。上述不确定因素呈现巨大差异和复杂性，从可知性角度，有完全可知、部分可知和完全不可知之分；从影响方式角度，有突发型和渐变型之分；从产生原因角度，有机因和人因之分。

在这种情况下，智能车间生产调度正面临着问题复杂性和环境变化所带来的双重挑战，对适应性调度体系和方法的需求日益迫切。提高智能车间对各类不确定因素的全面感知和应变能力，建立高效的适应性调度方法是保证智能车间稳定优化运行的关键。与此同时，CPS、人工智能、大数据等技术的应用也给智能车间带来了新的发展机遇，为智能车间适应性调度解决方案提供了技术支撑。

参考文献

[1] 吴澄，李伯虎. 从计算机集成制造到现代集成制造——兼谈中国 CIMS 系统论的特点[J]. 计算机集成制造系统，1998，4（5）：1-6.

[2] "新一代人工智能引领下的智能制造研究"课题组. 中国智能制造发展战略研究[J]. 中国工程科学，2018，20（4）：1-8.

[3] 李杰，倪军，王安正. 从大数据到智能制造[M]. 上海：上海交通大学出版社，2016.

[4] 杨善林. 面向工业互联网的智能制造[J]. 中国信息化，2019（8）：7-9.

[5] 周济. 智能制造——"中国制造2025"的主攻方向[J]. 中国机械工程，2015，26（17）：2273-2284.

[6] Zhou J, Li P G, Zhou Y H, et al. Toward new-generation intelligent manufacturing [J]. Engineering, 2018, 4（1）: 11-20.

[7] 国家制造强国建设战略咨询委员会，中国工程院战略咨询中心. 智能制造[M]. 北京：电子工业出版社，2016.

[8] Zhang Q, Grossmann I E, Sundaramoorthy A, et al. Data-driven construction of Convex Region Surrogate models [J]. Optimization and Engineering, 2016, 17(2): 289-332.

[9] James T. Smart factories [J]. Engineering and Technology, 2012, 7(6): 64-67.

[10] 焦洪硕, 鲁建厦. 智能工厂及其关键技术研究现状综述[J]. 机电工程, 2018, 35(12): 1249-1258.

[11] Johnson S M. Optimal two-and three-stage production schedules with setup times included [J]. Naval Research Logistics Quarterly, 1954, 1(1): 61-68.

[12] Conway R W, Maxwell W L, Miller L W. Theory of scheduling [M]. Boston, USA: Addison-Wesley, Reading N Y, 1967.

[13] 徐俊刚, 戴国忠, 王宏安. 生产调度理论和方法研究综述[J]. 计算机研究与发展, 2004, 41(2): 257-267.

[14] Cook S. The complexity of theorem-proving procedures [C] // Proceedings of the third Annual ACM Symposium on Theory of Computing. New York, N Y, USA: ACM, 1971: 151-158.

[15] Fox M S. Constraint-directed search: A case study of job shop scheduling [D]. Pittsburgh: Carnegie Mellon University, 1983.

[16] Biegel J E, Davern J J. Genetic algorithms and job shop scheduling [J]. Computers & Industrial Engineering, 1990, 19(1): 81-91.

[17] Simon Y F, Takefuji Y. Stochastic neural networks for solving job-shop scheduling [C] // Proceedings of IEEE International Conference on Neural Networks. San Diego, CA, USA: IEEE, 1988: 275-282.

[18] Zhou D N, Cherkassky V, Baldwin T R, et al. A neural network approach to job-shop scheduling [J]. IEEE Trans on Neural Networks, 1991, 2(1): 175-179.

[19] 王万良, 吴启迪. 基于hopfield神经网络求解作业车间调度问题的新方法[J]. 计算机集成制造系统, 2001, 7(12): 7-12.

[20] 乔非, 倪嘉呈, 马玉敏. 生产计划调度发展研究[C]//2012—2013控制科学与工程学科发展报告. 北京: 中国科学技术出版社, 2014: 110-117, 237-238.

[21] 乔非, 许潇红, 方明, 等. 半导体晶圆生产线调度的性能指标体系研究[J]. 同济大学学报(自然科学版), 2007, 35(4): 537-542.

[22] Ouelhadj D, Petrovic S. A survey of dynamic scheduling in manufacturing systems [J]. Journal of Scheduling, 2009, 12(4): 417-431.

[23] Haupt R. A survey of priority rule-based scheduling[J]. Operations-Research-Spektrum, 1989, 11(1): 3-16.

[24] Panwalkar S S, Iskander W. A survey of scheduling rules [J]. Operations Research, 1977, 25(1): 45-61.

[25] Gere W S. Heuristics in job shop scheduling[J]. Management Science, 1966, 13(3): 167-190.

[26] Tay J C, Ho N B. Evolving dispatching rules using genetic programming for solving multi-objective flexible job-shop problems [J]. Computers & Industrial Engineering, 2008, 54(3): 453-473.

[27] Chen B, Matis T I. A flexible dispatching rule for minimizing tardiness in job shop scheduling [J]. International Journal of Production Economics, 2013, 141(1): 360-365.

[28] Vázquez-Rodríguez J, Petrovic S. A new dispatching rule based genetic algorithm for the multi-objective job shop problem[J]. Journal of Heuristics, 2010, 16(6): 771-793.

[29] Blackstone J H, Phillips D T, Hogg G L. A state-of-the-art survey of dispatching rules for manufacturing job shop operations [J]. International Journal of Production Research, 1982, 20(1): 27-45.

[30] Liu F, Wang S B, Hong Y, et al. On the robust and stable flowshop scheduling under stochastic and dynamic disruptions [J]. IEEE Transactions on Engineering Management, 2017, 64(4): 539-553.

[31] Drwal M, Rischke R. Complexity of interval minmax regret scheduling on parallel identical machines with total completion time criterion[J]. Operations Research Letters, 2016, 44(3): 354-358.

[32] Pereira J. The robust (minmax regret) single machine scheduling with interval processing times and total weighted completion time objective [J]. Computers & Operations Research, 2016, 66: 141-152.

[33] Alimoradi S, Hematian M, Moslehi G. Robust scheduling of parallel machines considering total flow time [J]. Computers & Industrial Engineering, 2016, 93: 152-161.

[34] Xiong J, Xing L N, Chen Y W. Robust scheduling for multi-objective flexible job-shop problems with random machine breakdowns [J]. International Journal of Production Economics, 2013, 141(1): 112-126.

[35] Herroelen W, Leus R. Project scheduling under uncertainty: Survey and research potentials [J]. European Journal of Operational Research, 2005, 165(2): 289-306.

[36] Katragjini K, Vallada E, Ruiz R. Flow shop rescheduling under different types of disruption [J]. International Journal of Production Research, 2013, 51(3): 780-797.

[37] Qiao F, Ma Y M, Zhou M C, et al. A novel rescheduling method for dynamic semiconductor manufacturing systems [J]. IEEE Transactions on Systems, Man, and Cybernetics: Systems, 2020, 50(5): 1679-1689.

[38] Li L, Sun Z J, Zhou M C, et al. Adaptive dispatching rule for semiconductor

wafer fabrication facility [J] . IEEE Transactions on Automation Science and Engineering, 2013, 10 (2): 354-364.

[39] Mouelhi-Chibani W, Pierreval H. Training a neural network to select dispatching rules in real time [J] . Computers & Industrial Engin- eering, 2010, 58 (2): 249-256.

[40] 马玉敏, 乔非, 陈曦, 等. 基于支持向量机的半导体生产线动态调度方法 [J] . 计算机集成制造系统, 2015, 21 (3): 733-739.

[41] Choi H S, Kim J S, Lee D H. Real-time scheduling for reentrant hybrid flow shops: A decision tree based mechanism and its application to a TFT-LCD line [J]. Expert Systems with Applications, 2011, 38 (4): 3514-3521.

[42] Guh R S, Shiue Y R, Tseng T Y. The study of real time scheduling by an intelligent multi-controller approach [J]. International Journal of Production Research, 2011, 49 (10): 2977-2997.

[43] Jain A S, Meeran S. A State-of-the-Art Review of Job-Shop Scheduling Tech-niques [J] . Journal of Chemical Information and Modeling, 1998 (1): 1-48.

[44] Zhang J, Ding G, Zou Y, et al. Review of job shop scheduling research and its new perspectives under Industry 4.0 [J]. Journal of Intelligent Manufacturing, 2019, 30 (4): 1809-1830.

[45] Shen X N, Yao X. Mathematical modeling and multi-objective evolutionary algorithms applied to dynamic flexible job shop scheduling problems [J] . Information Sciences, 2015, 298: 198-224.

[46] Branke J, Nguyen S, Pickardt C W, et al. Automated design of production scheduling heuristics: A review [J]. IEEE Transactions on Evolutionary Computation, 2016, 20 (1): 110-124.

[47] Fan H L, Xiong H G, Jiang G Z, et al. Survey of the selection and evaluation for dispatching rules in dynamic job shop scheduling problem [C]// Proceedings of 2015 Chinese Automation Congress (CAC). Wuhan, China: IEEE, 2015: 1926-1931.

[48] Joo C M, Kim B S. Hybrid genetic algorithms with dispatching rules for unrelated parallel machine scheduling with setup time and production availability [J]. Computers & Industrial Engineering, 2015, 85: 102-109.

[49] Bu H N, Yan Z W, Zhang D H. Application of case-based reasoning-Tabu search hybrid algorithm for rolling schedule optimization in tandem cold rolling [J]. Engineering Computations, 2018, 35 (1): 187-201.

[50] Cruz-Chávez M A. Neighborhood generation mechanism applied in simulated annealing to job shop scheduling problems [J]. International

Journal of Systems Science, 2015, 46 (15): 2673-2685.

[51] Zhang X, Wang S, Yi L, et al. An integrated ant colony optimization algorithm to solve job allocating and tool scheduling problem [J]. Proceedings of the Institution of Mechanical Engineers, Part B: Journal of Engineering Manufacture, 2018, 232 (1): 172-182.

[52] Nouiri M, Bekrar A, Jemai A, et al. An effective and distributed particle swarm optimization algorithm for flexible job-shop scheduling problem [J]. Journal of Intelligent Manufacturing, 2018, 29 (3): 603-615.

[53] Asadzadeh L. A parallel artificial bee colony algorithm for the job shop scheduling problem with a dynamic migration strategy [J]. Computers & Industrial Engineering, 2016, 102: 359-367.

[54] Li J Q, Pan Q K, Mao K. A discrete teaching-learning-based optimisation algorithm for flowshop rescheduling problems [J]. Engineering Applications of Artificial Intelligence: The International Journal of Intelligent Real-Time Automation, 2015, 37: 279-292.

[55] Senties O B, Azzaro-Pantel C, Piboul-eau L, et al. Multiobjective scheduling for semiconductor manufacturing plants [J]. Computers & Chemical Engineering, 2010, 34 (4): 555-566.

[56] Li X, Gao, L. An effective hybrid genetic algorithm and tabu search for flexible job shop scheduling problem [J]. International Journal of Production Economics, 2016, 174: 93-110.

[57] Bandaru S, Ng A H C, Deb K. Data mining methods for knowledge discovery in multi-objective optimization: Part A -Survey [J]. Expert Systems with Applications, 2017, 70: 139-159.

[58] Bandaru S, Ng A H C, Deb K. Data mining methods for knowledge discovery in multiobjective optimization: Part B-New developments and applications [J]. Expert Systems with Applications, 2017, 70: 119-138.

[59] Priore P, Gómez A, Pino R, et al. Dynamic scheduling of manufac-turing systems using machine learning: An updated review [J]. Artificial Intelligence for Engineering Design, Analysis and Manufacturing, 2014, 28 (1): 83-97.

[60] Olafsson S, Li X. Learning effective new single machine dispatching rules from optimal scheduling data [J]. International Journal of Production Economics, 2010, 128 (1): 118-126.

[61] 臧文科, 刘希玉. 一种 HopField 神经网络能量函数改进下的作业车间调度 [J]. 计算机应用研究, 2011, 28 (6): 2052-2054.

[62] Priore P, David D L, Gomez A, et al. A review of machine learning in dynamic scheduling of flexible manufacturing systems [J]. Artificial Intelligence for Engineering Design, Analysis and

Manufacturing, 2001, 15(3): 251-263.

[63] Chen X, Hao X C, Hao W L, et al. Rule driven multi objective dynamic scheduling by data envelopment analysis and reinfor-cement learning [C]// Proceedings of IEEE International Conference on Automation and Logistics. Hong Kong, China: IEEE, 2010: 396-401.

第 2 章 工业大数据与数据驱动技术

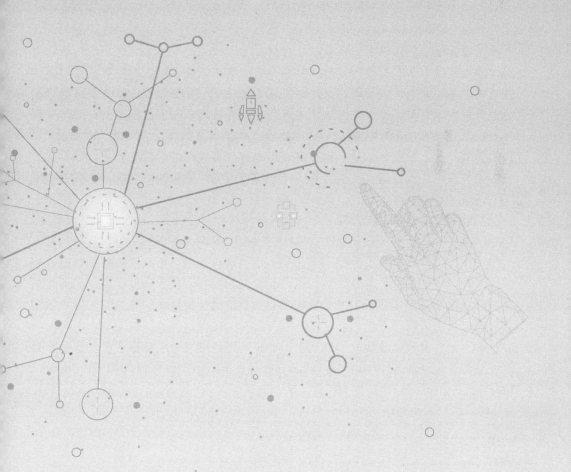

智能制造环境下的系统通常采用大量先进的计算机信息技术、传感器及通信技术等，为车间调度提供坚实可靠的技术基础。这些基础设施和技术在生产制造各个流程和环节的广泛应用，使制造系统积累了大量与生产调度相关的工业大数据，从工业大数据中可以挖掘宝贵的调度知识，建立基于数据驱动的生产实时调度方法，实现高效、高质的调度目标。本章主要阐述智能制造背景下工业大数据的特性、技术架构、应用流程以及挑战，其次从领域知识是否关联的角度分析了工业大数据质量管理相关技术及评价指标，最后面向制造领域介绍了由工业大数据驱动的生产调度使能技术。

2.1 工业大数据与智能制造

2.1.1 大数据与工业大数据

大数据是一种规模大到在获取、存储、管理、分析方面大大超出了传统数据库软件工具能力范围的数据集合，具有海量的数据规模、快速的数据流转、多样的数据类型和低的价值密度四大特征。从 Gartner 于 2012 年首次发表了大数据相关报告至今，大数据已经成为了学术界和产业界最为热门的话题之一。除了早期 Google 利用大数据预测流感这一知名案例之外，大数据在社会科学、商业经济、物流仓储、人工智能、工业工程、交通运输等众多领域的研究与应用方面都起到了很大的作用。大数据已经从最初的概念演变成为了一种新的解决问题的方法或工具。

工业大数据是指在工业领域中，围绕典型智能制造模式，从客户需求到订单、计划、研发、设计、工艺、制造、采购、供应、库存、发货和交付、售后服务、运维、报废或回收再制造等整个产品全生命周期各个环节所产生的各类数据及相关技术和应用的总称。工业大数据以产品数据为核心，极大延展了传统工业数据范围，在这个基础上还衍生了一系列工业大数据的相关技术和应用。工业大数据主要来源可分为以下三类[1]：

- 运营管理业务数据。也就是工业企业传统意义上的数据资产，包括来自企业资源计划（enterprise resource planning，简称 ERP）、产品生命周期管理（product lifecycle management，简称 PLM）、供应链管理（supply chain management，简称 SCM）、客户关系管理（customer relationship management，简称 CRM）和能源管

理系统（energy management system，简称 EMS）等的数据。例如，产品图纸及相关设计数据、物料清单、员工行为及绩效等信息。

- 设备物联数据。通过设备物联网可以自动采集生产设备与交付产品的实时状态及工况数据，如转速、加速度、温度、故障率等。该类数据为智能工厂生产调度、质量控制和绩效管理提供数据依据，同时帮助企业提高设备运行效率，拓展新的制造服务。通常来说，此类数据的体量增长最快。

- 外部数据。包括产品售后情况、运营情况数据，还包括客户名单、供应商名单、外部互联网等数据。文献[2]指出 90%外部数据产生于互联网，包括互联网市场数据（如新闻、博客等）、原材料数据、与竞争对手产品相关的数据等。

工业大数据来源多样，种类丰富，而且蕴含着巨大的经济社会价值，是智能制造的核心动力之一，也是实施生产过程智能化、流程管理智能化、制造模式智能化的重要基础。工业大数据与智能制造之间存在着相互依存、相互促进的共生关系。一方面，智能制造是工业大数据的载体和产生来源，其各环节由于信息化和自动化所产生的数据构成了工业大数据的主体。另一方面，智能制造又是工业大数据形成的数据产品最终的应用场景和目标。工业大数据描述了智能制造各生产阶段的真实情况，在复杂的数据集中挖掘出有价值的信息，发现新的规律与模式，提高工业生产的效率，从而促进工业生产模式的创新与发展[3]。

2.1.2 工业大数据特性分析

工业大数据作为大数据的其中一个重要分支，在大型工业环境下首先表现出大数据的"5V"特征[4]，包括海量性、多样性、快速性、价值性、真实性，如图2-1所示。

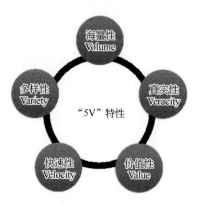

图 2-1 工业大数据"5V"特性

海量性（Volume）：工业大数据体量大小与数据所含的信息价值密切相关。

随着智能车间中大量机器设备的接入以及互联网的广泛深度应用，其产生的高频数据持续涌入，大型工业企业的数据量达到PB甚至EB级别，数据存储的规模巨大。

多样性（Variety）：指工业大数据的来源和类型多样。一方面，工业大数据存在于机器设备、工业产品、管理系统、互联网等各个环节以及各环节的不同层面，信息来源具有广度性和深度性。另一方面，工业大数据包括结构化、半结构化以及非结构化数据，如音频、视频、图片、地理信息等，对数据处理的技术有更高的要求。

快速性（Velocity）：快速性主要体现在工业大数据规模增长的速度以及数据处理的响应速度。工业大数据主要来源于生产车间，由于车间中的设备和测点多，采集频率高，因此设备运行参数、生产数据、传感器数据等通常呈现"爆炸式"增长的现象。同时，工业辅助决策比较依赖于数据分析的结果，对数据分析与处理的时效性有严格的要求，要求瞬时写入大规模数据，数据吞吐量大，呈现出快速性、高通量的特点。

价值性（Value）：价值性是工业大数据最重要的"V"特性。随着互联网及IoT的广泛应用，信息感知无处不在，信息量急速膨胀，然而工业大数据价值密度低，而且价值分配不均匀。如何结合业务逻辑、领域知识及先进的数据分析及处理技术来挖掘大数据的潜在价值，是工业大数据应用亟须解决的问题。

真实性（Veracity）：指工业大数据的准确性、可靠性及完整性。相比于其他行业的大数据，制造企业更加关注工业数据质量以及处理、分析技术和方法的可靠性，并且其对工业数据分析的置信度要求较高，仅依靠统计相关性分析不足以支撑故障诊断、预测预警等工业应用。因此，需要将物理模型与数据模型结合，挖掘因果关系。

上述为工业大数据与大数据的共性特点。此外，工业大数据自身还具有时序性、闭环性、复杂性、强关联的特性[5,6]。

时序性：工业领域包含大量的时序数据，如订单数据、生产监测数据、设备状态数据、产品周期数据等。这些数据需要持续采集，具有鲜明的动态时空特性。

闭环性：工业大数据完成从数据采集、数据分析、决策支持的全过程，并在此过程中实现工业生产动态调整和持续优化的闭环控制。

复杂性：工业大数据间隐性的、系统性的干扰多，变量间耦合性强，数据分析异常复杂。此外，工业大数据分析并不是仅仅分析相关性就可以挖掘出价值的，在工业生产中，价值大小与可靠性成正比，只有稳定的、可靠性高的产品才具有巨大的价值。工业生产容错率低，这也是工业大数据分析极为复杂的原因之一。

强关联：工业大数据反映的是工业的系统性及其复杂动态关系，不是数据字段的关联，而是机理层面的语义关联。主要有产品部件之间的数据关联、生产过程之间的时序关联与数据关联、产品生命周期（包括设计、制造、服务等）不同环节的数据关联以及所涉及领域知识的关联关系。

2.1.3 工业大数据技术架构

工业大数据的技术架构由数据采集、数据存储、数据质量管理、数据分析与挖掘、数据服务与应用这几个部分组成，如图2-2所示。

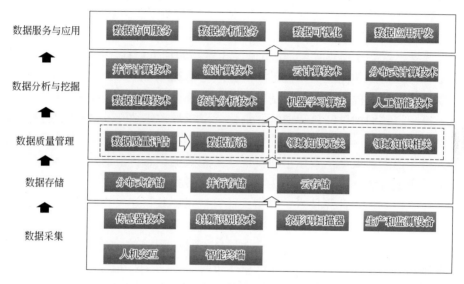

图 2-2 工业大数据技术架构

数据采集。传统大数据采集主要包括数据库、系统日志以及网络数据采集方式。工业大数据则在此基础上，主要通过传感器技术，结合无线射频识别技术（radio frequency identification，简称RFID）、条形码扫描器、生产和监测设备、人机交互、智能终端等手段采集工业领域的多源异构数据和信息，涵盖结构化、半结构化及非结构化三种数据类型，并通过互联网、IoT等技术进行实时可靠传输[7]。

数据存储。指在实现数据访问可靠性和可用性的同时，对大规模数据集的存储和管理。由于工业大数据的海量多源异构等多项特性，传统数据存储技术无法有效负荷其有效且高质量的存储。一方面，任何设备或机器都存在物理上限，包括内存容量、计算能力、处理速度等，因此集中式存储工业大数据对存储服务器的性能要求非常严苛。相比于集中式存储，分布式存储技术（如Hadoop分布式系统基础架构）更加适用于工业大数据，它采取可扩展的系统结构，将数据分散存储在多台独立设备，有效提高数据存储的可靠性和安全性。另一方面，处理器和数据存取速度不匹配问题是大规模数据实时计算处理的一大挑战，并行存储技术的发展为该难题提供了可能的解决方案[8]。除此之外，作为基于云计算技术发展出来的一种共享基础架构的方法，云存储具有高可扩展性、高可用性、采用多种形式和支持资源有效分发等特点，为工业企业提供了更多的数据存储选择。

数据质量管理。工业大数据的质量与具体应用对象特性相关，高质量的工业大数据是进行有效数据分析应用的前提。数据质量管理的主要流程包括数据质量评估和数据清洗两部分，在处理过程中根据是否依赖特定业务知识，又可划分为领域知识无关和领域知识相关的数据质量管理技术。数据质量管理从原始数据中提炼出低噪声、符合业务需求、价值密度相对高的加工数据，为数据分析与挖掘、数据服务与应用提供优质"原材料"（详细见第2.2节）。

数据分析与挖掘。数据分析是指用适当的统计分析方法对收集来的大量数据进行分析，将它们加以汇总和理解并消化，以求最大化地开发数据的功能，发挥数据的作用。数据挖掘是指从大量的数据中通过算法搜索隐藏于其中信息的过程。数据分析与挖掘，就是从数据里面发现业务相关的、有价值的知识和信息，从而达到辅助企业决策、改进产品、优化业务运营等目的。相关技术包括并行计算技术、流计算技术、云计算技术、分布式计算技术、数据建模、统计分析、机器学习、人工智能等技术。综合来看，数据分析与挖掘是工业大数据技术应用流程中的一个核心环节[9]。

数据服务与应用。主要包括提供数据访问服务、数据分析服务、数据可视化、数据应用开发等。数据访问服务对外提供原始数据、加工数据、分析与挖掘结果数据。数据分析服务对外提供大数据平台的各种数据模型。数据可视化就是在整合原始数据、加工数据以及分析与挖掘结果数据的基础上，借助可视化技术，更直观、清晰、简洁地展示相关信息，易于企业或用户理解和分析，提高决策效率。数据应用开发通常是针对特定工业场景，以工业场景相关的大数据集为基础，集成工业大数据系列技术与方法，获得有价值信息的过程[1]。

2.1.4 工业大数据在智能制造中的应用

在智能制造领域中，随着自动化及信息化水平的不断提高，企业拥有更丰富的工业大数据，例如设计数据、传感数据、系统运行参数及数据、生产与供应链数据等，工业大数据在其支撑产品的完整生命周期进行循环价值流动，主要历经需求与订单、研发与设计、生产与制造、物流与交付、运维与服务、报废与再制造6个重要阶段，如图2-3所示。其中，生产与制造、物流与交付可以合并为生产与供应阶段。下面针对研发与设计、生产与供应、运维与服务3部分阐述工业大数据在智能制造中的典型应用。

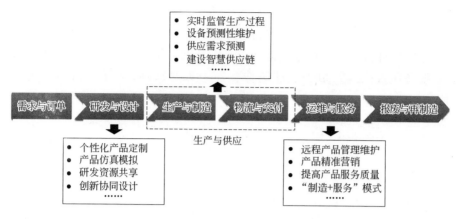

图 2-3 工业大数据生命周期及应用流程

研发与设计阶段。研发大数据包括市场各产品供需数据、客户订单数据、企业设计的产品模型、个性化数据及相关资料等。工业大数据应用在研发设计环节能有效提高企业的创新水平、研发效率及质量，以智能化设计支撑智能化生产，有效提高企业的研发效率与质量、节约研发成本。例如，传统产品设计模式基于设计师思维与经验，针对性不强，难以满足客户日益个性化和多样化的需求，企业通过采集相关大数据，借助数据、技术及应用来精准量化客户需求，指导下一步的产品研发、设计和改进，依托柔性化生产流程实现客户参与的个性化产品定制。企业基于大数据对产品进行仿真模拟、评估分析、改进优化，优化生产工艺，降低成本与能耗；建设研发设计知识库，实现供应链相关企业之间的研发资源共享和创新协同设计等。

生产与供应阶段。生产供应大数据主要包括生产工艺过程参数、设备运行参数、产品质量、生产线排产负荷、物料信息、人员排班、能量损耗、管理信息、企业资产、供应链上下游企业及客户管理等。借助生产供应相关的工业大数据，企业可通过实时监控与管理生产过程来优化生产流程、提高工艺水平，同时结合对设备的预测性维护来提升产品的整体质量、节约生产成本，并且保障生产安全。基于大数据进行需求预测，合理安排采购、生产，除此之外，通过数据挖掘为供应链物流的智能化运作提供实时决策依据，促进智慧供应链的建设与管理。

运维与服务阶段。运维服务大数据主要包括产品中嵌入式传感器数据、产品销售数据、客户数据、产品评价数据、产品退换货及维修数据等。智能制造大环境下，数据驱动企业创新模式，从被动服务、定期服务发展成为主动服务、实时服务。基于运维与服务大数据，企业可以通过远程监控，分析产品实时运行状态数据，实现远程产品管理、故障诊断及预测性维护等在线增值服务，从而降低维护成本，提高产品利用率。针对客户需求和行为的分析结果，企业可划分消费群体，进行产品精准营销，扩大市场份额，提升客户的满意度及忠诚度；通过分析客户对产品的评价、反馈以及投诉意见，指导产品的设计及改进，提高产品质量及售后服务质量；还可为用户提供延伸服务，实现以产品为核心的经营模式向"制造+服务"的模式转变。

2.1.5　工业大数据应用面临的挑战

工业大数据的发展顺应时代，在世界各国政策扶持下，应用前景广阔。但是，在真正满足当前制造领域现实需求中，工业大数据及其技术应用的现状仍然面临着许多困难和挑战。就数据本身而言，当前工业大数据多源异构、价值稀疏，大数据管理相对滞后，面临着"3B"挑战。

质量差（bad quality）。受制于工业环境中数据获取手段的限制，包括传感器、数据采集硬件模块、通信协议和组态软件等多方面技术限制，工业大数据质量问题一直是许多企业所面临的挑战。对数据质量的管理技术是一个企业向智能制造企业转变和发展过程中必须攻克的难点。

碎片化（broken）。工业应用对于数据的要求并不仅在于量的大小，更在于数据的全面性。在应用数据建模方法解决问题时，需要获取与被分析对象相关的全面参数，而一些关键参数的缺失会使数据碎片化，分析过程难以进行。例如，分析航空发动机性能时需要温度、空气密度、进出口压力、功率等多个参数，缺失任意一个参数都无法建立完整的性能评估和预测模型。

隐藏背景（background below the surface）。除了对数据所反映出来的统计特征进行分析以外，还应该关注数据中所隐藏的背景相关性，这对数据分析起着至关重要的作用。对这些隐藏相关性进行分析和挖掘时，需要一些具有参考性的数据进行对照（即"贴标签"），包括工况设定、维护记录、任务信息等。

除了上述"3B"挑战外，工业大数据的应用还存在着其他诸多挑战，包括：企业间信息孤岛普遍存在，数据集成贯通困难；工业系统规模巨大、复杂性高，对数据存取速度、计算性能等方面的要求严苛；工业软件和设备受限较多，物联接入设备困难，数据流通不畅；工业大数据的应用深度不足；数据安全性问题等等。因此，要充分挖掘大数据的价值、促进工业大数据的广泛应用、有效推动制造业向智能制造的发展变革，必须突破上述瓶颈、解决关键问题。

2.2 工业大数据质量管理

工业大数据质量可以被定义为：一组工业大数据的质量特性满足产品的需求、设计、生产、制造、销售及维护等过程的能力[10]。工业大数据作为建成"智能制造大厦"的关键支撑，围绕其建立全面、客观、可行的数据质量管理体系是为智能制造提供良好服务的重要保证。

工业大数据质量管理主要包括数据质量评估和数据清洗两个重要流程，如图2-4所示。

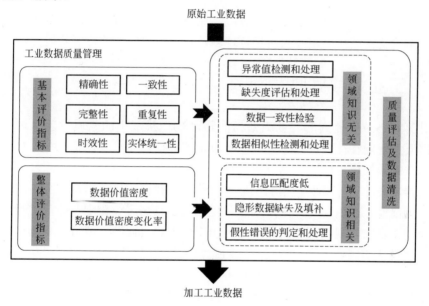

图 2-4 工业大数据质量管理

数据质量评估将多个维度纳入评价体系，从多个方面综合考查数据质量及其缺陷，通过公式、模型或算法等对数据各个指标进行定性量化。其中，常用的基本评价指标有：精确性、一致性、完整性、实体统一性、重复性和时效性。具体定义如下。

- 数据精确性：数据测量值与实际值的符合度。
- 数据一致性：数据关联逻辑关系的相容程度。
- 数据完整性：数据支持可追溯来源，不存在缺失的程度。
- 数据重复性：相同变量条件下同一物体测量结果的偏差程度。

- 数据时效性：数据符合应用时效要求程度。
- 数据实体同一性：刻画同一实体在不同信息记录中拥有同一标识的程度。

上述基本评价指标涵盖数据质量的基本要求，但是原始收集的大数据质量往往与期望相差甚远，质量治理因而成为数据应用前的一道重要关卡。数据清洗是提高数据质量的一项关键技术，它主要关注数据实例层面的问题，涵盖以下几个方面：异常值检测和处理、缺失度评估和处理、数据一致性检验、数据相似性检测和处理等。

除此之外，根据是否依赖具体业务领域知识，数据质量管理还可分成两类[11]。一类是不依赖特定业务领域知识，从数据本身进行质量评估，如异常值检测、缺失值填补等，多数采用机器学习算法配合统计分析，对工业大数据普遍适用。另一类是依赖特定业务规则和领域知识，从数据本身及业务要求等方面进行质量管理，评价侧重点有所差异，不具有业务或领域通用性。下面将对数据质量问题、领域知识无关及领域知识相关的质量管理以及数据整体质量评价展开研究。

2.2.1 工业大数据质量问题

针对第2.1.5节中提到的工业大数据面临"3B"挑战中的"质量差"这一难题。数据质量问题往往表现为一个或多个质量评价指标无法满足企业和用户的实际需要，常见数据质量问题包括以下几种。

数据异常失准。异常值，指的是样本中的一些数值明显偏离其余数值的样本点，也称为离群点。由于工业生产线通常受到高温、高压、粉尘、磁场、噪声等恶劣环境因素影响，现场采集过程很可能出现数据失真问题。或者对于制造控制装备、采集设备的维护不当，缺乏有效的监管机制，致使工业大数据采集出现较大甚至严重的偏差。因此，工业大数据异常失准指的是在工业大数据集中，受制于工业现场的一系列恶劣工况、采集设备性能限制或者人为失误等因素，现场物联网络、生产制造装备、过程控制装备存在异常离群数据。异常失准数据不仅不能为生产制造提供增益，还可能因为无法及时掌握现场运行状况的第一手资料而为企业的生产经营埋下严重的安全隐患。

数据一致性差。数据一致性通常指数据源内部和外部的关联数据之间的逻辑关系是否正确和完整。由于工业企业现有的信息化系统均不同程度地存在"系统林立"甚至"系统孤立"的问题，难以在数据生产过程中采用有效的控制手段来保障各个工业系统所产生的数据的一致性。当出现数据不一致时，数据使用者必须根据实际需求做出权衡，修正数据使其与原数据一致。例如，分布式存储系统最多同时满足一致性、可用性、分区容错性中的两点，三者不可兼得[12]，如果业务要求数据一致性必须得到满足，则应在可用性和分区容错性之间作出抉择和取舍。

数据缺失问题。缺失值，指的是由于数据内在或外界因素而造成在某个属性上发生信息丢失的数据点。数据缺失问题，指工业大数据集中存在某些数值缺失或包含无效值。例如，工业现场缺乏有效的监管机制、人为误操作等导致出现数据丢包、日志缺失和工业经验知识丢失等问题。缺失值的存在，不仅使工业系统丢失大量有用信息，显著增加系统的不确定性因素，而且，在数据分析和挖掘的过程中，生产制造装备运行数据的不确定性将引起程序失效并产生无效信息，最终导致生产制造决策误判行为，带来极大的经济和安全隐患。

数据相似重复。相似值，指的是两个数据点在特征、行为、空间分布等属性上比较接近。数据相似重复指的是工业大数据中同一实例多次出现，或者多个实例相似性过高导致系统无法正确识别的现象。原始工业大数据具有多源异构性，需要进行集成处理和分析，在合并过程中会出现数据记录重复相似现象。冗余的相似数据不仅无法提高数据挖掘的价值，还极大地浪费工业系统的存储空间和管理资源。

要实现制造业智能化水平的提高，必须实现工业大数据质量评价结果满足工业企业各方面的需求。因此，建立一个覆盖数据全方位、全生命周期的质量管理体系，对上述工业大数据中数据异常失准、数据一致性差、数据缺失、数据相似重复等质量问题进行及时检测和有效处理，具有十分重要的现实意义和普适价值。

2.2.2 领域知识无关的工业大数据质量管理

领域知识无关的工业大数据质量管理指的是不考虑数据相关行业的经验知识，对数据进行一个通用的质量评估与清洗。当前研究中多采用机器学习算法进行处理，主要从异常值检测和处理、缺失度评估和处理、数据一致性检验、数据相似性检测和处理四个方面对数据质量进行评价。

（1）异常值检测和处理

异常值的处理需要以检测和识别异常数据为前提。当前异常数据检测手段主要有以下方式。

基于统计分析的方法。假设在数据服从某一分布的前提下，通过数理统计方法计算工业大数据集的统计特征指标以及数据集符合该分布的概率，以此检测不符合假设模型分布的离群点，实现对异常值的检测。该方法适用于检测序列中的离散、突变的值异常情况，但对于持续的异常序列区间难以有效地识别。而且，假设分布已知的条件过于苛刻，单一分布可能不足以完整地描述数据集特征，而多概率分布复杂性很高，也不适用于高维复杂数据的异常值检测处理。

基于邻近度/距离的方法。 数据集中偏离大部分数据的样本被认为是离群点，而偏离程度通常采用邻近度（即距离）进行描述。基于邻近度/距离的方法比基于统计分析的方法更简单，更具有一般性和实用价值，这是因为数据间的邻近度定义和计算比预设数据分布和参数估计要容易。典型的基于邻近度/距离的方法是K近邻分类（K-nearest neighbor，简称K-NN）算法，但其关注全局数据距离，离群点隶属度受K值影响大。如果K值过大，则算法对离群点不敏感，真实的异常数据可能无法被识别；如果K值过小，则对离群点敏感度很高，正常数据被划分为异常值的概率增大。因此，基于邻近度/距离的方法缺点是要求数据分布均匀，其无法处理数据集局部密度不一致的情形。

基于密度的方法。 一般而言，在特定的运行工况、工作环境等因素下，正常数据呈现密集分布状态，而异常数据则多处于低密度区域。基于密度的方法通过计算每一个数据的邻域密度，得到其局部异常因子，并根据局部异常因子来决定数据点在多大程度上属于异常值。一种常用的定义密度的方法是计算样本到若干个最近邻数据的平均距离的倒数，平均距离越小则区域密度越高。另一种则是使用基于密度的噪声应用空间聚类算法（density-based spatial clustering of applications with noise，简称DBSCAN）中的密度定义，即一个数据对象周围的密度等于该对象指定距离内对象的个数。相较于基于邻近度/距离方法只适用于均匀分布数据，基于密度的异常检测算法针对局部数据距离，可以有效解决数据集样本分布不均匀的问题。

基于聚类的方法。 异常值检测的目的是要找到与大部分数据相关性较弱甚至不相关的离群数据，而聚类算法则是要求找到簇内强关联、簇间弱相关的数据簇。如果某一数据对象不隶属于聚类后的任何一个类簇，或者隶属于其他需要丢弃的、相对孤立的小簇，则该数据对象就被认为是数据集离群点。聚类作为无监督机器学习算法，其聚类结果和计算复杂度受簇数、聚类模型、距离公式、模型参数的影响较大，而异常数据检测结果十分依赖聚类的质量，一种聚类模型可能只适用于特定任务。常用的方法有K-means及其变体算法[13]。

基于约束规则的方法。 该方法多用于时序工业大数据，主要有基于顺序依赖、速度约束等方法进行异常值检测，能够有效利用时间序列中的时序特征对高度异常的数据进行修复，但此方法通常难以满足模式多变的序列异常检测的需求[14]。

对异常值的处理手段主要有：

● 删除操作，即在经过上述检测方法后，得到每个样本的异常度，将超出异常阈值的数据进行删除操作；

● 平滑处理，如对极大值极小值进行平滑处理；

● 缺失值插补，将异常值视为空缺值并进行缺失值填补操作。

（2）缺失度评估和处理

缺失值检测通常只需要遍历所有数据样本找到存在空缺值的样本即可，因此对数据缺失的研究更多集中在缺失度评估和缺失值处理两个方面。在实际生产过程中，工业大数据集往往具有多个维度，在空间中具有复杂的形态，需要对数据集的缺失度进行评估，以便研究人员直观地得知数据缺失的程度。在评估缺失度时需要从整体缺失度和维度缺失度两个方面入手。整体缺失度即存在缺失值的数据占整个数据集的比例，维度缺失值则是存在缺失值的维度占所有维度的比例。在生产过程中，工业大数据集的每一维度对实际生产运营的参考价值和指导价值往往不同，此时加权维度缺失度更具有实际意义。

针对工业大数据缺失值的处理方法主要有删除数据、缺失值填补两种。

删除数据。适用于当样本集足够大，缺失数据占比较少，删除缺失数据对完备样本集的总体分布特性影响较小的情况。优点是简单易行。但是盲目删除缺失数据很可能导致信息的高损耗以及造成极大的资源浪费，尤其是在数据集缺失程度严重，缺失数据所占比例大的情况下，直接删除缺失数据会造成整个数据集分布完全失真，严重影响数据分析结果的正确性。

缺失值填补。主要分为单一填补法和多重填补法。单一填补法又称单值填补法，是指构造一个合理的单一替代值来填补原有空缺值，进而构造完整数据集。常见单一填补法有特殊值填补（如零值填补）、均值填补、中位数填补、众数填补、最大期望填补、热卡（hot deck）填补、模型填补（如K-NN、随机森林、决策树等模型）、回归填补等。其中热卡填补法又叫就近补齐，是指采用与缺失数据最相似的数据相应维度的数值作为填充值。单值填补方法常常不能反映原有数据集的不确定性，会造成较大的偏差。多重填补法，构造多个填补值并构造对应的完整数据集，然后用针对完整数据集的方法对它们进行分析得出综合的结果。这类方法主要包括插补、分析、合并三个步骤。其优点在于通过模拟缺失数据的分布，可以较好地保持变量间的关系，给出衡量估计结果不确定性的大量信息；缺点在于计算复杂。

（3）数据一致性检验

一致性问题一般是由数据语义错误或矛盾造成的。因此，对数据语义本身了解的知识越多、粒度越细，发现错误和修复错误就越有效。各类依赖是反映数据之间的语义关系的知识表示，包括传统数据库领域的函数依赖、数据质量研究领域新提出的条件函数依赖及其扩展，以及微函数依赖[15]。其中，函数依赖描述了整个关系实例所有元组应满足的约束；条件函数依赖及其扩展描述关系实例的部分元组应满足的约束；微函数依赖描述相关实例某些属性之间的语义约束。从函数依赖到条件函数依赖再到微函数依赖，所描述的语义知识逐渐细化，前者均可用后者来描述，因此使用后者往往可解决前者无法发现和修复的一致性错误。

（4）数据相似性检测和处理

传统的"排序+合并"算法解决了如何检测数据库中完全重复记录的问题：它先将数据库中记录排序，然后通过比较邻近记录是否相等来检测完全重复记录。而更具一般性的相似重复数据的检测通常是对数据进行相似性度量，根据相似度判断数据集是否存在相似重复记录。

相似重复数据检测。 相似重复数据检测需要比较两条数据记录之间各属性字段的相似度，可细分为基于字面的检测和基于语义的检测方法。基于字面的检测方法根据查询和文档之间完全相同的词个数和位置来估计查询和文档的相关性；基于语义的检测方法利用词嵌入技术学习得到词的低维稠密的向量表示，接着在学习到的向量空间中计算查询和文档的语义相关程度[16]。相应识别算法主要有字段匹配算法、编辑距离（levenshtein distance）算法、余弦相似度函数以及其他相似度函数[17]、聚类算法、N-Grams算法[18]等。其中，字段匹配算法用来确定两个字段值是否表示同一个语义实体的句法上的可替换者；编辑距离算法计算从一个数据变换到另一个数据所需要的最少变化操作步骤，易于实现且较为常用；余弦相似度等相似度公式计算主要是通过数据公式计算两两数据之间的相似程度（包括角度和模长相似程度），更多地用于文本相似度检测；聚类算法通过计算，将相似的数据归为一类；N-Grams算法给每个记录赋予N-Grams值，以此为键值生成一个哈希表，然后根据哈希表来判断记录之间的相似性，对插入、删除错误很敏感。

相似重复数据处理。 相似重复数据处理方法主要是在相似性检测之后，对较高相似度的数据记录进行合并或者删除操作，这是改善数据质量的关键步骤[19]。主要方法有邻近排序算法（sorted-neighborhood method，简称SNM）[20]、多趟近邻排序算法（multi-pass sorted neighborhood，简称MPN）[21]、优先队列方法等。SNM算法采用的是滑动窗口的方法，提高了比较速度和匹配效率，实现较为容易，缺点是滑动窗口的大小很难控制，并且检测效果很大程度上依赖于所选的排序关键字；MPN算法在SNM基础上进行改进，优点是可以更为全面地收集重复的数据，准确度很高，不足之处是对于数据集中没有包含主键域的记录，使用起来较为烦琐；优先队列方法通过减少记录的比较次数来提高匹配效率，但是该方法复杂度大。

2.2.3 领域知识相关的工业大数据质量管理

不同于常规且通用的大数据分析与处理方法，工业大数据集成分析面向具体应用的行业背景，利用数据中隐含的行业知识与内涵，从中挖掘出常规数据分析与处理手段难以发现的内在知识与规律。所谓的"领域知识相关"，体现在行业背景、数据内涵、专家经验等领域知识对数据质量管理有更具指向性的特殊要求，即不仅仅作为通用的大数据质量管理，而是要建立针对特定业务的工业大数据质量管理体系。因此，本节选用某半导体生产企业5&6英寸（1英寸=2.54厘米）晶圆混合生产车间的真实历史数据作为对象，利用领域知识相关的工业大数据质量管理，对该生产车间的真实生产数据中信息匹配度低、隐性数据缺失、假性错误三类常见数据质量问题[22]，进行处理并提升数据质量。

对象数据选取某半导体企业生产车间某年10月全月共6.9GB的历史数据。从每天零点开始，每隔4小时采集一版数据，所采集的数据从制造执行系统（manufacturing execution system，简称MES）导出后被存储为文档。每一版数据包含30张表单，这些表单来自MES中的不同子系统，所记录的数据涵盖了生产车间在采样点前4小时的各方面信息，包括：订单信息、设备属性、工艺信息、设备状态、加工记录、维护信息。表2-1介绍了半导体企业在生产制造时用到的特定表单，以及表单中的重要属性。其中，在半导体加工车间中，卡（LOT）是加工工件在数据记录中的最小单位，每一个LOT都有对应的LOT_ID唯一命名。

表2-1 重要表单及属性介绍

表单名称	属性内容
t_process.csv	主要记录产品的工艺流程信息，以及工艺流程中各个Pd_ident的阶段、模块号、站点、工艺大组名等其他信息。每一条工艺流程由各自的Main_Pd进行命名，每个Main_Pd由一系列加工菜单Pd_ident按照工艺流程中的顺序排列组成。由于半导体生产过程的多重入特性，在单Main_Pd当中，相同的Pd_ident会循环多次出现
PD_EQ.csv	主要记录加工菜单Pd_ident与设备Eqp_ID之间的映射关系，即对于某一Pd_ident来说，有哪些设备Eqp_ID可以完成该Pd_ident的加工任务。一个Pd_ident会对应多个Eqp_ID，表明该Pd_ident可以在对应设备列表中选取任意一台空闲设备进行加工。除此之外，还记录了对应设备的批加工类型、加工能力等基础信息
t_equipment_xls.csv	主要记录对象生产线中全部设备的详细属性信息，包括设备描述、加工能力、所在加工区、设备分组、能够加工的晶圆尺寸等
t_move_history.csv	记录生产线中LOT的加工历史信息，即LOT在过去4小时进出设备的时间。除此以外，还记录了对应LOT当中的晶圆数量、进入当前设备加工所调用的Main_Pd、LOT对应的产品号等其他信息。虽然LOT_ID具有唯一性，但是若某一LOT在4小时的采样周期内多次进出设备，会出现多条相同LOT_ID的记录
t_wip.csv	记录生产线中LOT每隔4小时在采样时刻下的瞬时状态，即生产线中LOT的采样信息。只有在4小时采样周期内进出过设备的LOT才会有记录，如果某一LOT在4小时采样周期内一直处于排队或未排产状态，再或是该LOT当前步骤加工时间大于4小时，则不会留下记录。t_wip.csv当中包含了生产线中全部LOT的信息，LOT的优先级、调用的掩膜板号Mask_ID、剩余加工步数等其他信息

以下是在半导体生产领域中的一些关键领域知识，将对基于领域知识进行的数据质量管理起到关键作用。

- 半导体生产过程中一项最重要的特征是多重入，即在生产过程中一个LOT将会多次在相同类型的设备上进行加工。因此，在单一Main_Pd中，相同的Pd_ident会循环多次出现。
- 掩膜板是半导体生产过程当中的一个重要工具。因为半导体芯片具有多层构造，所以一个掩膜板号Mask_ID对应的是完成一种产品加工过程中所需的一系列子掩膜板，每一个子掩膜板决定了芯片中每一层的拓扑结构。
- 根据半导体加工的工艺需求，一个工艺流程Main_Pd与一个掩膜板号Mask_ID共同决定了某一产品的加工工艺。通常来说，一个LOT_ID将唯一映射一对Main_Pd和Mask_ID的组合。
- 在实际生产过程中，LOT在经过每一步加工过后都要进行检测，不合格的LOT将会根据具体情况进行返工或报废。

可以看出，对象半导体真实生产数据具有复杂度高、存储分散、数据格式不一致等特点，这些特点将会导致传统数据分析方法难以发现并处理的数据质量问题。

(1) 信息匹配度低

在真实的生产环境中，制造企业为了方便自身MES的功能更新与升级换代，MES通常被设计成由一系列子系统构成的结构。因此，生产数据通常被分布存储在多个具有复杂外链关系的表单当中，而这些表单则源自生产系统MES的各个子系统。但随之带来生产数据间信息匹配度低的问题，主要体现为：数据表单在外链操作过程中，不同的外链操作的结果之间存在不一致的冲突情况以及隐性数据缺失情况。造成此类冲突情况的最为常见的原因在于：MES当中不同的子系统对于生产数据的采集与记录的准则不同，即由于数据记录准则不一致造成信息冲突。由于生产企业的MES采用了模块化子系统的设计，在MES的更新、升级、换代的过程当中，受到时间和人员等客观因素的影响，不同的子系统的开发时间和开发团队都不相同，因此不同子系统对于生产数据的采集与记录的准则难以保持一致。而在数据分析所需的外链操作当中，所涉及的表单可能源自MES当中的任一子系统，最终带来了数据信息冲突的隐患。

以半导体生产中剩余加工步数为例。剩余加工步数是启发式调度算法，以及基于生产线状态的调度算法当中常用的一项重要参数。常规的获取剩余加工步数的方法是：在LOT加工历史信息中追溯LOT的加工过程，并根据LOT进出设备的次数进行逐次递减。这一常规的方法简单有效，在benchmark问题或是在仿真当中被经常使用。但是，对于真实加工数据的分析，常规方法所得到的剩余加工步数结果往往与真实的剩余加工步数之间会有偏差，如图2-5所示。这一数据冲突的本质原因在于LOT加工历史信息与工艺流程信息、生产线状态信息之间的数据记录准则不同：加工历史信息仅记录LOT在设备上的进出，而工艺流程信息和生产线状态信息则对LOT加工工艺中的每一步均有记录。要想对此类数据信息冲突问题进行有效的检测与处理，需要对实际半导体加工过程与真实生产数据的规律具有充分的了解。

Archive No.	Record from MOV		Real remaining step		Record from WIP	
	Eqp_ID	Remaining step	Pd_ident	Remaining step	Eqp_ID	Remaining step
YYYY-10-12-4AM	5P■5	32	PE■1.03	32	5P■5	32
	9P■8	31	CL■1.01	31		
YYYY-10-12-8AM	61■A	30	CL■1.01	30	61■A	30
	6A■5	29	VE■1.03	29		
	DU■4	28	AM■1.01	28		
			TI■9.01 ←	27		
YYYY-10-12-12AM	8M■0	27	TL■1.02	26		26
YYYY-10-12-16PM	6N■1	26	DS■0.01	25	6N■1	25
YYYY-10-12-20PM					6N■1	25
	DU■2	25	CH■8.01	24		
	6D■1	24	CD■0.02	23		
	2T■3	23	TX■0.01	22		
YYYY-10-13-0AM	6D■4	22	PD■1.02	21	6D■4	21

图 2-5 剩余加工步数计算

（2）隐性数据缺失的成因与填补方法

在真实生产过程当中，为了让MES中的每个子系统都能独立完成各自的功能，同时出于对生产操作人员可读性的考虑，在系统资源允许的前提下，尽可能记录多的字段信息。但从设计关系型数据库的角度考虑，这种数据存储的形式会带来大量的冗余，同时带来了隐性数据缺失问题，主要表现为：在单一的原始数据表单中不存在数据缺失的情况，但是当对多个原始数据表单进行外链操作后，生成的新表单中出现了数据的缺失。

隐性数据缺失与两个方面息息相关。一方面，是数据更新的时效性。由于对象车间的生产数据来源于MES中的不同子系统，而不同子系统对于数据更新的频率和规则难以保证一致，因此来自不同子系统的表单间在外链操作过程中，部分外键无法在对应的表单当中找到对应的条目，最终造成了隐性的数据缺失。举例来说，若表单α在某一时刻已经完成了数据的更新，而表单β依照其更新规则在该时刻并未更新，当选取这一时刻的表单α和表单β进行外链操作分析后，表单α中已更新的信息极有可能在表单β中无法找到对应的键值，最终造成了隐性数据缺失。另一方面，是数据的采样特性。在MES中有些数据是对生产过程的连续记录，而有些数据则是间隔一定的周期进行采样记录。若在这两类不同记录准则的表单之间进行外链操作，连续记录的表单中的部分信息极有可能在采样记录的表单中无法找到对应的键值,最终造成了隐性数据缺失。

针对数据时效性低造成的数据隐性缺失问题,使用基于主字段分析的缺失数据填补。从数据本身的内涵出发,通过对相关数据条目进行主字段分析后,保留主字段信息舍弃次字段信息,最终实现缺失数据的填补。例如,在对象车间数据当中,PD_EQ.csv未能实现与t_process.csv同步更新Pd_ident的版本号,因此造成了表单Tech_Eqp_Info的设备信息数据隐性缺失,如图2-6所示。常规缺失数据填补方法难以对该问题进行有效的处理,而领域知识相关的数据质量管理通过对Pd_ident的命名进行主字段分析,确定Pd_ident命名规则中的两个字段分别是工艺大组名为主字段,版本号是次字段,然后对于t_process.csv和 PD_EQ.csv中的Pd_ident仅保留的主字段内容再次导出Tech_Eqp_Info表单,从而在最小信息失真的前提下对缺失内容再进行填补。

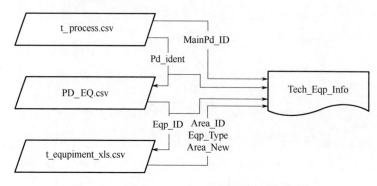

图 2-6　导出 Tech_Eqp_Info 的外链操作

针对数据采样性质造成的数据隐性缺失,使用基于工艺约束的缺失数据填补。以掩膜板号缺失为例,为了获取产品与掩膜板之间的映射关系,任选一版数据中的t_wip.csv和t_move_history.csv(如图2-7所示)进行外链操作,LOT_ID作为外链操作中的外键,得到导出后的表单LOT_Main_Mask。由于t_wip.csv具有采样的性质,仅当某一LOT在采样时刻调用了掩膜板进行加工,在t_wip.csv当中才会存在对应掩膜板的记录。除此以外,由于掩膜板对于生产过程来说属于一种竞争性资源,因此t_wip.csv当中大部分的LOT都没有掩膜板的记录。这两个原因共同造成了导出的表单LOT_Main_Mask中存在大量的缺失,因此需要利用半导体加工过程当中的工艺约束对此类数据缺失问题进行处理。

LOT_ID与Main_Pd和Mask_ID的组合之间具有唯一映射关系,根据这一工艺约束,只要某一LOT_ID出现过对应的Main_Pd或Mask_ID记录,就可以确定该LOT_ID所对应的Main_Pd或Mask_ID。先对表单LOT_Main_Mask当中的重复冗余记录进行筛除。在不考虑假性错误的情况下,处理过后的LOT_Main_Mask中的记录有以下三种情况：
- 对于某一LOT_ID，存在一条记录包含完整的Main_Pd和Mask_ID；
- 对于某一LOT_ID，存在两条记录，一条包含完整的Main_Pd和Mask_ID，另一条仅包含Main_Pd但没有Mask_ID；
- 对于某一LOT_ID，存在一条记录仅包含Main_Pd但没有Mask_ID。

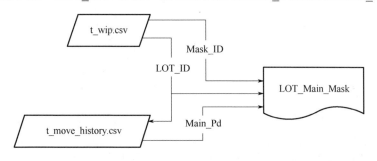

图 2-7　导出 LOT_Main_Mask 的外链操作

对于第一种情况，该条记录应该保留。对于第二种情况，根据半导体加工过程中的工艺约束，可以将不包含Mask_ID的记录进行删除处理。对于第三种情况，为了避免不必要的信息缺失，即使Mask_ID存在缺失，该条记录也应当保留。经过上述处理过后，可以得到新的表单LOT_Main_Mask_new，其数据缺失问题得到有效的治理。

（3）假性错误的判定和处理

由于真实的生产数据当中存在着各种数据质量问题，数据分析人员往往会对数据中出现的异常情况过分敏感，并武断地将这些异常全部归结为质量低下的错误数据。然而，在真实生产过程当中，存在着计划外的返工、产品工艺临时变更、车间操作人员为了应对突发情况的非常规操作等多种实际突发状况。这些突发状况都会在真实生产数据中留下"异常"的记录，然而此类数据上的"异常"在实际生产过程当中却又是"正常"的。以上原因，最终造成了真实生产数据中假性错误的问题。

数据假性错误的特征主要体现为：根据一般经验判断，记录中存在不符合产品工艺或者约束条件的数据，但在特定制造行业背景或生产环境中，这些数据属于正常数据。对于真实生产数据中的假性错误，不能够不加以区分就对异常数据进行抛弃处理，否则会造成有用信息的丢失；但也不能够因为意识到真实数据中假性错误的存在，就对异常数据过度地"放行"，这样也会造成生产数据中真实信息的失真。换个角度来看，假性错误不是数据本身的错误，而是由数据分析人员不恰当的数据处理造成的真实数据中信息的丢失或失真。因此，对于真实生产数据中假性错误的判断需要数据分析人员对对象数据所属的行业背景、领域知识、数据内涵、实际生产流程有着非常深入的了解，才能够有效甄别出数据异常中真实存在的假性错误。

以对象车间为例，基于有效字段分析对假性错误进行判定。一般而言，一个LOT_ID只会唯一映射一对Main_Pd与Mask_ID的组合。但是在遍历表单LOT_Main_Mask中所有的数据后可以发现，有部分LOT_ID并不满足这一唯一映射的要求，可能存在一个LOT_ID映射多个Main_Pd，或者一个LOT_ID映射多个Mask_ID，如图2-8所示。如果只是单纯考虑LOT_ID与Main_Pd和Mask_ID之间的唯一映射约束，这两种情况都属于有错误的情况。但是，在半导体生产过程中，每一步加工结束后都会进行检测，不合格的LOT会根据具体情况选择进行返工或报废。因此，在这种情况下，一个LOT_ID映射多条Main_Pd的情况属于假性错误。

Lot_ID	MAINPD_ID	Mask_ID
6F■ 7.A00	RW■ REWORK■ 2.01	2■ 1ST
6F■ 7.A00	KV■ T.01	2■ 1ST

(a) 一个LOT_ID映射多个Main_Pd

Lot_ID	MAINPD_ID	Mask_ID
GD■ 1.000	A5■ 2.01	2■ 6ST
GD■ 1.000	A5■ 2.01	2■ 7ST

(b) 一个LOT_ID映射多个Mask_ID

图 2-8　具有特殊映射关系的代表性 LOT_ID

除此之外，一个掩膜板号Mask_ID对应的是完成一种产品加工过程中所需的一系列子掩膜板，每一个子掩膜板决定了芯片中每一层的拓扑结构。对于产品类型相似的LOT，不同的Mask_ID的掩膜板有可能会包含若干相同的子掩膜板。当某一LOT所需的Mask_ID被其他LOT所占用时，为了提高生产效率，避免LOT的等待时间过长，会借用具有相同子掩模板的空闲Mask_ID来进行加工。在这种情况下，一个LOT_ID映射多条Mask_ID的情况仍然属于假性错误。

常规的数据分析方法通常难以对上述两类假性错误进行有效的甄别，而领域知识相关的工业大数据质量管理通过利用数据有效字段中的隐含信息和数据内涵，结合半导体生产的行业背景与领域知识，能够实现假性错误的有效甄别。

2.2.4　工业大数据整体质量评价指标

工业大数据质量管理需要对数据在管理前后的质量水平进行定量评估，从而对数据质量管理的效果有总体上的把握，并为后续管理工作积累经验、提供指导。然而，数据集的整体质量往往很难通过具体数值来衡量，因此相关研究工作[22]

把数据价值作为切入点,提出数据价值密度的定量计算方法。数据的质量与价值是一对难以分割的概念,高质量数据就意味着数据中蕴含着更高的价值,高价值数据代表着数据质量在各项评价指标中满足特定业务的需求。换言之,数据质量在数据价值方面除了可以进行定性评估,还可以进行定量评估。下面将对数据价值密度和数据价值密度变化率两个评价指标进行阐述。

(1) 数据价值密度

数据价值密度是用来衡量数据质量的指标,数据的价值密度越高,数据的质量就越高。根据经典物理中物质的密度的定义,数据价值密度的定义为单位体积数据所含的价值,如式(2-1)所示。价值密度的计算有两种方法,分别是基于条目数计算以及基于信息熵计算。

$$数据价值密度 = \frac{数据价值}{数据体积} \tag{2-1}$$

基于条目数的价值密度。数据价值密度的值为对象数据集中有用的数据条目数与数据条目总数的比值,计算的结果为一个无量纲的值,如式(2-2)所示。

$$\rho_1(U) = \frac{n(U)}{N(U)} \tag{2-2}$$

其中,U是对象数据集;$\rho_1(U)$是数据的价值密度;$n(U)$是对象数据集U中有用的数据条目数;$N(U)$是对象数据集U中的数据条目总数。需要说明的是,对于"有用"这一概念的定义为:该数据条目在目标数据分析问题当中起到了作用。基于条目数的价值密度的优点在于简单易行,只需对数据集中的各项数据条目数量进行统计就可以轻松计算出对应的数据价值密度。

基于信息熵的价值密度。基于信息熵的价值密度利用信息熵来直接计算对象数据集中数据所含有的信息。数据价值密度的值为对象数据集中数据的信息熵与数据所占存储空间的比值,如式(2-3)所示。

$$\rho_2(U) = \frac{H(U)}{V(U)} \tag{2-3}$$

其中,U是对象数据集;$\rho_2(U)$是数据的价值密度;$H(U)$是对象数据集U中数据的信息熵;$V(U)$是对象数据集U所占的存储空间,单位为字节(Byte)。在统计学中,信息熵的计算公式如式(2-4)所示。

$$H(U) = -\sum_{i=1}^{n} p_i \log p_i \tag{2-4}$$

其中,信息熵$H(U)$数值越大,表明集合中变量的不确定性越高;集合分布越不整齐,包含的信息越复杂。针对具有多项属性的数据集,根据信息熵的特性可知:如果X和Y是两个独立随机变量,则它们的信息熵$H(X)$和$H(Y)$线性可加,得到整体的信息熵,如式(2-5)所示。

$$H(X,Y) = H(X) + H(Y) \qquad (2\text{-}5)$$

基于信息熵的价值密度计算的最大优点是避免了属性权重对计算结果的主观性影响,但存在这样一个问题:信息熵的值与数据所蕴含的价值之间是负相关关系,即数据所蕴含的价值越高,数据的信息熵就越小。

(2) 数据价值密度变化率

为了消除数据信息熵与数据价值之间的负相关关系对数据价值密度计算的影响,可以采用数据经过处理前后的数据价值密度的变化率来表征数据价值密度的变化,并用来衡量质量管理前后工业大数据质量的改善情况。主要有基于条目数比值的数据价值密度变化率,基于信息熵的数据价值密度变化率,以及基于信息熵变化率的数据价值密度变化率三种计算方法。

基于条目数比值的数据价值密度变化率。根据式(2-2),可得基于条目数比值的数据价值密度变化率计算公式如下:

$$\Delta\rho_1(U) = \frac{\rho_1(U')}{\rho_1(U)} = \frac{\sum_{j=1}^{i} n_j(U')}{\sum_{j=1}^{i} N_j(U')} \Bigg/ \frac{\sum_{j=1}^{i} n_j(U)}{\sum_{j=1}^{i} N_j(U)} = \frac{\sum_{j=1}^{i} n_j(U') \times \sum_{j=1}^{i} N_j(U)}{\sum_{j=1}^{i} N_j(U') \times \sum_{j=1}^{i} n_j(U)} \qquad (2\text{-}6)$$

其中,U 是未经处理的原始数据集;U' 是经过处理后的数据集。考虑经过处理后数据价值密度得到提升的理想情况,即 $\rho_1(U') > \rho(U)$,如果经过处理后数据质量得到改善,$\Delta\rho_1(U)$ 的值将大于1。$\Delta\rho_1(U)$ 的值越大,数据的质量提升就越多。

基于信息熵的数据价值密度变化率。根据式(2-3),可得利用基于信息熵的价值密度公式计算数据价值密度变化率,即:

$$\Delta\rho_2(U) = \frac{\rho_2(U')}{\rho_2(U)} = \frac{\sum_{j=1}^{i} H_j(U')}{V(U')} \Bigg/ \frac{\sum_{j=1}^{i} H_j(U)}{V(U)} = \frac{\sum_{j=1}^{i} H_j(U') \times V(U)}{\sum_{j=1}^{i} H_j(U) \times V(U')} \qquad (2\text{-}7)$$

其中,$H_j(U)$ 是对象数据集 U 中第 j 个属性的数据的信息熵。$\Delta\rho_2(U)$ 的值越小,数据的价值密度提升越多。但是,$\Delta\rho_2(U)$ 仅适用于经过处理后数据所占存储空间减少的情况。

基于信息熵变化率的数据价值密度变化率。考虑到在相同条件下,数据信息熵越大,数据价值密度越小;数据所占空间越多,数据价值密度越小。所以,为了使数据价值密度变化率与数据蕴含价值成正比,可采用经过处理前后数据所占存储空间的变化率和数据信息熵的变化率之间的比值,来衡量数据价值密度的变化。计算如式(2-8)所示,如果经过处理后,数据质量得到提升的程度越大,则

$\Delta \rho_3(U)$ 的计算值越大。

$$\Delta \rho_3(U) = \frac{V(U)}{V(U')} \bigg/ \frac{\sum_{j=1}^{i} H_j(U')}{\sum_{j=1}^{i} H_j(U)} = \frac{\sum_{j=1}^{i} H_j(U) \times V(U)}{\sum_{j=1}^{i} H_j(U') \times V(U')} \quad (2-8)$$

综上所述，根据实际生产需求，使用上述数据价值密度和数据价值密度变化率的公式，可以从不同角度来定量评估工业大数据的质量水平，以数据价值表征数据质量，使得数据质量管理的效果能被量化描述，并为后续管理工作积累经验、提供指导。

2.3 工业大数据驱动的生产调度使能技术

大数据重要的不是数据，而是如何使用数据[23]。在工业大数据技术架构中，数据质量管理为数据分析与挖掘的技术和应用提高了性能上限，而数据分析与挖掘则从大数据中发掘潜藏价值和信息，并将其应用于工业领域，指导生产制造、辅助经营决策等。

生产调度是实现现代工业先进制造与管理的核心技术。有效的生产调度技术可以增强车间的资源优化配置能力，减少资源损耗，提高企业的生产效率，从而有效提高企业的竞争力。在传统的制造环境中，生产系统相对简单，传统的生产调度只需要在简单的生产环境下，将物料安排到合适的加工机器上即可。而现代制造企业规模庞大、过程复杂、耦合度高、不确定因素发生概率逐渐增加等特征给制造的控制与调度决策带来了极大的挑战。而且，在智能制造背景下的生产系统，大规模引入了IoT技术，设备、物料具备感知能力，生产数据呈现海量式增长。因此，在新的智能制造模式下，研究以工业大数据为支撑的生产调度问题，对制造企业实现柔性化产品生产、个性化产品的大规模定制，提升制造企业的竞争力，具有重要意义。

生产调度本质上是寻优问题，根据当前生产状态，综合各方面需求和要求，选择最优或次优的调度策略以供生产经营管理者参考，并为之后的计划安排和调整防范措施的制定提供指导。这种利用企业信息系统中各类相关数据进行建模和调度优化的方法被界定为数据驱动的调度方法。工业大数据及技术为复杂系统生产调度创造了新的驱动模式，主要体现在生产特征选择、生产性能预测、调度知识挖掘三个方面。

工业大数据驱动的生产调度使能技术应用框架如图2-9所示，首先从智能制造系统中采集工业大数据得到生产状态数据库，然后进行数据处理（包括数据质量管理、生产特征选择等）得到样本数据库，通过数据挖掘算法从样本数据库中提取相关知识，建立调度知识库和预测模型库，并且分别用于在线生产调度及生产性能预测，基于智能制造系统的实时状态数据，前者提供合适的调度策略指导生产，后者则提供制造系统在某调度策略下的未来性能，从而完成采集、处理、挖掘、调度、预测、更新的生产调度模式。

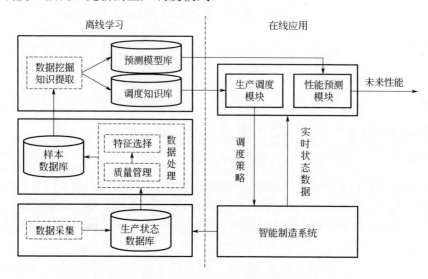

图 2-9　工业大数据驱动的生产调度使能技术应用框架

2.3.1　生产特征选择

作为工业大数据的子集，生产调度领域的数据同样具有价值密度低、多源性、复杂性、强关联等特点。一般而言，由于生产线复杂，生产属性繁多，直接处理大规模生产数据的时间和计算成本往往超出企业承受能力，冗余生产属性甚至可能会带来误导性的分析结果，而有效选取生产线特征（属性）对精准调度和整条生产线的性能指标都会产生积极的影响。因此，如何从海量的数据中提取价值性高、冗余性小、易于分析与发掘、最能体现当前生产状态的关键生产特征，是生产调度过程必须解决的问题。特征选择的本质是一个复杂的组合优化问题，主要包括三种方式：过滤式、包装式以及嵌入式。

（1）过滤式

过滤式特征选择方法在训练模型之前进行特征筛选，其使用统计量对输入变量之间的相关性或依赖性进行评分，过滤冗余无关特征，保留关键特征，具体特征选择框架如图2-10所示。该方法根据输入、输出或响应变量的数据类型，选取用于特征选择的统计量作为特征子集的评价准则。相关统计量包括：信息熵、方差、相关系数、互信息、卡方检验等。

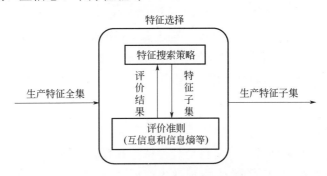

图 2-10　过滤式特征选择流程框架

智能优化算法是过滤式特征选择常用的特征搜索策略，其以适应度函数为评价准则搜索最优特征子集。适应度函数的作用是度量群体中各个个体在优化计算中的优良程度，一般将其与过滤式统计量结合，并选择适应度最高的特征子集。例如，将遗传算法的适应度函数与互信息[24]或者信息熵函数[25]结合，计算每个染色体的适应度，通过选择、交叉、变异等过程，评估生产特征子集的优劣，从而得到适应度较高的特征集。

（2）包装式

包装式特征选择方法把模型性能作为特征子集选择的评价准则，具体框架如图2-11所示。由于需要多次训练模型，包装式特征选择方法的计算开销大，但其最终选择的特征子集训练模型的效果往往比过滤式更好。例如，马玉敏等人[26]将BPSO和SVM算法结合，通过BPSO联合优化生产特征子集以及SVM模型参数，以SVM模型的性能表现作为特征子集的优劣程度，选择表现更优的特征子集及参数。

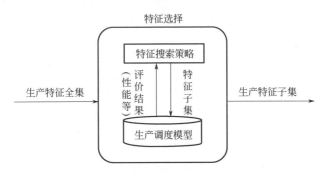

图 2-11　包装式特征选择流程框架

除了智能优化算法，机器学习算法为包装式特征选择提供了更多的方式。其中，随机森林是机器学习中常用于特征选择和分类回归的算法，特征选择流程如下：首先，分别往某一特征加入噪声，评估输出的偏差，偏差明显变大则说明该特征对模型影响大且重要性高，以此计算每个特征的重要性并按降序排序；其次，确定要剔除的比例，依据特征重要性剔除相应比例的特征，得到一个新的特征集；然后，用新的特征集重复上述过程，直到剩下 M 个特征（M 为需要保留的特征个数）；最后，根据上述过程中得到的各个特征子集和特征子集对应的袋外误差率，选择袋外误差率最低的特征子集。

（3）嵌入式

相较于过滤式和包装式的特征选择和模型训练两个过程明显区分，嵌入式特征选择方法是在模型训练过程中自动进行特征选择。通常采用正则化方法得到稀疏解，进而得到对应的特征集。目前在生产调度方向使用较少。

2.3.2 生产性能预测

对于求解复杂制造系统的调度建模与优化问题，传统的预测方法（例如基于规划模型的性能指标预测、基于经验公式的调度参数预测、基于专家系统或案例推理的自适应调度预测）存在精度欠佳的问题，显然无法满足实际需求。复杂制造系统的仿真模型运行耗时过长，通过在线仿真的方式进行预测难以实现快速精准决策。而由于数据驱动方法能够从历史数据中挖掘出有效的知识，因此数据驱动的生产性能预测方法受到了大量学者的关注。

数据驱动的生产性能预测包括两方面内容：一是对制造系统的不确定因素构造基于数据驱动的预测模型，从而提高生产调度过程模型的精度；二是通过构造基于数据驱动的性能指标预测模型，快速预测实际制造系统在特定调度环境下采用某调度规则的运作性能。根据生产过程中积累的历史数据或者在线数据，建立预测模型来描述对象的动态行为，并根据系统当前的输入信息，准确预测未来的输出结果，从而为系统控制和实时调度提供必要的决策支持信息。相关的算法技术包括人工神经网络、集成学习等。

人工神经网络具有自组织、自适应、并行处理和非线性等特性，作为数据挖掘技术的一种，用来描述认知、决策及控制的智能行为，被广泛应用于制造业控制领域。通过预先设置神经网络超参数以及网络结构，采用各种优化算法（如误差逆传播算法、随机梯度下降算法）以及多次迭代计算对网络参数进行调整，以此达到最小化损失函数的目的。可以将当前生产线状态作为网络（模型）输入，得到在某个调度策略指导下的未来生产线性能[27]。

集成学习将多个弱学习器的预测结果按某种规则组合得到最终预测结果，可以显著地提高学习系统的泛化性能，大致可以划分为bagging和boosting两类。bagging是一种并行化集成学习方法，其个体学习器之间不存在强依赖关系，可以同时生成预测结果，并通过一定的机制进行整合。而boosting是一种串行化集成学习方法，个体学习器之间存在强依赖关系，必须顺序生成和逐步增强预测结果。其中，可充当弱学习器的模型有决策树、SVM、支持向量回归（support vector regression，简称SVR）[28]等。常见的集成学习算法有随机森林、梯度上升决策树（gradient boosting decision tree，简称GBDT）。基于集成学习训练的性能预测模型，能够通过集成多个弱学习器的投票结果来获得鲁棒性更加稳定的预测输出。

2.3.3 调度知识挖掘

工业大数据驱动的调度优化方法指通过数据挖掘技术从优化的调度方案中挖掘出可用于辅助调度决策的知识，也被称为数据驱动的调度知识挖掘。调度知识挖掘包括调度规则选择、调度规则参数自适应设定等。调度规则即在不同的优化目标或指标准则的导向下，根据约束条件给生产资源分派加工任务，主要包括基于加工周期的规则、基于交货期的规则、基于车间状况的规则等[29]，可分为单一调度规则和CDR。诸多研究表明，不存在所谓最优的实时调度规则适应于各种类型的制造系统，实时调度规则的有效性和生产线运作状态直接相关，应根据生产的调度环境指导调度规则的选择。针对调度知识挖掘，相关的算法有K-NN、决策树、神经网络、强化学习、SVM、SVR等，详见本书第6～8章。

在生产调度系统的历史样本库中，针对每一个生产状态的最优调度策略均已记录在库。将K-NN邻近算法应用于半导体生产调度领域，具体做法是对任意一个新的制造系统生产状态，通过在历史样本库中比对、选择若干最近邻的数据样本，进而获取最优或次优的调度策略。样本相似度是衡量样本间相似性的指标，可用来比对新样本与样本集中各样本的相似程度，可采用余弦相似度等公式进行计算。

决策树是一种树形结构，其中每个内部节点表示一个属性上的测试，每个分支代表一个测试输出，每个叶节点代表一种类别。决策树算法易于理解和实现，相对于深度学习而言，数据量的要求更低，同时训练效率比较高，尤其决策树集成算法之一——XgBoost，在中小型数据集中的性能非常优秀。神经网络在调度知识挖掘方面同样是研究理论成熟、研究成果颇丰。例如，结合极限学习机（extreme learning machine，简称ELM）和聚类算法为复杂制造系统建立调度模型,通过学习符合当前生产线的调度规则的最优权重,从而指导实际生产[30]。强化学习是一种无监督的在线学习,通过试探调度策略与制造系统环境直接交互来实现,制造系统根据特定调度策略产生的系统性能进行奖赏与惩罚,从而选取更优的行为策略。可综合强化学习和神经网络实时性、灵活性的优势并将其应用于生产调度问题[31]。

参考文献

[1] 中国电子技术标准化研究院,全国信息技术标准化技术委员会大数据标准工作组.工业大数据白皮书(2019版)[R/OL].(2019-04-01)[2022-06-30]. http://www.cesi.cn/images/editor/20190401/201904011 45953698.pdf.

[2] Xing F, Peng G C, Liang T, et al. Managing Changes Initiated by Industrial Big Data Technologies: A Technochange Management Model [M]//Distributed, Ambient and Pervasive Interactions. Cham: Springer, International Publishing, 2019: 75-87.

[3] 何文韬,邵诚.工业大数据分析技术的发展及其面临的挑战[J].信息与控制,2018,47(4): 398-410.

[4] Zhang Y X, Ren J, Liu J A, et al. A Survey on Emerging Computing Paradigms for Big Data [J]. Chinese Journal of Electronics, 2017, 26(1): 1-12.

[5] 郑树泉,覃海焕,王倩.工业大数据技术与架构[J].大数据,2017,3(4): 67-80.

[6] 王建民.工业大数据技术综述[J].大数据,2017,3(6): 3-14.

[7] 姚雪梅,李少波,璩晶磊,等.制造大数据相关技术架构分析[J].电子技术应用,2016,42(11): 10-13.

[8] 何晓斌,蒋金虎.面向大数据异构系统的神威并行存储系统[J].大数据,2020,6(4): 30-39.

[9] 董学润.大数据分析及处理综述[J].中国新通信,2021,23(1): 67-68.

[10] 段成.智能制造背景下工业大数据的数据质量控制探讨[J].机械设计与制造工程,2018,47(2): 13-16.

[11] 韩京宇,徐立臻,董逸生.数据质量研究综述[J].计算机科学,2008,35(2): 1-5, 12.

[12] 陈明.分布系统设计的CAP理论[J].计算机教育,2013(15): 109-112.

[13] 王巧玲,乔非,蒋友好.基于聚合距离参数的改进K-means算法[J].计算机应用,2019,39(9): 2586-2590.

[14] 丁小欧,于晟健,王沐贤,等.基于相关性分析的工业时序数据异常检测[J].软件学报,2020,31(3): 726-747.

[15] 余敏,赵晓南,许志.基于依赖的数据一致性研究进展[J].计算机应用,2018,38(S2): 72-76, 102.

[16] 张芳芳,曹兴超.基于字面和语义相关性匹配的智能篇章排序[J].山东大学学报(理学版),2018,53(3): 46-53.

[17] 乔非,关柳恩,王巧玲.基于余切相似度和BP神经网络的相似度快速计算[J].同济大学学报(自然科学版),2021,49(1): 153-162.

[18] 邱云飞, 刘世兴, 林明明, 等. 基于相关性及语义的 n-grams 特征加权算法[J]. 模式识别与人工智能, 2015, 28(11): 992-1001.

[19] 叶焕倬, 吴迪. 相似重复记录清理方法研究综述[J]. 现代图书情报技术, 2010(9): 56-66.

[20] 张建中, 方正, 熊拥军, 等. 对基于 SNM 数据清洗算法的优化[J]. 中南大学学报(自然科学版), 2010, 41(6): 2240-2245.

[21] 李坚, 郑宁. 对基于 MPN 数据清洗算法的改进[J]. 计算机应用与软件, 2008, 25(2): 245-247.

[22] Kong W C, Qiao F, Wu Q D. Real-manufacturing-oriented big data analysis and data value evaluation with domain knowledge[J]. Computational Statistics, 2020, 35(2): 515-538.

[23] Franks B. 驾驭大数据[M]. 黄海, 车皓阳, 王悦, 等译. 北京: 人民邮电出版社, 2013.

[24] 吴启迪, 马玉敏, 李莉, 等. 数据驱动下的半导体生产线动态调度方法[J]. 控制理论与应用, 2015, 32(9): 1233-1239.

[25] Qiao F, Ma Y M, Gu X. Attribute selection algorithm of data-based scheduling strategy for semiconductor manufacturing[C]// Proceeding of 2013 IEEE International Conference on Automation Science and Engineering (CASE). Madison, WI, USA: IEEE, 2013: 410-415.

[26] 马玉敏, 乔非, 陈曦, 等. 基于支持向量机的半导体生产线动态调度方法[J]. 计算机集成制造系统, 2015, 21(3): 733-739.

[27] 吴秀丽, 孙琳. 智能制造系统基于数据驱动的车间实时调度[J]. 控制与决策, 2020, 35(3): 523-535.

[28] 朱雪初, 乔非. 基于工业大数据的晶圆制造系统加工周期预测方法[J]. 计算机集成制造系统, 2017, 23(10): 2172-2179.

[29] 王家海, 陈煜. 数据驱动的 Job Shop 生产调度知识挖掘及优化[J]. 计算机工程与应用, 2018, 54(1): 264-270.

[30] 马玉敏, 陆晓玉, 乔非, 等. 基于极限学习机的复杂制造系统动态调度[J]. 计算机集成制造系统, 2021, 27(4): 1081-1088.

[31] 肖鹏飞, 张超勇, 孟磊磊, 等. 基于深度强化学习的非置换流水车间调度问题[J]. 计算机集成制造系统, 2021, 27(1): 192-205.

第 3 章

信息物理生产系统（CPPS）

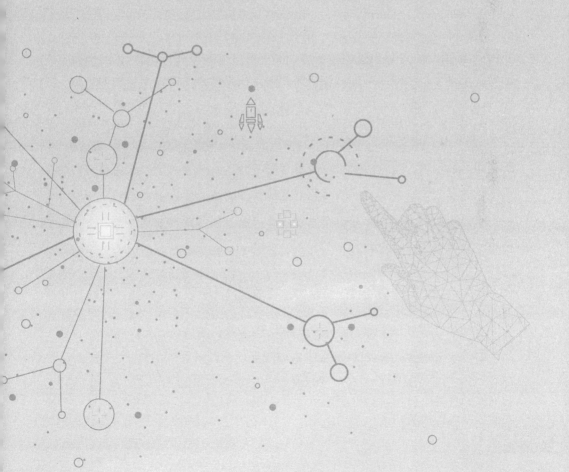

信息物理生产系统（cyber-physical production system，简称 CPPS）是智能车间生产系统复杂性要素、功能和业务活动的集成平台，是支撑生产系统实现网络化与智能化的基础，也是实施适应性调度的前提保障。CPPS 的概念源于 CPS 在生产领域的应用，本章首先介绍 CPS 的基本概念、技术内核与运行方式，以及经典的 CPS 组织架构和特征，并对 CPS 在制造业领域的应用进行归纳总结，进而研究面向智能制造的 CPPS 的基本概念、组成方式与特征、经典组织架构，并面向智能车间生产调度过程，搭建 CPPS 环境框架。

3.1
信息物理系统（CPS）

3.1.1 CPS 概述

CPS 概念由著名学者 Helen Gill 于 2006 年在美国国家科学基金会上首次提出[1]并做出详细描述，一经提出便引起各国学术界及产业界的广泛关注，各国对于 CPS 的基础定义、组织架构、环境构建以及相应信息技术的研究与探索不曾停止。

CPS 是多领域、跨学科不同技术融合发展的结果，由于发展时间较短，专家学者对 CPS 的理解侧重点不同，因此尚无统一明确的定义。美国国家科学基金会[2]认为，CPS 是通过计算核心（嵌入式系统）实现感知、控制、集成的物理、生物和工程系统。在系统中，计算被"深深嵌入"到每一个相互连通的物理组件中，甚至可能嵌入到物料中，其功能由计算和物理过程交互实现。德国国家科学与工程院[3]则将 CPS 定义为使用传感器直接获取物理数据和执行器作用物理过程的嵌入式系统、物流、协调与管理过程及在线服务。它们通过数字网络连接，使用来自世界各地的数据和服务，并配备了多模态人机界面。在国内，中国科学院何积丰院士[4]给出了 CPS 的定义，CPS 是一个在环境感知的基础上，深度融合了计算、通信和控制能力的可控可信可扩展的网络化物理设备系统，它通过计算进程和物理进程相互影响的反馈循环实现深度融合和实时交互来增加或扩展新的功能，以安全、可靠、高效和实时的方式监测或者控制一个物理实体。

通过研究现有各国学者有关 CPS 的观点体系，结合中国产业发展道路和 CPS 发展现状，中国电子技术标准化研究院联合中国信息物理系统发展论坛成员单位，共同研究形成了《信息物理系统白皮书（2017）》[5]，对 CPS 进行了详细阐述，在业界基本达成共识。白皮书给出了对 CPS 的定义：CPS 通过集成先进的感知、计算、通信、控制等信息技术和自动控制技术，构建了物理空间与信息空间中人、机、物、环境、信息等要素相互映射、适时交互、高效协同的复杂系统，实现系统内资源配置和运行的按需响应、快速迭代、动态优化。

在 CPS 中，cyber（信息）表示包括离散的计算进程、逻辑的通信过程和反馈控制过程等在内的、由网络系统和计算系统组成的信息世界；physical（物理）表示各种人造或自然系统，按照物理世界的客观规律在连续时间上运行，代表着物理世界中的对象、事件或进程[6]。CPS 强调信息世界和物理世界间的感知、交互和控制，信息世界自主地感知物理状态，自主地连接信息与物理世界对象，自主分析以形成控制决策，实现物理世界和信息世界的相辅相成。

因此，CPS 的本质是一个高度信息化的融合系统，在对物理环境可靠感知的前提下，借助网络的传输能力和信息世界的数据分析能力，由计算系统自主决策发出控制信息，对物理世界进行调整，解决物理世界中的复杂性和不确定性问题，实现对物理世界的有效管理和控制，使系统变得更加可靠和高效。

3.1.2　CPS 的技术内核及运行方式

CPS 融合智能感知技术、控制技术、通信技术和嵌入式技术等信息技术，实现对工程系统的实时感知、动态控制和信息通信服务，是具有通信、计算、控制、远程协作和自治功能的网络化系统。其技术内核为"3C"融合技术，包括计算（Computation）、通信（Communication）和控制（Control）[7]，如图 3-1 所示。其中，计算部分包括数据采集、数据存储和分析计算等技术；通信部分包括传感器网络和通信网络技术；控制部分包括远程控制、协同控制技术等。

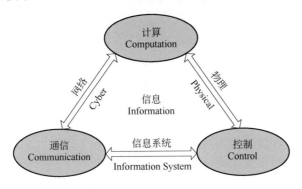

图 3-1　CPS 的"3C"融合技术

CPS 通过集成计算、通信和控制技术，提升系统的可靠性与高效性，形成物理空间与信息空间的有机融合与深度协同。进一步地，其运行过程是交互于物理层和信息层之间的一个循环过程，由状态感知-实时分析-科学决策-精准执行四个环节构成[8]，如图 3-2 所示。

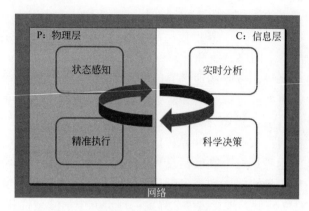

图 3-2　CPS 运行过程

状态感知。物理层通过传感器等数据采集设备获取系统状态信息，通过数据传输网络将数据传递到信息层。状态感知是对数据的初级采集加工，是 CPS 运行的起点。

实时分析。信息层对获取到的状态数据进行处理，利用数据挖掘、机器学习、聚类分析等数据处理技术挖掘数据间的隐含关系，并其将其转化为直观的、便于认知和理解的信息，作为科学决策环节的支撑和驱动。

科学决策。在分析已有信息和经验的基础上，借助一定的工具、技巧和方法，对影响目标实现的因素进行分析、计算和判断后作出最优决定。这一环节是 CPS 的关键环节，使信息真正转变成可用的知识。

精准执行。将信息层产生的决策数据转换成物理层可以执行的命令，指导物理系统资源合理配置和可靠高效运行，使 CPS 各运行环节实现智能协同。

具体地，CPS 的物理层通过传感网络获取环境信息，将数据处理后发送给信息层，并执行信息层所传输的控制指令，信息层在获取感知数据后，通过语义规则计算，确定输出的执行指令，并通过执行器传输至物理系统，控制物理系统的运行。

在各应用系统的 CPS 中，由传感器、控制器、执行器等构成的物理层和由物理实体对应模型、计算设备等构成的信息层二者相互融合、相互协同，并通过交互循环运行达成系统的优化发展，呈螺旋式上升。

3.1.3　CPS 的组织架构

由于 CPS 涉及的领域十分广泛，对 CPS 体系的研究往往与特定背景领域相结合。针对 CPS 组织架构的多种相关研究现状表明，各研究成果在 CPS 层级划分、内部结构抽象、关键部件分布等方面均有差异。较为主流的组织架构有以下两种。

（1）CPS 层级架构：单元级、系统级、SoS 级

按照通常系统由低到高的层级架构划分规律，将 CPS 的层级明确为单元级、系统级和系统之系统级（system of systems，简称 SoS）三个层级[5]。单元级 CPS 通过组合或者集成的方式可以构成系统级 CPS，系统级 CPS 可以通过大数据平台形成 SoS 级 CPS，实现企业层面的数字化运营，如图 3-3 所示。

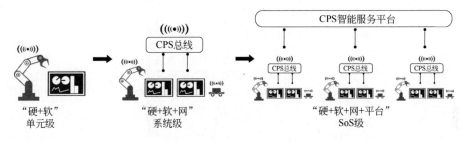

图 3-3　CPS 的层级架构[5]

① 单元级 CPS

单元级 CPS 具有不可分割性，其内部不能分割出更小的 CPS 单元。单元级 CPS 能够通过物理硬件、嵌入式软件和通信模块构成基本运行反馈闭环，具有"感知-分析-决策-执行"功能。在单元级 CPS 中，软件、感知和控制硬件以及基础通信模块联合起来，对物理实体进行定义和支撑。物理实体通过信息实现"数字化"，信息空间则通过物理实现"以虚控实"，最终使得物理空间和信息空间融合在一起。

② 系统级 CPS

系统级 CPS 借助网络（如工业以太网、现场总线、互联网等）实现不同单元级 CPS 之间的互联、互通和互操作，形成大范围的数据自动流动，实现物理资源的自主调节。系统级 CPS 对这些单元级 CPS 进行状态感知、实时分析和信息交互，进而提高各个单元之间的协作效率，实现系统内资源的优化配置。在这一层级上，实现单元级 CPS 的异构集成、组件管理和协同控制等功能。

③ SoS 级 CPS

多个系统级 CPS 的有机组合可以形成 SoS 级 CPS，达成系统级 CPS 之间的协同优化。SoS 级 CPS 智能服务平台能够对多个系统级 CPS 的计划、工作状态进行统一监测、实时分析与集中管控，通过数据存储与调用、数据融合、数据分析和分布式计算等数据服务，实现资源优化配置，提高运营优化服务。SoS 级 CPS 通过大数据平台将一个或多个系统集成于该平台，实现各系统间的信息交换和共享，对全局范

围内的信息进行全面感知、深度分析处理和科学决策，将优化后的执行信息发送给物理设备精准执行，实现跨系统的互联和互操作。智能服务平台对数据进行统一管理，利用数据分析和分布式计算能力，实现数据对高级应用的支撑。

具有多层级架构的 SoS 级 CPS 系统运行的时间空间范围较广，决策、控制和感知子系统较为分散，但逻辑上紧密耦合，依托于如 Internet、数据库、知识库服务器等拥有强大计算资源的网络基础设施，构成了完整的组织架构，实现本地或者远程监测。同时，系统中每一个 CPS 组成单元均具有计算和通信功能，通过每一个 CPS 的边缘计算和局域 CPS 间的雾计算对数据进行更为实时的分析和智能化处理，满足网络实时需求的同时，使计算资源得到更加充分有效的利用。

（2）CPS 功能架构：物理连接层、中间件层、计算层

为了实现网络空间和物理空间的无缝集成，物理空间发生的事件需要反映在网络空间中，而网络空间发出的指令需要传达给物理系统，这两个动作都需要准确和及时地执行。此外，监测物理系统的传感器以高采样频率工作，在短时间内会产生大量数据，由于缺乏智能分析工具，许多 CPS 系统在管理大数据方面的能力有所欠缺。因此，依据 CPS 的功能划分，提出面向硬件互联、数据采集处理以及知识学习的 CPS 架构[9]，如图 3-4 所示，该架构由物理连接层、中间件层和计算层组成。

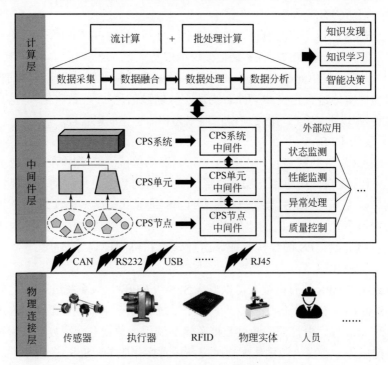

图 3-4　CPS 的功能架构[9]

① 物理连接层

物理连接层通过将传感器、RFID 设备和测量设备等部件嵌入物理系统，以获取系统运行状态、性能等数据，并通过网络相互连接，实现各层级间的数据流动，使上层能够获取真实准确的物理空间数据。在这一层中，选择嵌入式组件时需要考虑有关协议、位置、距离和存储的问题，例如，定义异质物理实体（如系统资源、传感器、执行器和测量设备）之间统一和稳健的连接；选择适当的传感器（类型和规格），并以低成本和高效率为原则部署在适当的位置上。

② 中间件层

中间件层是物理连接层和计算层之间的联系纽带，负责将嵌入式组件收集的数据传输到计算层进行分析，并把计算层给出的控制指令发送到物理系统中的执行器。其中，根据 CPS 所定义规模的不同，包括了节点、单元及系统三种级别的中间件，并提供设备管理、接口定义以及数据管理等模块功能，使用公共管理模块驱动多种设备共同工作，解决不同传感器、RFID 设备、测量设备等通信协议和标准不同的问题，通过接口定义为 CPS 节点通信提供通道。

③ 计算层

计算层采用批量计算或流计算的方式，对获取的实时在线数据和离线历史数据进行处理、分析及融合，从而更好地了解系统健康状态、组件运行状态等信息。同时，将生成的数据、知识与人的经验相结合，构建信息与知识的统一视图，以支持智能决策，应用于系统运行管理。

CPS 功能架构还通过外部应用提供 CPS 系统与外界交互的通道，例如状态监测、性能监测、异常处理和质量控制等，实现 CPS 系统与物理世界更深层次的融合与协同。其中，外部应用与系统间的数据传输均利用中间件层相关技术实现。

CPS 功能架构利用三个关键的使能技术来实现，即：

a. 异构设备之间的互联和互操作，确保实际环境的实时数据采集和网络空间的控制指令反馈；

b. 管理、分析多源和异构大数据；

c. 支持智能决策的知识获取和学习方法。

3.1.4 CPS 的特征

CPS 构建了物理空间与信息空间之间的通路，它的组织与运行依托于数据在物理层和信息层之间的流动，在实现对特定目标资源优化的同时，表现出六大典型特征：泛在连接、虚实映射、软件定义、数据驱动、异构集成、系统自治[5]。

① 泛在连接

网络通信是 CPS 的基础保障，可实现各层级（单元级、系统级、SoS 级）CPS 内部和相互之间的互联互通。网络包括工业现场总线、工业以太网、无线网络和异构集成网络等，主要用于支撑系统数据的采集、集成、分析和执行，是数据流动的通道。随着无线宽带、射频识别、信息传感等通信技术的发展，网络通信表现出泛在连接特征，任何组件之间在任何时间都能进行顺畅的交互。

② 虚实映射

CPS 通过泛在连接构筑了物理空间与信息空间数据交互的通道，实现了虚拟与实体间的完全交互。通过数据采集和传输，将物理实体在信息空间进行全要素重建，形成具有感知、分析、决策、执行能力的数字孪生。通过虚实融合控制技术，实时动态监控物理实体的工作状态，同步反映在信息空间。同时，在信息空间中进行控制计算，针对信息虚体进行控制，结合虚体运行结果，形成对物理实体的有效控制决策命令，优化物理实体的结构及运行过程。

③ 软件定义

软件定义是对研发设计、生产运营、管理服务等全生命周期环节规律的模块化、软件化、工具化，是技术经验和领域知识的载体，是实现系统数字化、网络化、智能化的基础。工业软件是实现 CPS 功能的载体之一，CPS 依靠工业软件、传感器与控制设备等构建数据自动流动的规则体系，实现对系统全流程的感知和控制，实现对各类资源的优化配置与智能管理。

④ 数据驱动

数据驱动是 CPS 的本质特征。CPS 通过泛在通信网络构建"状态感知-实时分析-科学决策-精准执行"的数据闭环，不断从物理空间中提取环境状态信息并传送到信息空间，形成数字孪生的同时，将大量驳杂的物理数据和虚拟数据迭代优化形成有价值的信息，构成知识库，通过反馈来优化物理实体运行。在这个过程中，状态感知获取数据，实时分析优化处理数据，科学决策基于数据，精准执行输出数据。

⑤ 异构集成

CPS 是一个多源异构环节集成的综合体。高层次的 SoS 级 CPS 智能系统包含大量不同类型的软件、硬件、网络、云等，CPS 需要集成这些异构硬件、异构数据和异构网络，实现数据在信息空间与物理空间不同环节的自动流动，为信息技术与应用系统的深度融合构建交互通道，打造综合性、兼容性强的 CPS 智能服务平台。

⑥ 系统自治

CPS 能够实时感知外部环境变化，动态获取状态信息，在信息空间进行数据处理分析与决策，从而自适应地对变化作出响应。SoS 级 CPS 将多个 CPS 系统通过网络平台互联，实现 CPS 间的自组织与协同运作，同时，运行过程中形成的有价值数据共同形成知识库、模型库、资源库，使得系统能够自我学习与优化，提高自适应能力，实现系统自治。

3.1.5 CPS 在制造领域的应用

CPS 技术与社会生产生活息息相关，具有广泛的应用场景，包括电力能源、交通运输、医疗健康、城市建设等[10]。制造业也已成为 CPS 的主要应用领域之一。近年来，发展 CPS 成为发达国家实施"再工业化"战略，抢占制造业新一轮竞争制高点的重要举措。

我国正处于信息化大背景下工业化加速发展的历史时期，CPS 作为信息化与工业化融合的综合技术体系，能够为制造业高质量发展带来全新发展机遇，相关的技术研发和应用推广发展迅速。国家自然科学基金、"973 计划"和"863 计划"都将 CPS 列为重点资助领域，众多科研单位和高校也开始研究 CPS 技术及其应用。2012 年，浙江大学、清华大学和上海交通大学联合成立了赛博（Cyber）协同创新中心，开展工业信息物理融合系统（industrial cyber physical system，ICPS）的基础理论和关键技术的前沿研究。2016 年，我国在《国务院关于深化制造业与互联网融合发展的指导意见》[11]中，更是将 CPS 列为强化融合发展的基础支撑，明确了 CPS 未来的发展方向，对推动我国 CPS 发展具有重要意义。

CPS 通过信息技术与制造要素的深度融合，构建信息空间与物理空间数据自发流动的闭环赋能体系，实现生产制造的自主协调、智能优化和持续创新，推动制造业与信息产业的融合发展。同时，面对制造业生产方式向柔性化、个性化、定制化方向发展的趋势，CPS 根据环境变化实时调整资源配置方式与生产策略，实现个性化定制、小批量生产、服务型制造和云制造等新型生产模式[12-13]。此外，CPS 从总体层面解决问题，将全局与局部的优化控制相结合，优化资源配置，构建相互融合、相互促进的集成系统。

基于 CPS 的制造是通过虚拟与现实的交互，提升制造效率、优化产能配置，使生产制造从碎片化走向一体化、从局部走向全局、从静态走向动态、从实体制造走向实体制造与虚拟制造融合，进而实现制造业的智能化、数字化与网络化。过去一段时间里，CPS 的概念及设计思路已经在智能制造系统、可重构制造系统[14]、数字工厂[15]、工业代理[16]等制造领域发挥作用。

3.2 面向智能制造的 CPPS

3.2.1 CPPS 概述

2013 年,《德国工业 4.0 实施建议》[17]将 CPS 作为工业 4.0 的核心技术,并在标准制定、技术研发、验证测试平台建设等方面做出了一系列战略部署。随着制造业与互联网融合的迅速发展,CPS 技术正成为支撑和引领全球新一轮产业变革的核心技术体系。《中国制造 2025》[18]提出,基于 CPS 的智能装备、智能工厂等智能制造正在引领制造方式变革,面对"以加快新一代信息技术与制造业深度融合为主线,以推进智能制造为主攻方向"的战略方针,迫切需要构建支撑两化深度融合的技术体系,实现从制造大国向制造强国转变。

面向制造领域的 CPS 是工业和信息技术范畴内跨学科、跨领域、跨平台的综合技术体系所构成的系统,是支撑信息化和工业化深度融合的综合技术体系,是智能制造的实施基础,也是工业生产系统复杂性要素、功能和业务活动的集成平台。为了推动 CPS 在实际生产系统中的落地,需要面向实际应用,突出复杂性系统集成,加强融合关键技术研究,CPS 与工业生产管理领域相结合而形成了新的生产组织系统[19],即 CPPS。

CPPS 的经典定义最早由 Monostori[20]提出,他认为,CPPS 由能够自主控制、相互协作的元素和子系统构成,这些元素和子系统在从工艺流程到设备再到生产和物流网络的各个生产层面上以不同的方式相互联系,CPPS 依靠计算机科学、信息与通信技术、制造科学与技术而发展,为生产提供了分散的运作方式,由集中式控制向分散式增强型控制转变。该定义因充分展示了 CPPS 中 CPS 之间必要的合作概念而被广泛接受。然而,该定义缺乏知识管理和决策的概念,也没有涉及自学习与自适应的特性。基于此,Cardin[21]形成了更为全面的定义:CPPS 是由自主和合作的元素组成的系统,在生产的各个层面上,从流程到机器,再到生产和物流网络,以融合的方式相互连接,加强实时决策过程,对不可预见的条件做出反应,并随着时间的推移而演变。由此,确立了 CPPS 的基本理念是通过信息世界实现物理世界的分布式协作,使生产系统变得智能化、弹性化和自适应[22],包括生产计划、生产控制、生产评估等全生命周期生产管理过程[23-24]。

3.2.2 CPPS 的组成

CPPS 的应用逻辑沿袭 CPS 的"状态感知-实时分析-科学决策-精准执行"四个阶段，它的运行由工业数据驱动，伴随知识提取和面向应用的决策，通过广泛的资源集成和双向信息交互，实现资源要素的全面集成、生产能力和知识的协同组织、支撑应用业务的全局整合，从而实现生产制造更高水平的智能性、连接性和响应性。

与传统制造系统相比，CPPS 采用大量分布式计算设备，构建更加完善与全面的数据采集系统，利用高可靠、高性能的通信网络与数据分析技术，通过对物流、资金流、信息流中海量数据全面、实时、集成、同步的处理与控制，有效协调优化系统中的管理活动，优化生产过程，实现生产系统的闭环运行管理。其在复杂生产环境和需求多变的情况下，能够增加工业生产系统的灵活性和自适应性，实现现代工业制造的个性化、高效化[19]。CPPS 的主要组成部分包括分布式计算设备、数据采集与传输网络、系统数据库、决策控制中心和跟踪控制网络[19]。

① 分布式计算设备

CPPS 是大型复杂系统，系统中存在海量、多源、动态的数据，其中不乏冗余数据与错误数据，若所有数据都进行集中处理，会给信息空间带来极大的存储与计算负担，也会降低数据处理的效率，增大系统延迟性，这对系统有效运行是极为不利的。因此，在 CPPS 的物理空间中，部署了大量具有独立计算、简单决策功能的分布式计算设备，通过边缘计算、雾计算等技术实现数据的实时分析和高效决策，提高系统的实时性、高效性、准确性。

② 数据采集与传输网络

数据采集与传输网络是物理空间与信息空间、信息空间各功能组件间联系的纽带。一方面，连接系统中各类生产设备、信息采集设备、分布式计算设备等，实时采集并传输大量生产数据至信息空间中，同时，通过网络连接各个生产子系统，使子系统间实现信息交互、协同运行。另一方面，数据传输网络能够在信息空间的决策控制中心和系统数据库之间进行数据的高效可靠传输。

③ 系统数据库

CPPS 继承自 CPS，是数据驱动运行的系统。系统中存在大量与系统运行相关的数据，例如设备功能与运行状态数据、生产计划及生产性能数据、物料库存和供应数据、人力资源信息等，以及对生产数据进行分析后生成的知识、控制指令等。这些数据可用于制定生产计划、资源分配、人员指派，以及监控物理系统运行状况，进行故障诊断和预测性维护等，为 CPPS 系统的闭环运行提供数据基础。

④ 决策控制中心

决策控制中心是 CPPS 信息空间的核心，系统中可能存在多个决策控制中心，协同管控系统运行。决策控制中心的运转依托于数据，通过对系统数据库中生产相关数据进行整合，利用大数据分析、云计算等技术对海量数据进行分析处理，提取有用的知识，根据知识生成相应生产状态下的控制决策指令，指令通过数据传输网络发送到物理系统的相关节点，实现智能控制。

⑤ 跟踪控制网络

跟踪控制网络可以类比为闭环反馈控制系统中的反馈网络，决策控制中心对物理系统下达控制指令，物理系统执行相应操作，跟踪控制网络则对执行结果进行监控，采集状态信息和评价指标信息，对决策进行评估，将评估结果反馈给决策控制中心，为其调整和优化控制策略提供依据，并对出现的问题进行修复，实现系统的闭环控制和健康运行。

工业生产过程的传统控制模式缺乏对系统的全局性控制，CPPS 通过增强系统自主性，缓解由生产任务多样性和生产环境不确定性带来的生产过程动态不确定性问题，实现动态生产、个性化生产、数字化生产。

3.2.3　CPPS 的特征

CPPS 结合 CPS 理念，利用 CPS 相关技术，借助生产系统中的嵌入式设备间的实时通信而形成并发式网络，通过多个分布式自治系统相互交互满足可重构需求，能够在没有外部干预的情况下动态适应变化。相比传统制造模式，CPPS 具有复杂化、高效化、高度异构性、自适应性和智能性等特征[25]，具体有以下几种表现。

① CPPS 主要应用于大规模复杂生产场景

智能制造背景下，生产场景逐步向规模化、复杂化方向转变，往往具有大规模分布、强动态、高复杂性的特点，并且环境因素影响不可忽视，非线性动态性、随机性、参数不确定性增强，存在系统难以精确建模、信息世界与物理世界难以准确同步等问题。CPPS 系统中多个传感器协同感知形成传感器网络，利用系统网络与控制单元对不同传感器数据进行高效整合与融合计算，能够实现对大规模复杂生产系统的实时感知和动态监测。

② CPPS 中的每个组件通过智能网络高效连接

传感器技术与网络技术的发展，为搭建面向智能车间的高效可靠的 CPPS 网络提供技术基础，该网络包含不同类型的网络节点，负责物理层和信息层之间的交互，能够及时感知与传输生产数据，并将网络中的数据进行整合。系统中所有生产设备都通过智能网络连接在一起，设备之间互联互通、可互操作，使数据传输具有高实时性和可靠性。CPPS 能通过智能网络实时获取数据、自适应地下达指令，提高系统响应速度和任务执行效率，实现资源高效协调分配和调度控制。

③ CPPS 是具有高度异构性的分布式系统

CPPS 由多个结构和功能各异的、在时间和空间上不同分布的子系统组成，例如具有复杂性和动态性的服务网络或生产组件，其运行过程产生的数据具有多态性、异构性、实时性的特点。CPPS 的信息组件与物理组件之间高度集成，信息世界和物理世界之间形成闭环控制，同时，每个物理组件都具有数据计算处理和通信交互能力，具有更好的容错性、计算管理能力、协同性和适应性。

④ CPPS 是高度自治系统，能够自适应环境变化

现代生产模式逐渐由少品种、大批量生产向个性化定制生产转变，制造系统面临不确定任务需求和动态运行环境的挑战。自治性是 CPPS 的本质特性之一，IoT 和无线传感器技术的发展，使得系统能够动态识别扰动，获取可靠环境信息，拥有强大计算能力的控制单元及时产生应对措施，能够实现自学习、自适应和自主协同等功能，从而实现系统的安全实时自主控制。

CPPS 是一个集感知系统、通信系统、计算系统和控制系统为一体的复杂集成系统，结合计算机技术、嵌入式技术、工业控制技术、无线传感技术、IoT、网络控制技术等，将物理世界和信息世界紧密结合，通过在信息世界的重构建模、数据分析、预测与决策，实现对物理世界的安全、可靠、实时、高效感知和控制，增加生产系统的灵活性和自适应性。

3.2.4　CPPS 的多层次体系架构

相较于 CPS 而言，CPPS 更强调复杂性生产系统的集成与融合，生产的各个层面功能性与独立性加强的同时，也以更加紧密、智能的方式相互连接，各个层面协同运作，共同增强总体生产过程的智能化和弹性化，同时具有对环境变化的自适应能力。近年来，大量研究聚焦于 CPPS 的多层次体系架构，形成具有功能性层级结构的 CPPS 框架。即便在不同研究中，CPPS 框架具有不同的层次划分依据，各个层次具有不同的功能，但总体来说，其运行机制均可归结为两种主流模式，即三层架构和"5C"架构。

（1）CPPS 的三层架构：物理层、通信层、信息层

CPPS 具有自治性，生产系统能够实时感知环境并自主做出响应。基于 CPPS 的闭环特征，构造了基于物理层、通信层、信息层的 CPPS 三层架构[26-27]，如图 3-5 所示。该架构以网络控制技术为基础，各层之间既相互独立又相互依存，

使 CPPS 层次更加清晰灵活，增加了系统的可重构性，也为更多的应用功能提供便利。

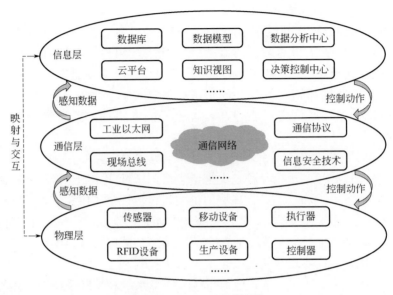

图 3-5 CPPS 的三层架构

① 物理层

物理层指工业生产中所有有形的物理实体，包含制造资源和生产设备，例如机床、自动导引小车（automated guided vehicle，简称 AGV）、工人、零件、传感器、RFID 设备等。物理实体间通过现场总线技术或工业以太网相互连接，可以接收控制指令并执行相应任务。先进的传感器部署是该层的基础设施，物理层使用各类传感器采集实际生产过程中的异质、多源、实时数据，把数据传输到信息层等待后续处理。同时，物理层中的控制器接收来自信息层的执行指令，并转换为执行机构可以理解的命令作用于物理实体。

② 通信层

通信层由各类通信网络组成，主要完成物理层与信息层之间的数据通信功能。该层将物理层收集到的数据传输至信息层，并将信息层产生的控制指令发送给物理层中的执行器或控制器等。由于制造系统中不同的设备、传感器可能会有不同的通信协议和标准，产生的数据类型也存在多样性，因此，通信层通常具有设备管理的功能，统一数据类型和数据转换标准，采用标准化通信协议进行数据传输。同时，通信层还包括各类信息安全模块，保证信息在传输中的安全性、保密性。

③ 信息层

信息层是 CPPS 三层架构的核心层级，包含物理实体在信息空间的映射以及数据分析中心和控制决策中心。信息层由各种数据模型组成，例如生产定义模型、几何模型、行为规则模型、数据融合模型等，特定的模型或算法能够从生产数据和生产计划数据中提取有助于生产运行的关键指标，并通过数据挖掘从历史数据和在线数据中获取知识，一方面用于对系统运行过程的监督控制，另一方面将知识与人的经验相结合，生成数据、信息和知识视图，为物理系统的后续生产活动提供知识与经验指导。

（2）CPPS的"5C"架构

CPPS强调物理空间与信息空间的相互依存关系，主要包含两个功能：a.确保从物理空间实时获取数据和从信息空间获取信息反馈的网络连通性；b.用以支撑信息空间活动的智能数据管理、分析和计算能力。据此，Lee等[28]提出了五层CPPS体系结构，即"5C"架构，由连接、转换、信息、认知和配置五个层次组成，从初始数据采集到分析，再到价值创造，通过连续工作流的方式定义如何构建CPPS，为开发和部署CPPS提供了分步指南，如图3-6所示。

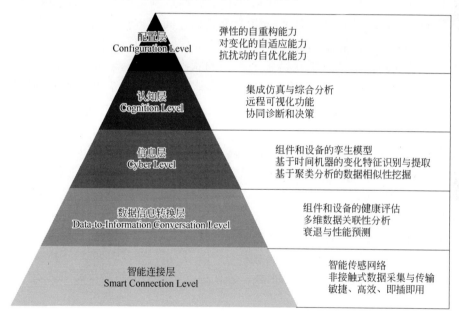

图3-6　CPPS的"5C"架构[28]

① 智能连接层

智能连接层是网络空间与物理空间连接的第一层，主要负责数据的采集与信息的传输。具有计算能力的分布式物理设备根据不同的工况、外部环境、活动目标，按照不同的采集规则进行生产数据采集，或者根据特定分析目标有针对性地采集数据，实现数据采集的自主化与智能化。同时，利用边缘计算、雾计算等技术在本地做轻量级数据分析来提取工业数据特征,并使用标准化的网络协议将数据传输至更高的云平台,与云计算技术协同作用。例如,从 ERP、MES、SCM 和 CRM 等控制器或企业制造系统中获取生产计划、生产状态等数据,传输至云端,用于策略的制定。

② 数据信息转换层

从物理空间获取的数据冗杂、种类繁多,具有数据质量差、碎片化、场景性强的特点,数据信息转换层通过预测、分析等,将这些数据转化为有效信息。根据不同的应用场景,利用机器学习、统计建模等方法从数据中提取特征进行存储,同时,通过数据关联度分析将高维的数据流转化为低维的、可执行的实时状态信息。这些信息可用于如设备故障诊断、设备健康评估、生产性能预测和生产管理决策等服务,同时可为用户迅速做出生产决策提供数据支持。

③ 信息层

信息层是整个 CPPS 的核心,它是"5C"体系架构的信息中心,与所有物理设备相连接,从所有物理组件中收集信息,通过网络化的管理感知系统的变化,预测生产状态或性能,是系统每个组成部分间数据流动的媒介,也是发挥 CPPS 对于互联、大规模机群建模优势的关键层。例如,网络层在收集了大量信息后,可以根据数据分析获得各个设备的状态,利用基于群组的预诊断技术将大量相似设备的信息进行聚类,建立符合该集群状态的孪生模型来进行生产预测等。

④ 认知层

认知层综合分析前面几层产生的信息,为应用服务提供所需的完整知识,支持生产决策与系统健康诊断,具备自认知与自决策能力。具体地,认知层通过改变传统单一要素处理单一问题的静态认知过程,模仿人的大脑认知活动,在复杂多维生产环境下,面向不同目标进行多源化生产数据的动态关联、评估和预测,达成对制造实体、环境、动作三者之间关联的认知。同时,考虑决策部门、决策活动、决策因素、决策目标、决策效果与决策之间的关联性,通过多维度与多尺度协同优化、分布式动态优化等手段,强化指导生产活动的决策能力,达成全局最优,形成自决策能力。

⑤ 配置层

配置层是从网络空间到物理空间的反馈,拥有对系统的监督控制功能,将决策信息转化成各个执行机构的控制逻辑,实现从决策到控制器的直接相连。例如,根据认知层提供的信息,用户或者控制系统可以对生产实体进行干预,使其保持在高效的性能范围之内,避免非预期的故障。配置层改变了静态的、应激式的传统生产控制模式,实现动态的、柔性的目标活动与感知决策体系的一体化,在物理生产空间内形成执行应用的自重构、自适应、自优化能力。

整个 CPPS 系统以数据为载体，建立了生产系统的网络孪生体，能够实时反映生产系统的变化并预测可能发生的后果，在警示用户的同时主动作用于生产系统，提高系统运行效率，降低系统故障率，使系统更加智能和弹性。

上述两种 CPPS 架构通过对生产管理过程的功能或责任进行划分，同时强调层级间的智能协同与深度融合，共同构建具备高可用、高扩展的 CPPS 多层次体系架构。在此基础上，考虑不同生产应用问题的特性，通过对多个层级进行合并或拆分、扩展外部应用接口、细化内部功能等形式，搭建面向具体对象的 CPPS 架构。

3.3 面向智能车间生产调度的 CPPS 环境构建

3.3.1 生产调度对 CPPS 的需求分析

传统生产调度方法强调在确定的生产环境下对生产调度问题构造精确的机理模型，并针对该模型采用高效的优化方法求解最优解或近似最优解。但在实际应用中，建模和调度二者通常是各自独立的，往往是在生产开始前建立相应模型进行仿真，根据仿真结果制定合适的生产调度方案，抑或是将仿真结果与生产线历史数据进行比较后，针对某一优化目标选择特定的调度规则。随着科技水平的不断进步，生产制造向着精益化、智能化的方向发展，制造系统持续升级与更迭，其生产复杂度日益提高，生产不确定性日益提升，大大增加了生产调度问题建模与优化的难度，同时，生产过程中各类扰动事件频发，如设备故障、紧急订单、设备加工时间偏差等，系统需要快速响应此类事件，在必要情况下调整调度方案以保证生产的高效进行。而传统生产调度方法在动态环境下的适用性相对较弱，实际生产系统与仿真系统之间没有实时交互，仿真系统不能及时响应生产系统状态的变化，生产系统也无法快速应用优化后的调度方案，导致调度效果滞后，从而对生产系统产生不利影响，无法满足当今更为迫切的生产调度需求。

CPPS 作为"工业 4.0"以及智能制造实现的核心内容，具有极好的虚实协同性，凭借其感知、通信和控制能力，可以实现制造系统生产过程的实时数据采集和反馈，为生产过程的在线监测和闭环控制提供技术条件。面对智能制造环境下生产调度的更高需求，借助 CPPS 对生产过程数据的感知、分析、融合与挖掘能力，能够实现信息与物理进程的相互影响和实时反馈以及生产过程的自主协调，从而实现更为高效、灵活和适应性的生产调度优化。

3.3.2 面向智能车间生产调度的 CPPS 框架

基于 CPS 的状态感知、实时分析、科学决策、精准执行的闭环赋能体系，本节提出面向智能车间生产调度的 CPPS 环境架构，如图 3-7 所示。该架构包含物理层、网络层、数据层、分析层、服务层五个层级，通过各层级间的交互协作，实现智能车间生产调度优化，运行方式如图 3-8 所示。

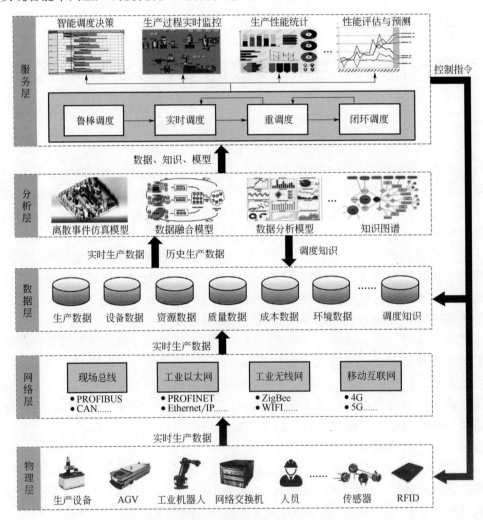

图 3-7 面向智能车间生产调度的 CPPS 框架

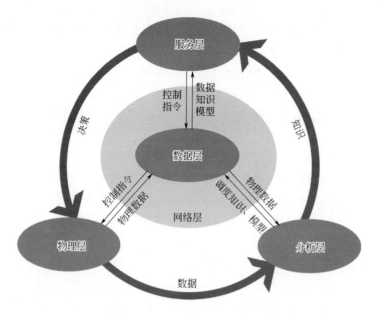

图 3-8 面向智能车间生产调度的 CPPS 环境架构运行方式

① 物理层

物理层主要指生产系统中所有有形的物理实体,包括生产设备、工件、AGV、工人以及与其相连接的一系列生产控制系统组成的硬件设备拓扑,例如各类传感器、RFID 设备、网络交换机等。各个硬件设备间采用工业以太网实现相互通信。物理层使用 RFID 设备、有线或无线传感器采集实际生产设备的实时状态数据、车间环境数据、制造资源数据、产品质量数据等,并把实时生产数据通过网络层传输给数据层进行后续处理,同时,接收来自服务层的指令,对生产过程进行控制。在此层级中,由于不同设备的数据采集模块各不相同,通常采用标准化的通信接口实现获取数据的一致性。

② 网络层

网络层由各类通信网络组成,主要作用为支持其他四个层级之间的数据传输,包括将从物理层收集到的数据传输至数据层,将服务层产生的控制指令发送给物理层中的控制器,将分析层分析处理后的关键数据、调度知识与模型传输至服务层支持各应用服务组件运行等。在该层中,采用标准通信协议完成数据类型的标准化传输,例如,工业以太网技术(PROFINET、Ethernet/IP 等)、无线网络技术(蓝牙、WIFI、ZigBee、RFID 等)、移动互联网(4G、5G 技术等)以及现场总线技术(Profibus、P-Net、WorldFIP 等)。同时,网络层还包括各类信息安全模块,保证信息在传输中的安全性、保密性。

③ 数据层

数据层是整个 CPPS 环境架构的数据中心,存储有关生产制造的所有历史数据和实时数据，包含生产数据、设备数据、材料数据、质量数据、成本数据、人力数据、环境数据等，是驱动 CPPS 系统运行的基础。数据层将历史与实时生产过程数据，化以驱动分析层进行生产仿真、数据分析与挖掘，获得有效数据来支持服务层的生产调度决策和其他应用服务。同时，如调度知识、执行指令等"有用"的数据从分析层和服务层返回，存储在数据层中，实现整个架构体系的知识积累，不断提升智能决策水平。

④ 分析层

分析层由数据层的数据进行驱动，用以对生产过程中获得的原始生产数据进行处理，运用数据挖掘技术、数据融合技术、建模仿真技术等，挖掘数据中蕴含的可指导车间运行的调度知识，或生成调度模型，与生产数据一起，支持服务层多种应用服务。同时，生成的调度知识传输回数据层，由数据层整理形成调度知识库，对调度知识进行全生命周期管理，并不断更新此知识库，始终保持调度知识的有效性，作为后续数据分析或应用服务的参考，实现智能车间生产运行过程的持续优化。

⑤ 服务层

服务层基于全生产过程的鲁棒调度、实时调度、重调度和闭环调度等方法，提供面向生产调度过程的各种服务，例如智能调度决策服务、生产过程实时监控服务、生产性能统计服务、性能评估与预测服务等。一方面通过数据可视化对制造系统运行过程进行监督与控制，另一方面通过分析数据层提供的关键生产数据和信息层提供的调度知识、调度模型，对生产性能进行统计、预测与评估等，为生成有效调度决策提供科学指导。同时，服务层提供交互接口，管理人员可以通过服务层对整个生产系统进行干预，更改生产计划、进行设备维护、提取生产数据等，以及支持其他扩展服务。

高性能高效率的数据传输网络是各层级间数据传输与交互的媒介，安全可靠的系统数据中心具有对全生产过程数据的存储能力，为 CPPS 架构的有效运行提供基础环境条件。而智能车间生产调度过程持续优化的关键在于，在具体应用需求指导下，通过分析层对从物理层中获取的历史与实时数据进行处理与挖掘，获取精准有效的调度知识与模型，以支持以具体服务为导向的调度决策指令的生成，指导智能车间全生产周期运行，进而形成"状态感知-实时分析-科学决策-精准执行"的 CPPS 闭环赋能体系，实现智能车间的数据增值与知识积累。

3.3.3 面向半导体生产线的 CPPS 环境构建案例

（1）案例对象

MiniFab 是 Intel 公司 Karl Kempf 博士提出的一个半导体生产线模型，由 5 台设备及 6 道工序组成[29]，模型结构如图 3-9 所示。

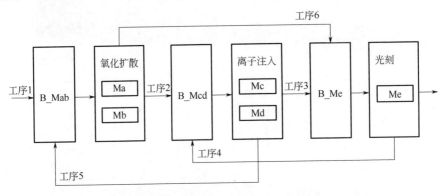

图 3-9　MiniFab 半导体生产线模型

其中，设备 A、设备 B（简称 Ma、Mb）为 2 台氧化扩散设备，是批处理设备，即每次可加工多个工件（这里是 4 个工件），工件同进同出，主要用于完成热氧化、扩散、清洗、粘物测试等工艺。设备 C、设备 D（简称 Mc、Md）为 2 台离子注入设备，每台设备有 6 个工位（1 个进料工位、1 个出料工位、4 个加工工位），每次加工 1 个工件，主要用于完成半导体的离子注入工艺。设备 E（简称 Me）为 1 台光刻设备，有 1 个加工工位，执行 1 道工序，主要用于完成将半导体表面的特定部分进行光刻去除的工艺。设备组前有半成品缓冲区，如设备 A、设备 B 前的 B_Mab，设备 C、设备 D 前的 B_Mcd，及设备 E 前的 B_Me，用于在当前设备（组）被占用时缓存待加工工件。

（2）CPPS 环境构建：物理空间

立足于 MiniFab 半导体生产线模型，同济复杂制造系统调度管理课题组设计并向菲尼克斯公司定制建造了半导体智慧制造示范单元，该实验平台通过 PROFINET、SafetyBridge、RFID 等技术，实现了对 MiniFab 半导体生产线实际生产过程的模拟，为针对半导体生产线的各类研究提供了可靠的硬件支持。同时，也摆脱了过去在调度问题研究中常常使用生产线仿真模型来模拟真实生产过程、替代实际生产线的局限性。

半导体智慧制造示范单元布局图如图 3-10 所示，该单元拥有 1 台模拟光刻设备、2 台模拟扩散设备、2 台模拟离子注入设备，此外包括 1 个模拟库位，由原材料区和成品区组成，负责存放原材料工件及成品工件，以及 1 个模拟材料等待区，负责缓存待加工的半成品工件，中央的 KUKA 机器人 KR6 R900 负责在模拟库位、缓冲区和加工设备之间搬运工件。半导体智慧制造示范单元实物图如图 3-11 所示。

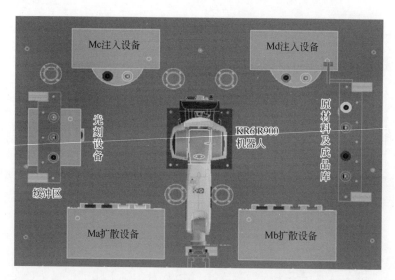

图 3-10 半导体智慧制造示范单元布局图

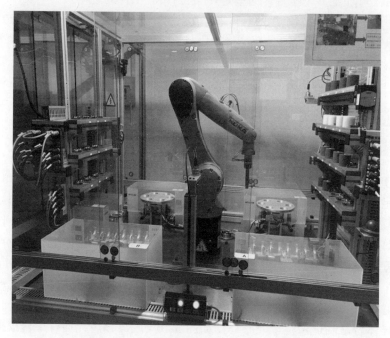

图 3-11 半导体智慧制造示范单元实物图

(3) CPPS 环境构建：信息空间

制造系统的虚拟映射模型是 CPPS 信息空间构建的一个重要部分，通过构筑物理空间与信息空间信息交互的网络通道，基于物理数据建立虚拟模型，实现从物理空间到信息空间的全要素映射。通过虚拟模型可视化界面对制造系统的整体生产过程进行全方位的直观展示，监视设备在生产过程中的状态变化，同时，在调度命令发起时或生产线发生异常时对生产数据进行分析计算，结合虚拟运行结果，形成对物理实体的有效控制。

采用三维引擎 Unity3D 开发半导体智慧制造示范单元的数字模型，作为信息空间的载体，利用 Unity3D 强大的脚本开发功能，使用 C#、JavaScript 等开发语言编写相关动作执行脚本，分模块描述各设备动作相关参数的变化逻辑，并挂载在仿真系统中实例化。同时，基于 OPC+MQTT 协议，建立从示范单元至 Unity3D 的数据通信网络，连接信息空间与物理空间，实现半导体智慧制造示范单元运行中的数据交互。

具体地，半导体生产线三维模型的可视化界面如图 3-12 所示，其中：

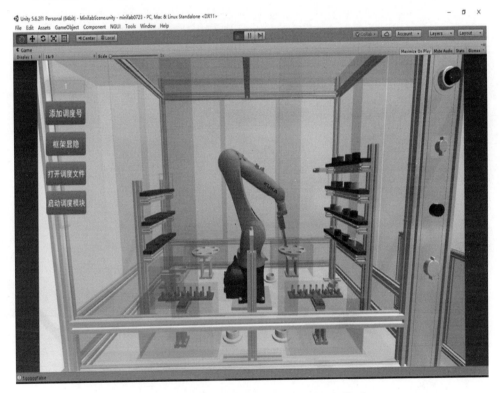

图 3-12　半导体智慧制造示范单元数字模型

- "添加调度号"选项可以手动添加生产过程的机械手调度号，主要在离线状态测试模型以及仿真设备加工动作时使用；
- "框架显隐"选项可以快速切换机械手工作台外围框架的显示及隐藏，便于使用者进行观察；

第 3 章　信息物理生产系统（CPPS）　073

- "打开调度文件"用于获取已有的仿真模型加工流程的调度号列表,实现对仿真模型生产流程的展示;
- "启动调度模块"用于打开调度优化模块,在设备故障等动态情况下,对生产线进行调度,并下达新的调度方案。

该 CPPS 环境通过物理空间与信息空间的深度融合与交互协作,能够为智能车间生产调度中的各项功能服务提供支持。

① 该平台上能够实现两种模式的生产流程展示:一是根据当前生产线的运行状态,实时展示生产过程;二是通过读取调度文件,将仿真模型的调度号列表载入,展示理想生产加工过程,通过鼠标和键盘的操作,实现对生产线的全方位浏览。

② 三维模型实时感知制造示范单元状态,当出现设备故障扰动时,可视化界面会显示扰动报警,并提示调度人员进行生产线的重调度优化,如图 3-13 所示。

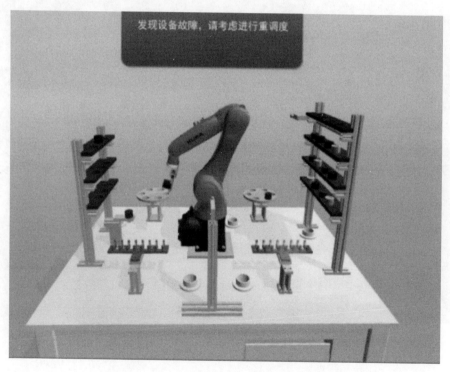

图 3-13　数字模型对设备故障的感知功能

③ 通过启动调度模块,根据制造示范单元状态的特征值,利用集成的调度优化模块生成新的调度方案并在界面中显示,可为调度决策人员提供参考或直接应用于示范单元,如图 3-14 所示。

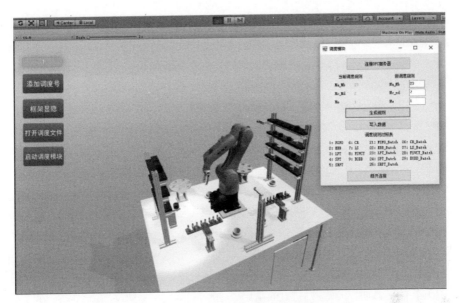

图 3-14 基于数字模型的调度决策功能

参考文献

[1] Lee E，David B，Martin T，et al．Cyber physical systems[C]//11th IEEE International Symposium on Object and Component-Oriented Real-Time Distributed Computing(ISORC)．Orlando，FL，USA：IEEE，2008．

[2] Gill H．From Vision to Reality：Cyber-Physical Systems[R]．HCSS National Workshop on New Research Directions for High Confidence Transportation CPS：Automotive，Aviation，and Rail，2008．

[3] Geisberger E，Bory M．Living in a network-ked world[M]．München，Germany：acatech-NATIONAL ACADEMY OF SCIENCE AND ENGINEERING，2015．

[4] 何积丰．Cyber-physical System［J］．中国计算机学会通讯，2010，6(1)：25-29．

[5] 中国信息物理系统发展论坛．信息物理系统白皮书[R/OL]．(2017-03-01)[2022-06-30]．http：//www．cesi．cn/201703/2251.html．

[6] Bradley J M，Atkins E M．Toward Continuous State-Space Regulation of Coupled Cyber-Physical Systems[J]．Proceedings of the IEEE，2012，100(1)：60-74．

[7] Klimeš J．Using Formal Concept Analysis for Control in Cyber-physical Systems[J]．Procedia Engineering，2014，69(1)：1518-1522．

[8] Ma L H, Yao J, Xu M, et al. Net-in-Net: Interaction Modeling for Smart Community Cyber-Physical System[C]// Processing of 2010 7th International Conference on Ubiquitous Intelligence & Computing and 7th International Conference on Autono-mic & Trusted Computing. Xi'an, China: IEEE, 2010: 250-255.

[9] Liu C, Jiang P Y. A Cyber-physical System Architecture in Shop Floor for Intelligent Manufacturing [J]. Procedia CIRP, 2016, 56: 372-377.

[10] Platzer A. Logical Foundations of Cyber-Physical Systems [M]. Berlin, DEU: Springer, 2018.

[11] 国务院. 国务院关于深化制造业与互联网融合发展的指导意见[J]. 中华人民共和国国务院公报, 2016 (16): 5-9.

[12] Mubarok K, Wardhani R, Lu Y, et al. Towards Cyber-physical System Intelligent Services in Cloud Manufacturing [C] // processing of 48th International Conference on Computers and Industrial Engineering. Auckland, New Zealand: CIE, 2018. 1-12.

[13] Jiang P Y, Ding K, Leng J W. Towards a cyber-physical-social-connected and service-oriented manufacturing paradigm: Social Manufacturing [J]. Manufacturing Letters, 2016, 7: 15-21.

[14] Brusaferri A, Ballarino A, Cavadini F A, et al. CPS-based hierarchical and self-similar automation architecture for the control and verification of reconfigurable manufacturing systems [C] // Proc-eedings of the 2014 IEEE Emerging Technology and Factory Automation (ETFA). Barcelona, Spain: IEEE, 2014: 1-8.

[15] Chandra S S, Yap H J, Musa S N, et al. The implementation of virtual reality in digital factory-a comprehensive review [J]. The International Journal of Advanced Manufacturing Technology, 2021, 115 (5/6): 1349-1366.

[16] Leitão P, Karnouskos S, Ribeiro L, et al. Smart Agents in Industrial Cyber-Physical Systems [J]. Proceedings of the IEEE, 2016, 104 (5): 1086-1101.

[17] Scheel HV. Recommendations for implementing the strategic initiative INDUSTRIE 4.0. Final report of the Industries 4.0 Working Group, 2013.

[18] 国务院.《中国制造2025》(国发〔2015〕28号), 2015.

[19] 金阳, 蒋增强, 鄂明成. 信息物理融合生产系统动态任务调度研究[J]. 武汉理工大学学报(信息与管理工程版), 2017, 39 (3): 324-329.

[20] Monostori L. Cyber-physical Production Systems: Roots, Expectations and R&D Challenges [J]. Procedia CIRP, 2014, 17: 9-13.

[21] Cardin O. Classification of cyber-physical production systems applications: Proposition of an analysis framework[J]. Computers in Industry, 2019, 104: 11-21.

[22] Monostori L, Kádár B, Bauernhansl T, et al. Cyber-physical systems in manu-

facturing [J]. CIRP Annals Manufacturing Technology, 2016, 65 (2): 621-641.

[23] Okpoti E S, Jeong I J. A reactive decentralized coordination algorithm for event-driven production planning and control: A cyber-physical production system prototype case study [J]. Journal of Manufacturing Systems, 2021, 58 (2): 143-158.

[24] Kumar R, Padma Vilochani P G, Kahnthinisha S, et al. Live Life Cycle Assessment Implementation using Cyber Physical Production System Framework for 3D Printed Products [J]. Procedia CIRP, 2022, 105: 284-289.

[25] 赖文龙. 信息物理融合系统复杂过程自治协调控制策略研究 [D]. 广州: 广东工业大学, 2015.

[26] Sanislav T, Zeadally S, Mois G D. A Cloud-Integrated, Multilayered, Agent-Based Cyber-Physical System Architecture [J]. Computer, 2017, 50 (4): 27-37.

[27] Zeadally S, Sanislav T, Mois G D. Self-Adaptation Techniques in Cyber-Physical Systems (CPSs) [J]. IEEE Access, 2019, 7: 171126-171139.

[28] Lee J, Bagheri B, Kao H. A Cyber-Physical Systems architecture for Industry 4.0-based manufacturing systems [J]. Manufacturing Letters, 2015, 3: 18-23.

[29] Kempf K. Intel Five-Machine Six Step Mini-Fab Description [R]. [s.l.: s.n.], 1994.

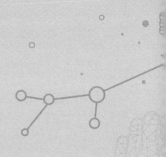

第 4 章
智能车间适应性调度解决方案

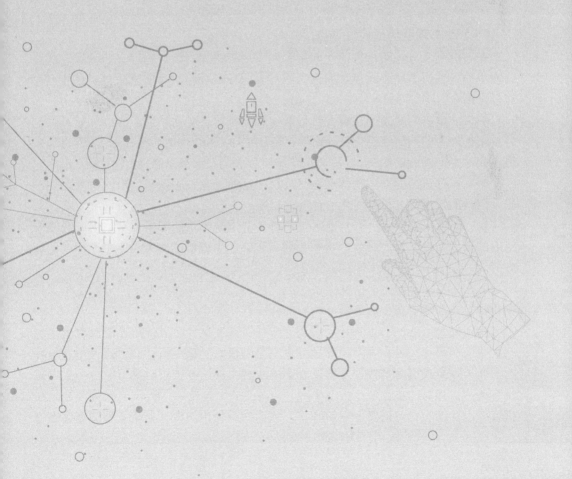

适应性调度体系框架研究的出发点是探讨如何充分利用新一代信息技术与制造技术的融合产物，借鉴近年来有一定公认度的智能制造和 CPS 等架构，聚焦智能车间生产调度问题，构建兼备前摄决策、实时感知、动态优化和在线学习能力的适应性调度体系框架，提出一种智能制造环境下的智能车间适应性调度解决方案。本章基于第 3 章所构建的面向智能车间生产调度的 CPPS 框架，从智能车间适应性调度的现实需求出发，提出多级联动的适应性调度体系框架，并分析适应性调度体系运行过程中的多级联动实现过程。

4.1
智能车间多级联动适应性调度体系框架

4.1.1　需求分析

（1）动态调度与适应性调度

在智能制造环境下，智能车间生产调度问题更加复杂、环境更加多变、涉及要素更广，使得智能车间需全面提高应对复杂多变环境的自适应能力，具体体现在以下四个方面。

● 前摄决策能力：在调度执行前，调度系统具有前瞻性，能够生成具有一定抗干扰能力的初始调度方案，该调度方案在实际执行中能够消化部分细微扰动，最小化对生产性能的影响。

● 实时感知能力：在调度执行过程中，通过实时感知和分析，精准识别不确定因素的发生，分析其对生产性能的影响，并判断是否需要调整调度方案。

● 动态优化能力：当判定需要调整调度方案时，能够根据从数据或经验中提取的调度知识，以实时生产状态数据为驱动，生成新的适应当前生产需求的调度方案。

● 在线学习能力：调度知识会因生产环境的变化而失效，通过调度知识的在线学习或在线更新，保证调度系统的持续有效性。

由本书第 1.2.2 节可知，动态调度方法关注在某一个具体生产阶段对单个扰动的响应和优化，若将生产过程划分为三个阶段——调度执行前、执行中和执行后，完全反应式调度是执行中调度方案的实时生成，强调实时决策能力；主动式调度关注执行前的鲁棒调度方案生成，强调前摄决策能力；预-反应式调度则是在执行中由扰动触发对调度方案的修正，强调动态优化能力。上述三种动态调度方法虽各有千秋,且存在一定程度上的互补关系,但是无法满足覆盖整个生产流程的适应能力全面提升需求。

因此,在动态调度基础上,提出如图 4-1 所示的适应性调度初步思路,将主动式调度、完全反应式调度、预-反应式调度相结合,形成"执行前的鲁棒调度—执行中的实时调度"的联动。此外,为了增强适应性调度对扰动的实时感知能力,增加执行中的在线扰动识别。为了保证反应式调度在生产运行中的持续有效性,进一步根据新的生产数据对反应式调度的调度知识进行在线更新(调度知识是生产状态与最优或近似最优调度方案的映射关系模型,是调度方案调整的依据)。综上所述,形成了覆盖调度执行全过程的"执行前的鲁棒调度-执行中的实时调度-执行中的适应性重调度-执行后的闭环调度"多级联动的适应性调度思路。其中,闭环优化指的是根据新数据更新调度知识的过程。

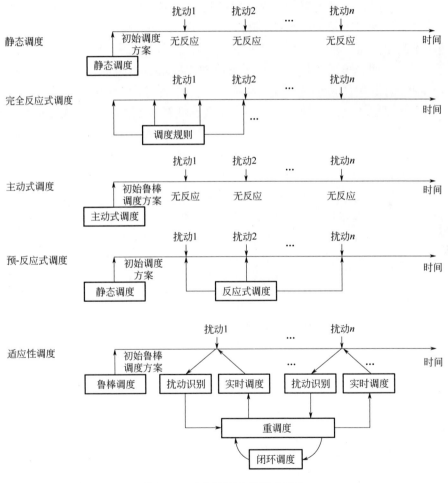

图 4-1 适应性调度的解决思路

（2）调度体系

上述"执行前的鲁棒调度-执行中的实时调度-执行中的适应性重调度-执行后的闭环调度"的适应性调度的实现，需要从系统整体描述和优化角度出发，开展融合集成多阶段调度方法的调度体系研究。区别于传统动态调度方法只关注局部问题建模与求解，调度体系集成了多个调度模型或多种调度方法，且通过它们在不同阶段、不同层次或不同视图上的整合与交互来实现制造系统的适应性调度优化。

由于智能制造系统的复杂性，针对局部阶段的调度方法难以在整个生产制造系统中产生明显的应用效果，因此，近年来调度体系框架研究受到学者们的关注。

在调度体系框架的结构设计方面，现有研究多按照时间粒度对不同阶段的调度模型或算法进行集成。Tsai 等[1]提出了一种基于 RFID 的实时决策调度器，并按时间粒度将实时决策调度器与重调度机制集成在仿真平台上，开发了针对全自动晶圆厂的实时调度和重调度系统。Rahmani 等[2]针对不确定加工时间和新工件到达两种不确定因素，设计了两阶段的主动-反应式调度方法。Li 等[3]以仿真模型为核心，根据时间粒度的不同，提出了三层调度模块体系结构（生产计划+生产排程+重调度），其中的每个调度模块集成了若干种调度算法组件可供选择。

在生产调度体系的实现方法方面，主要有两种实现方式：多 Agent 形式[4]和组件化形式[1,3]。多 Agent 形式将各个调度模块封装为 Agent，并以 Agent 协商的方式进行调度模块之间的协同；组件化形式是将各个调度模块的调度方法封装为组件，根据不同制造系统的特点进行重构，定制具有柔性化的制造系统。Zhang 等[5]认为传统调度系统属于集中式系统，提出在工业 4.0 的环境下，调度系统应向智能分布式调度系统转变的概念，并指出智能分布式调度系统的实现需借助 CPS、大数据、IoT 等新一代信息技术。

现有调度体系研究成果的成熟度和实用度还有欠缺，特别是针对智能制造系统的高度不确定性，需要在系统化设计动态、自适应和自组织的调度体系结构方面有所突破。此外，未来智能制造调度体系的实现不仅依赖传统多 Agent 形式和组件化形式对各调度功能模块的清晰划分和定义，还需要充分利用 CPS、大数据、IoT、人工智能等新一代信息化智能化技术，助力实现调度系统运作时模块间的实时交互和协同。

4.1.2 智能车间多级联动适应性调度体系框架

基于上述覆盖调度执行全流程的适应性调度思路，以第 2 章总结的各项工业大数据分析与处理技术为驱动，以第 3 章构建的面向智能车间生产调度的 CPPS 五层架构（图 3-7）为基础，提出智能制造环境下智能车间多级联动适应性调度体系框架，如图 4-2 所示。

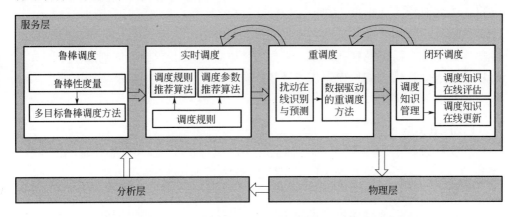

图 4-2　基于 CPPS 的智能车间多级联动适应性调度体系框架

智能车间多级联动适应性调度体系框架由物理层、分析层和服务层构成。物理层为分析层提供数据来源；分析层为服务层调度的实现提供共性知识和模型支持；服务层集成四个调度级——多目标鲁棒调度、适应性实时调度、适应性重调度和适应性调度闭环优化，四个调度级联动运行，输出调度决策给物理层；物理层执行调度决策并持续生成支持分析层的生产数据。整个过程遵循图 3-8 所示的 CPPS 架构基本运行方式，基于数据层和网络层的互联互通，形成物理层、分析层和服务层之间的循环交互。

下面将从调度级的视角阐述鲁棒调度、实时调度、重调度和闭环调度。

（1）鲁棒调度

鲁棒调度旨在生成具备抗干扰能力的初始调度方案，抗干扰能力表现在调度方案在执行过程中能够消化扰动发生所带来的部分影响，在一定程度上保证生产稳定执行。

关键点：①鲁棒性度量是衡量调度方案鲁棒性和实现鲁棒调度的前提；②鲁棒调度不仅需要关注调度方案在某一个性能指标上的优化和鲁棒性之间的权衡，还需考虑多个性能指标的优化及其鲁棒性；③所生成的鲁棒调度方案若为甘特图形式的确定性方案，在后续执行过程中势必会很快失效，采用带参数的调度策略（详见本书第 5.2.1 节）代替调度方案解是一种可行方式。调度策略由调度规则组合而成，与调度方案相比具有更好的灵活性，能够在生产执行过程中根据生产状态实时地生成调度方案。

（2）实时调度

实时调度又称完全反应式调度，指在生产过程中根据当前生产状态实时地生成调度方案。实时调度的特点是不会在生产开始前预先制定调度方案,而是在生产过程中实时地生成调度方案。

关键点:①实时性是实时调度的重要指标,基于调度规则的方法是最典型的一类实时调度方法,能够在线生成调度方案;②没有一种调度规则能够在所有生产环境下表现最优,如何根据生产环境的变化,推荐恰当的调度规则或调度策略参数是实时调度中的一个关键问题。

（3）重调度

在执行过程中,重调度能够全面监控生产执行状况,并实时感知扰动的发生,当扰动发生后,根据从数据中训练得到的调度知识,调整调度方案（修改原调度方案或重新生成新的调度方案）以适应当前的生产状态。

关键点:①在线扰动识别模块由实时状态数据驱动,输出调度方案调整的触发信号,该模块不仅需要感知扰动发生与否,还需进一步评估扰动所产生的影响,进而确定是否需要触发调度方案调整模块;②调度知识直接决定了重调度的性能,调度知识的离线训练效果除了受到机器学习算法性能的影响,还取决于样本数据的"质"和"量"。

（4）闭环调度

闭环调度旨在实现对调度知识生成、应用、评估和更新的全生命周期管理,使调度知识能够从新的样本数据中学习新的知识,具备在线学习或更新的能力。借助于具有学习更新能力的调度知识管理来保证车间调度的闭环优化实现。

关键点:在闭环优化过程中,何时和如何更新调度知识是需要解决的两个核心问题。①何时更新调度知识,需要研究调度知识在线评估方法,该方法能够定量评估调度知识的有效性,并作出是否更新的判定。②如何更新调度知识,需要研究调度知识的在线更新方法,在更新过程中,既能够学习新数据的新知识,又能够保留原来的旧知识。

4.2
多级联动适应性调度体系的运行演化

从调度流程的视角,适应性调度体系运行演化的本质是"鲁棒调度-实时调度-重调度-闭环调度"的联动运行;从数据流的视角,适应性调度体系运行演化的本质是物理层、分析层和服务层之间的循环交互,数据层和网络层的互联互通是实现整个过程的基础。下面分别从以上两个视角,阐述多级联动适应性调度体系的运行演化过程。

4.2.1 体系运行演化中的多级联动

适应性调度体系中的"鲁棒调度-实时调度-重调度-闭环调度"的联动机制能够覆盖制造系统调度执行的全流程,为全面优化智能车间的生产过程、实现对动态制造环境的适应能力提供数据驱动的解决方案。图 4-3 给出了适应性调度体系的多级联动运行演化的过程示意。

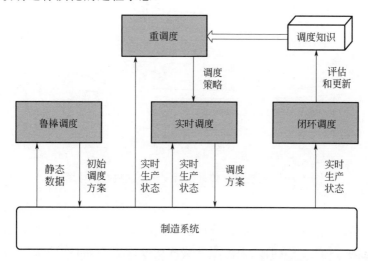

图 4-3 适应性调度体系运行演化中的多级联动

在制造系统生产执行前,鲁棒调度生成初始调度方案,并下达至制造系统,制造系统按照初始调度方案开始生产;在制造系统生产执行过程中,重调度通过实时感知来监控生产状态,并在需要时根据调度知识生成适应当前状态的调度策略,实时调度根据调度策略实时生成调度方案;同时,闭环优化通过采集得到的生产数据在线评估和更新调度知识。除了第一级为单次操作外,后续三级均为多次操作,重调度由扰动信号触发,实时调度伴随生产进程进行,闭环优化的评估频率可由用户按需设定。

另外,由图 4-3 可直观看出,多级联动的实现并非以后一级输入是前一级输出的直接连接方式,而是通过与制造系统不同生产阶段的交互来实现,这种联动方式既保证了各级调度功能的独立性和完整性,又可实现联动集成时的效果加成。

4.2.2 体系运行演化中的数据循环增值

在适应性调度体系运行演化过程中，物理层、分析层和服务层之间循环交互的内在驱动力是数据的流动，在此过程中，也伴随着数据流的循环增值，如图4-4所示。

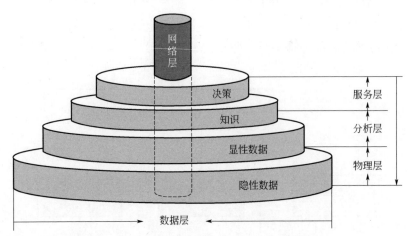

图 4-4　适应性调度体系运行演化中的数据循环增值

首先，制造系统中的大量隐性数据通过物理层的传感器转化为显性数据，并通过网络层传输到数据层；然后，分析层将数据层中的显性数据经由数据分析和挖掘，转化为可指导决策的知识；服务层依据分析层生成的知识进行调度决策；最后，调度决策下达至物理层，制造系统执行调度决策，并产生新的隐性数据。至此，数据流形成在物理层、分析层和服务层间的循环流动与增值，驱动了适应性调度体系的运行演化。

参考文献

[1] Tsai C J, Huang H P. A real-time scheduling and rescheduling system based on RFID for semiconductor foundry fabs [J]. Journal of the Chinese Institute of Industrial Engineers, 2007, 24 (6): 437-445.

[2] Rahmani D, Heydari M. Robust and stable flow shop scheduling with unexpected arrivals of new jobs and uncertain processing times [J]. Journal of Manufacturing Systems, 2014, 33 (1): 84-92.

[3] Li L, Qiao F. A modular simulation system for semiconductor manufacturing scheduling [J]. Przeglad Elektrote-chniczny, 2012, 88 (1): 12-18.

[4] Gomez-Gasquet P, Lario Esteban F C, Franco Pereyra R D, et al. The design of an agent-based production scheduling software framework for improving planning-scheduling collaboration [C] // Proceedings of Balanced Automation Systems for Future Manufacturing Networks. Berlin, Heidelberg: Springer, 2010: 301-308.

[5] Zhang J, Ding G, Zou Y, et al. Review of job shop scheduling research and its new perspectives under industry 4.0 [J]. Journal of Intelligent Manufacturing, 2019, 30 (4): 1809-1830.

第 5 章
多目标鲁棒调度方法

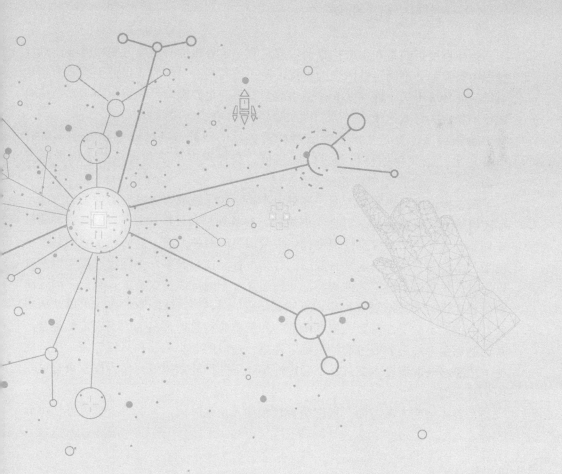

本章针对第 4 章多级联动适应性调度体系框架中的鲁棒调度，首先，分析智能车间多目标鲁棒调度问题和鲁棒性度量，在此基础上，提出多目标鲁棒调度方法（multi-objective robust optimization method，简称 MORO）。该方法由两个阶段构成：确定环境下的多目标鲁棒调度策略生成和不确定环境下的多目标鲁棒调度策略选择。进一步，针对两个阶段分别提出基于仿真优化的多目标遗传算法（simulation-based optimizaton and non-dominated sorting genetic algorithms-Ⅱ，简称 SBO-NSGA-Ⅱ）和基于场景规划和熵权法的多目标鲁棒调度模型。

5.1
多目标鲁棒调度问题描述

5.1.1 鲁棒调度概述

鲁棒调度指的是在生产执行前生成具有一定鲁棒性的调度方案，能够在执行过程中吸收部分不确定性因素的干扰，旨在提高制造系统的前摄抗干扰能力，是系统应对环境不确定性（尤其是微小渐变型不确定性影响）和避免因频繁调整而运行不稳定的有效途径。

鲁棒调度一直是生产调度领域颇受关注的研究方向，已经积累了丰富的研究成果，主要包括鲁棒调度问题建模、鲁棒调度方法和鲁棒性评价指标三方面。

在鲁棒调度问题建模方面，多采用不确定优化领域中所发展的理论与方法，如随机规划、鲁棒优化、机会约束规划、参数规划和模糊规划等[1]。其中，随机规划和鲁棒优化是不确定性调度优化中最常用的两种方法。然而，实际的制造系统工艺结构复杂，不确定性来源广泛、构型各异，一般单个不确定性数学模型难以同时反映制造系统工艺结构特征和捕捉众多不确定性参数特征。数据驱动方法和仿真优化方法开始受到鲁棒调度领域学者的关注[2]。数据驱动方法可以从历史数据中挖掘不确定性参数的概率特征，并基于此构建更为精准的不确定性集合，从而避免由不准确的或过大的不确定性集合造成的低实用性和高保守性。仿真优化方法能够获取调度方案解在不确定性集合下的性能期望值，作为搜索求解过程中的目标值。

在鲁棒调度方法方面，根据是否直接插入松弛时间，现有鲁棒调度方法可分为两类[3]。一类通过直接增加松弛时间来提高调度方案的鲁棒性，松弛时间或冗余时间的插入可有效提升调度方案鲁棒性，然而，如何确定松弛时间插入的数量和位置是一个主要难点；另一类不直接增加额外松弛时间，而是从问题模型或调度结构的角度应对不确定扰动，如采用场景规划方法、机会约束规划模型等，得到最差场景下性能指标满足要求的或者以一定概率满足给定约束的调度方案。根据鲁棒调度求解思路，现有鲁棒调度方法可分为两类：一是遵循静态调度问题的"问题建模—算法求解"一般思路，首先构建不确定的鲁棒调度问题模型，然后设计元启发式等智能优化算法求解，获得鲁棒调度方案，其难点在于复杂不确定问题的数学模型构建和求解；二是将不确定性调度问题转化为若干个场景下的确定性调度问题，继而求解确定性问题，获得调度解集，在此基础上，采用基于鲁棒性度量的思想，分别计算所有可行调度方案的鲁棒性，继而选取鲁棒性最优的调度方案，其难点在于调度方案鲁棒性的计算。

在鲁棒性评价指标方面，通常涉及两个方面：性能鲁棒性和方案鲁棒性[4]。性能鲁棒性指的是调度方案执行时性能指标在不确定因素影响下的非灵敏性；方案鲁棒性也称为稳定性，指不确定条件下调度方案的稳定性。尽管稳定性也经常被作为主要优化目标，但是性能鲁棒性仍是鲁棒调度中需要首要关注的目标[5]。另外，调度方案的性能指标优劣始终是生产调度关注的核心目标。本章研究的关注点将兼顾调度方案的性能指标和调度方案的性能鲁棒性（简称鲁棒性）。

目前为止，学术界已针对鲁棒调度方法开展了一系列理论和应用研究，然而，现有研究仍存在以下不足。

① 传统的鲁棒调度虽然可提升调度方案的鲁棒性，但模型生成的静态调度方案易过于保守，无法响应生产状态的实时变化，且高度依赖系统的零初始状态和鲁棒调度问题模型。实际生产过程的扰动发生具有随机性，这会造成任何既定的调度方案都难以长时间匹配实际生产派工，如若偏离较大，既定调度方案会失去指导效果，则需要重新对新系统状态下的鲁棒调度问题进行建模和求解。

② 鲁棒调度问题本质上是一个多目标优化问题，不仅体现在调度方案的性能指标和鲁棒性两个层面，还应关注制造系统性能指标体系的多样性，包括时间、效率、成本、能耗等多个维度。在鲁棒调度方案生成时，如何兼顾多个性能指标的优化和多个性能指标的鲁棒性是该环节的关键问题。

综上，本章针对多目标鲁棒调度问题，提出两阶段的 MORO 并引入带可调参数的调度策略。与传统的输出甘特图等固定调度方案的鲁棒调度方法不同，所生成的鲁棒调度策略能够根据生产状态实时生成调度方案，从本质上避免调度方案与实际生产派工的偏离。

5.1.2 多目标鲁棒调度问题描述和鲁棒性定义

假设制造系统所具有的设备集合为 G，集合 $J=\{J_1,J_2,\cdots,J_c\}$ 代表所有待加工工件的集合，工件 J_a 的投产时间 A_a 由投料策略确定，$O_{a,b}$ 表示工件 J_a 的第 b 道工序，且工序 $O_{a,b}$ 的期望加工时间 $T_{a,b}^*$ 已知。静态调度问题的目标是找到一个使性能指标最优的调度方案解 s^*，调度方案 s 可由所有工序在设备集 G 中的加工安排组成，既包括对各工序与执行其加工的设备之间的匹配关系分配，也包括对各设备上加工工序的执行顺序和开始/结束加工时间的表示，通常以甘特图等派工单形式表达。

然而，在生产执行过程中，伴随着工序加工时间波动等扰动累积，实际派工单和原调度方案之间的偏差会越来越大，进而导致原调度方案的性能劣化甚至失效。因此，需要在调度方案生成时将不确定性因素考虑在内，生成具有一定鲁棒性的初始调度方案。将该问题定义为鲁棒调度问题，其目标是找到一个使性能指标和鲁棒性最优的调度方案解，优化目标可表示为式（5-1），本章假设性能指标的值越小越好。

$$\min_{s\in S} F^R(s) = [f(s), R(s)] \qquad (5\text{-}1)$$

其中，$f(s)$ 表示调度方案 s 的性能指标值；$R(s)$ 表示调度方案 s 的鲁棒性值；S 为调度方案全集，$s\in S$。

实际制造系统的生产性能指标复杂多样，在生产调度中往往需要优化调度方案在多个指标上的性能。另外，若生成的鲁棒调度方案能够随着生产状态变化进行适应性调整，则能大大提高调度方案在指导生产时的灵活性和持续有效性。因此，本章采用调度策略作为鲁棒调度的输出解。与固定调度方案相比，调度策略由一组可调参数确定，并且在生产过程中能够根据生产状态实时生成调度方案，调度策略表达将于本书第 5.2.1 节详述。综上，多目标鲁棒调度问题优化目标可表示为式（5-2）。

$$\min_{d\in D} F^M(d) = [f_1(d), f_2(d), \cdots, f_M(d), R_1(d), R_2(d), \cdots, R_M(d)] \qquad (5\text{-}2)$$

其中，d 表示调度策略，$d\in D$；M 为待优化的性能指标的个数，$j=1,2,\cdots,M$；$f_j(d)$ 表示调度策略 d 在第 j 个性能指标上的值；$R_j(d)$ 表示调度策略 d 在第 j 个待优化性能指标上的鲁棒性度量值。

在生产调度领域，调度策略具有鲁棒性指的是该调度策略对于不确定性扰动的发生敏感度较低，表现为在实际执行过程中具有一定的抗干扰能力，即调度损失值（scheduling loss）较小。以性能指标 f 为例，某调度策略 d 在该性能指标 f 上的鲁棒性大小可以用该调度策略在该性能指标上的调度损失衡量，如式（5-3）

所示。

$$\sigma(d) = f(d) - f^0(d) \tag{5-3}$$

其中，$f(d)$ 表示调度策略 d 的实际性能指标；$f^0(d)$ 表示调度策略 d 的期望性能指标。

一般将鲁棒性定义为调度损失的期望值，记作：

$$R1(d) = E[\sigma(d)] = E[f(d) - f^0(d)] = E[f(d)] - f^0(d) \tag{5-4}$$

从式（5-4）中可以看出，较小的 $E[\sigma(d)]$ 意味着 s 的性能指标几乎不受随机干扰的影响（对随机干扰不敏感），$E[\sigma(d)]$ 捕捉到了性能指标的变化性，描述了鲁棒调度的一个方面。此外，调度策略的实际性能指标的期望值 $E[f(d)]$ 显然对于制造系统的实际运行具有重要的现实意义，与实际生产效率和成本直接相关。因此，也有学者认为鲁棒调度策略应该在实际性能指标期望值 $E[f(d)]$ 和调度损失期望值 $E[\sigma(d)]$ 两个方面实现高性能，如 Leon 等[6]将调度鲁棒性定义为上述两个目标的线性组合，如式（5-5）所示：

$$R2(d) = rE[f(d)] + (1-r)E[\sigma(d)] \tag{5-5}$$

其中，r 为区间[0,1]上的实数权重。

5.1.3 鲁棒性度量

由于实际使用过程中无法精确计算上式中的期望值，学者们提出了两种鲁棒性的计算方法，也可称为鲁棒性度量，包括基于场景规划的鲁棒性度量和基于松弛时间的鲁棒性度量。

（1）基于场景规划的鲁棒性度量

场景规划是不确定调度问题尤其是前摄性鲁棒调度中的常用方法。如图 5-1 所示，在基于场景规划的鲁棒性度量中，不确定性因素由一组可能发生的场景集表征，场景集中的一个场景表示实际生产过程中可能发生的一种状态，假设场景集容量足够大。因此，鲁棒性定义式（5-4）和式（5-5）中的期望值可以由场景集下的均值计算得到，如式（5-6）和式（5-7）所示：

$$E[f(d)] = \sum_{\lambda \in \Lambda} P(\lambda) f^{\lambda}(d) \tag{5-6}$$

$$E[\sigma(d)] = \sum_{\lambda \in \Lambda} P(\lambda) f(d) - f^0(d) \tag{5-7}$$

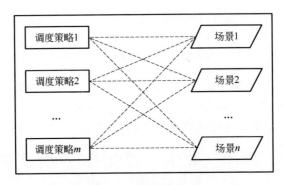

图 5-1 场景规划方法

其中，$f^\lambda(d)$ 为调度策略 d 在场景 λ ($\lambda \in \Lambda$) 下运行的实际性能指标；Λ 为所有场景组成的场景集合；$P(\lambda)$ 为场景 λ 的发生概率；$f^0(d)$ 为调度策略 d 的期望性能指标。如图 5-1 所示，对全体调度策略遍历所有场景，计算出每个调度策略的鲁棒性，从而选择鲁棒性最优的调度策略。基于场景规划的鲁棒性度量方法依赖于场景集对不确定性的描述，通常要求场景的数量 n 值足够大，以完全表达不确定性。学者们基于场景规划的思想，结合运筹学理论，提出了一系列的鲁棒性度量方法和相应的鲁棒调度模型，主要有基于性能指标的方法和基于后悔值的方法[7]。其中，基于后悔值的方法旨在尽量减少机会损失，即后悔值。调度策略 d 在场景 λ 上的后悔值定义如式（5-8）所示。

$$r_\lambda(d) = f^\lambda(d) - f^\lambda(d^*), \quad d^* = \arg\min f^\lambda(d) \tag{5-8}$$

两类方法的鲁棒性度量及其鲁棒调度模型分别如表 5-1 和表 5-2 所示。

表 5-1 基于性能指标的鲁棒性度量及其鲁棒调度模型

鲁棒性度量方法	对应鲁棒调度模型	模型说明
$EP(d) = \sum_{\lambda \in \Lambda} P(\lambda) f^\lambda(d)$	$d^* = \arg\min_{d \in D} EP(d)$	最小化所有场景下的性能指标期望值
$WC(d) = \max_{\lambda \in \Lambda} f^\lambda(d)$	$d^* = \arg\min_{d \in D} WC(d)$	最小化最坏场景下的性能指标值
$MP(d) = f^{\lambda^*}, \lambda^* = \arg\max_{\lambda \in \Lambda} P(\lambda)$	$d^* = \arg\min_{d \in D} MP(d)$	最小化最可能场景下的性能指标值
$ED(d) = \sum_{\lambda \in \Lambda} P(\lambda)[f^\lambda(d) - EP(d)]$	$d^* = \arg\min_{d \in D} ED(d)$	最小化性能指标偏差值的期望值
$VP(d) = \sum_{\lambda \in \Lambda} P(\lambda)[f^\lambda(d) - EP(d)]^2$	$d^* = \arg\min_{d \in D} VP(d)$	最小化所有场景下的性能指标方差值

表 5-2 基于后悔值的鲁棒性度量及其鲁棒调度模型

鲁棒性度量方法	对应鲁棒调度模型	模型说明
$\mathrm{ER}(d) = \sum_{\lambda \in \Lambda} P(\lambda) r_\lambda(d)$	$d^* = \arg\min_{d \in D} \mathrm{ER}(d)$	最小化所有场景下的后悔值的期望值
$\mathrm{WR}(d) = \max_{\lambda \in \Lambda} r_\lambda(d)$	$d^* = \arg\min_{d \in D} \mathrm{WR}(d)$	最小化最坏场景下的后悔值
$\mathrm{MR}(d) = r_{\lambda^*}(d), \lambda^* = \arg\max_{\lambda \in \Lambda} P(\lambda)$	$d^* = \arg\min_{d \in D} \mathrm{MR}(d)$	最小化最可能场景下的后悔值

（2）基于松弛时间的鲁棒性度量

计划作业序列之间的空闲时间（松弛时间）能够在一定程度上吸收实际生产过程中的随机干扰，减少不确定性对生产性能的影响，提高调度的鲁棒性[8]。Leon 等[6]已证明调度的鲁棒性和松弛时间之间具有强相关性。对于同一调度问题，可利用松弛时间对不同调度策略的鲁棒性进行定量分析，因此，学者们提出了一系列基于松弛时间的鲁棒性度量，其中，主要有两大类：自由松弛时间（free slack）和总松弛时间（total slack）[9]。自由松弛时间指的是在不延迟下一道工序加工的情况下，每道工序可以延迟的最大时间的和；总松弛时间指的是每道工序的最早开始加工时间和最晚开始加工时间差值的和。

下面，将引入一个 4 工件×4 设备的作业车间调度示例来解释基于松弛时间的鲁棒性度量方法，表 5-3 为作业车间对象的具体参数。其中，$O_{a,b}(T)$ 表示工件 a 的第 b 道工序的加工时间为 T，如 $O_{2,3}(4)$ 表示工件 2 的第 3 道工序的加工时间为 4。图 5-2 为该作业车间的一种调度策略的甘特图。根据图中 $O_{2,3}(4)$ 的位置可知，工件 2 的第 3 道工序被安排在设备 2 上加工，且开始加工和结束加工的计划时间分别为 18 和 22。

表 5-3 4×4 作业车间调度示例

工件	工序（加工时间）			
	设备 1	设备 2	设备 3	设备 4
工件 1	$O_{1,1}(6)$	$O_{1,2}(6)$	$O_{1,3}(7)$	$O_{1,4}(5)$
工件 2	$O_{2,2}(4)$	$O_{2,3}(4)$	$O_{2,4}(5)$	$O_{2,1}(4)$
工件 3	$O_{3,3}(3)$	$O_{3,1}(3)$	$O_{3,4}(5)$	$O_{3,2}(9)$
工件 4	$O_{4,4}(6)$	$O_{4,2}(6)$	$O_{4,1}(5)$	$O_{4,3}(5)$

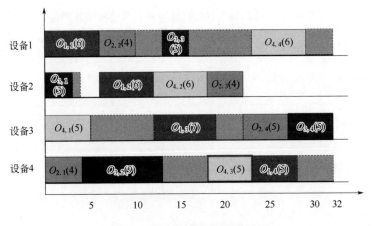

图 5-2　4×4 作业车间调度示例

图中的灰色色块表示其左侧工序的自由松弛时间，计作 $FS_{a,b}$，如工序 $O_{2,2}$ 的自由松弛时间为 $FS_{2,2=3}$，而工序 $O_{4,3}$ 的自由松弛时间为 0。因此，基于自由松弛时间的鲁棒性计算方法如式（5-9）所示：

$$FS(d) = \frac{\sum_{a=1}^{c}\sum_{b=1}^{\rho} FS_{a,b}}{c\rho} \tag{5-9}$$

其中，c 表示工件的数量；ρ 表示工件的工序数量；$FS_{a,b}$ 表示在该调度策略 d 中工件 a 的第 b 道工序的自由松弛时间；$FS(d)$ 表示调度策略 d 的鲁棒性。

与自由松弛时间不同的是，总松弛时间指的是工序最早开始加工时间和最晚开始加工时间之间的差值。以图 5-2 中的工序 $O_{4,3}$ 为例，它的自由松弛时间为 0，而总松弛时间为 3，基于总松弛时间的鲁棒性计算方法如式（5-10）所示：

$$TS(d) = \frac{\sum_{a=1}^{c}\sum_{b=1}^{\rho} TS_{a,b}}{c\rho} \tag{5-10}$$

其中，$TS_{a,b}$ 表示在该调度策略 d 中工件 a 的第 b 道工序的总松弛时间；$TS(d)$ 表示调度策略 d 的鲁棒性。

上述两种鲁棒性度量方法及其衍生出来的鲁棒调度模型各有优缺点。场景规划方法的优势在于受生产系统对象特殊性和规模大小的限制较小，能够解决大规模的调度问题；但是由于遍历运行和大量的场景数量 n，导致计算的时间成本较高，其次，无法直观反映鲁棒调度策略的特点，即无法从该方法中总结鲁棒调度策略加工序列的机理特征。基于松弛时间的方法能够直观反映加工序列的机理特征，然而，鲁棒性的计算需要依赖所有工序的加工顺序、加工开始和结束时间等信息，会造成大规模调度问题的决策空间较大，采用该鲁棒性度量方法处理大规模调度问题时会略显吃力。

5.2 多目标鲁棒调度方法框架

5.2.1 调度策略表达

本节采用调度规则构建具有可调参数的调度策略,基于调度规则组合方法,构建基于线性加权组合式调度规则的调度策略和基于非线性组合式调度规则的调度策略。在多目标鲁棒调度中,调度策略的参数作为鲁棒调度的决策变量,求解鲁棒调度策略即为确定调度策略的一组参数,能够避免大规模问题所引起的决策空间过大的问题,且所生成的鲁棒调度策略具有较好的灵活性,能够在生产执行过程中根据生产状态实时地生成调度方案。

调度规则根据工件的属性值(如在设备缓冲区中的等待时间、剩余净加工时间等)对待加工工件的加工优先级进行排序,得到工件的加工顺序。常见的调度规则有:临界值(critical ratio,简称 CR)、最短等待时间(least slack,简称 LS)、最短剩余加工时间(shortest remaining processing time,简称 SRPT)等。基于调度规则解决生产调度问题,将调度问题转化为调度规则的选择问题,能够缩小调度问题的决策空间,降低其求解难度。

由于单个调度规则往往只注重优化单个或局部生产性能,难以达成多目标和全局优化,因此,可以将几种基本的调度规则根据需要兼顾的优化目标,按照一定的方式进行组合,构建带可调参数的调度策略,以提高简单规则的综合优化效果。组合方式主要有两种:线性加权组合式和非线性组合式[10,11]。下面,将分别介绍常见的简单调度规则、基于线性加权组合式调度规则的调度策略和基于非线性组合式调度规则的调度策略。

(1)常见的简单调度规则

简单调度规则一般只能对单一生产性能进行优化,以取得良好的效果,而在综合考虑多种优化目标时往往会形成矛盾的结果。如表 5-4 所示,EDD 能提高产品的准时交货率,但也可能会使智能车间的在制品水平过高;SPT 可用来降低所有产品的平均生产周期,却会增加具有较长加工时间工序的工件的加工周期。

表 5-4 简单调度规则的描述及其特点

调度规则	名称	功能描述	对生产性能的影响
先进先出	FIFO（first in first out）	优先选择先进入缓冲区的工件	减少工件等待时间；对整体性能的优化效果较差
最短剩余加工时间	SRPT（shortest remaining processing time）	优先选择具有最短剩余加工时间的工件	缩短工件的平均加工周期
最短加工时间	SPT（shortest processing time）	优先选择当前工序占用设备时间最短的工件	最大化产出率；只加工加工时间短的工件，易使工件队列长度超出预期
最长加工时间	LPT（longest processing time）	优先选择当前工序占用设备时间最长的工件	减少设备排队工件个数
最早交货期	EDD（earliest due date）	优先选择具有最早交货期的工件	最大化准时交货率；只考虑交货期未考虑车间全局状况，可能使在制品水平过高
临界值	CR（critical ratio）	优先选择临界值最小的工件	最大化产出率、准时交货率；交货期不恰当时易造成系统不稳定
最小单位松弛量	SLACK（slack）	优先选择松弛量最小的工件	提高准时交货率
均衡生产	LB（line balance）	优先选择与既定 WIP 目标偏差大的工件	保持生产均衡
下一排队最小批量	FLNQ（fewest lots at next queue）	优先选择下一排队队列最短的工件	提升设备利用率
加工周期方差波动平滑	FSVCT（fluctuation smoothing for variance of cycle time）	优先选择使加工周期方差最小的工件	缩短产品的加工周期方差

利用简单式调度规则为设备选择加工工件的基本思想是：根据选用的规则给设备加工缓冲区中等待的每个工件分配一个优先级，优先级的值越大，工件越早被加工。在计算工件优先级时，不同调度规则关注的工件属性不同，常见的工件属性包括工件剩余加工时间、交货期等。若该工件属性数值越大，工件的优先级越高，则采用公式（5-11）进行计算其优先级；反之，采用公式（5-12）计算。

$$p_{\text{RULE},a} = \frac{s_a - s_{\min}}{s_{\max} - s_{\min}} \quad (5\text{-}11)$$

$$p_{\text{RULE},a} = 1 - \frac{s_a - s_{\min}}{s_{\max} - s_{\min}} \quad (5\text{-}12)$$

其中，$p_{\text{RULE},a}$ 是采用调度规则 RULE 计算得到的工件 J_a 的优先级；s 表示该调度规则关注的工件属性；s_a 是工件 J_a 的属性值；$s_{\max}$ 和 $s_{\min}$ 分别是所有待排序工件该属性的最大值和最小值。

常用的简单式调度规则对应的工件优先级计算公式如下所示。

SRPT：根据工件的剩余加工时间进行排序，确定的工件 J_a 的优先级为：

$$p_{\text{SPRT},a} = 1 - \frac{\text{RPT}_a - \text{RPT}_{\min}}{\text{RPT}_{\max} - \text{RPT}_{\min}} \tag{5-13}$$

其中，剩余加工时间为 $\text{RPT}_a = D_a - t_{\text{Now}}$；$D_a$ 为工件 J_a 的交货期；t_{Now} 为当前时刻；$\text{RPT}_{\max}$、$\text{RPT}_{\min}$ 分别是待排序工件中剩余加工时间的最大值和最小值。

SPT：根据工件的当前工序占用设备的时间 PT_a 进行排序，确定的工件 J_a 的优先级为：

$$p_{\text{SPT},a} = 1 - \frac{\text{PT}_a - \text{PT}_{\min}}{\text{PT}_{\max} - \text{PT}_{\min}} \tag{5-14}$$

其中，$\text{PT}_{\max}$、$\text{PT}_{\min}$ 分别是待排序工件中当前工序占用设备的时间的最大值和最小值。

LPT：根据工件的当前工序占用设备的时间进行排序，确定的工件 J_a 的优先级为：

$$p_{\text{LPT},a} = \frac{\text{PT}_a - \text{PT}_{\min}}{\text{PT}_{\max} - \text{PT}_{\min}} \tag{5-15}$$

EDD：根据工件的交货期进行排序，确定的工件 J_a 的优先级为：

$$p_{\text{EDD},a} = 1 - \frac{D_a - D_{\min}}{D_{\max} - D_{\min}} \tag{5-16}$$

其中，$D_{\max}$、$D_{\min}$ 分别是待排序工件中交货期的最大值和最小值。

CR：根据工件临界值进行排序，确定的工件 J_a 的优先级为：

$$p_{\text{CR},a} = 1 - \frac{\text{CR}_a - \text{CR}_{\min}}{\text{CR}_{\max} - \text{CR}_{\min}} \tag{5-17}$$

其中，$\text{CR}_{\max}$、$\text{CR}_{\min}$ 分别是所有待排序工件的临界值的最大值和最小值。临界值由交货期、当前时刻及该工件的剩余净加工时间确定：

$$\text{CR}_a = \left| \frac{\text{TRPT}_a}{D_a - t_{\text{Now}} + \varepsilon} \right| \tag{5-18}$$

其中，TRPT_a 为工件 J_a 的剩余净加工时间，即工件剩余工序的加工时间之和，ε 是一个趋近于零的实数。

（2）基于线性加权组合式调度规则的调度策略

将多个简单调度规则线性加权组合形成新的组合式调度规则，基于该组合式调度规则计算得到的优先级为各调度规则的优先级的线性加权和。在待组合的简单调度规则集确定的情况下，调度策略可由各简单调度规则的权重表示，一组简单调度规则的权重可表示一个调度策略。工件 J_a 优先级计算如式（5-19）所示：

$$p_a = \omega_1 \times p_{1,a} + \omega_2 \times p_{2,a} + \cdots + \omega_K \times p_{K,a} = \sum_{k=1}^{K} \omega_k \times p_{k,a} \tag{5-19}$$

其中，p_a 表示工件 J_a 在该调度策略下的综合优先级；$p_{k,a}$ 表示工件 J_a 在第 k 个简单调度规则下的优先级；ω_k 表示调度策略中第 k 个简单调度规则的权重，$k=1,2,\cdots,K$，K 为待组合调度规则的总数，$\sum_{k=1}^{K} \omega_k = 1$。

因此，基于加权组合式调度规则的调度策略可用一组调度规则权重表示，$d = \{\omega_1, \omega_2, \cdots, \omega_K\}$。

（3）基于非线性组合式调度规则的调度策略

一种基于非线性组合式调度规则的调度策略采用二叉树形式，将简单调度规则进行组合，调度策略用包含简单调度规则和操作函数的二叉树表示。二叉树的叶子节点由终止符节点构成，对应不同的简单调度规则。非叶子节点对应加、减、乘、除、最大、最小等操作函数，其作用是将简单式调度规则组合起来。图 5-3 所示给出了一个调度策略的例子，其中 EDD、CR、SRPT 是被组合的简单调度规则，对二叉树进行中序遍历，得到调度规则的表达式为 EDD+(CR/SRPT)。

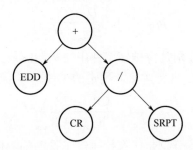

图 5-3　基于非线性组合式调度规则的调度策略举例

直接使用简单调度规则作为终止符集，在进行函数操作时可能会生成没有意义的规则。比如生成的组合规则若为 EDD+(CR/SRPT)，加法操作符两边的量纲是不统一的，理论上无法进行加法操作，虽然在进化的过程中，这些无意义的规则必然会淘汰，但无疑会影响整个进化过程。为了避免这种情况，需要对简单调度规则的输出进行去量纲处理，可采用前面"（1）常见简单调度规则"中所示调度规则优先级计算公式输出标准化值。

5.2.2 多目标鲁棒调度方法框架

基于上述鲁棒性度量和调度策略表达提出 MORO，该方法由两个阶段组成：确定环境下的多目标调度策略生成、不确定环境下的多目标鲁棒调度策略选择。第一阶段求解静态确定多目标调度问题，获得帕累托（Pareto）解集作为后续阶段中的多目标调度策略备选解集，这一阶段是为了保证调度策略对多重性能指标的多目标优化。第二阶段引入不确定性因素，基于场景规划方法，获得解集在各场景下的数据集，基于上述数据集，通过所提出的多目标鲁棒调度模型，选取可行解集中的鲁棒调度策略，具体方法框架如图 5-4 所示。

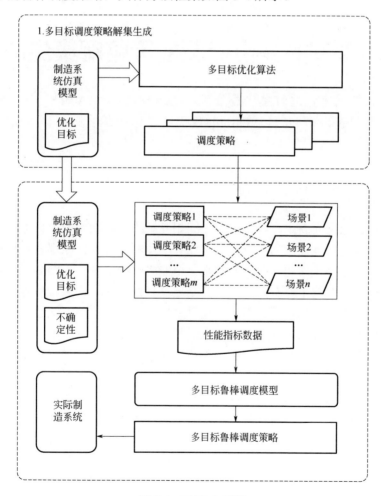

图 5-4 MORO 框架

在多目标调度策略生成阶段，采用基于仿真的多目标优化方法求解确定环境下的多目标调度问题，得到了若干个 Pareto 最优解，作为调度策略解集输出到下一阶段。该阶段的多优化目标是指所选择的性能指标，其目的是确保调度策略同时对多重性能指标的优化，详见第 5.3 节。

在多目标鲁棒调度策略选择阶段，首先，将工序加工时间不确定性以场景方式引入到制造系统仿真模型中，通过在不同场景下遍历执行不同调度策略获取性能指标数据；然后，采用场景规划和熵权法构建多目标鲁棒调度模型，基于此，从调度策略解集中选择最优的多目标鲁棒调度策略。具体的方法过程将在第 5.4 节中详述。

5.3
确定环境下的多目标调度策略解集生成

在多目标调度策略解集生成阶段，设计 SBO-NSGA-Ⅱ[12]，求解确定性多目标调度问题，得到一组 Pareto 最优解，作为调度策略解集输出到下一阶段。

5.3.1 多目标优化方法

在多目标优化问题中，各个目标之间相互制约，可能使一个目标性能的改善往往以损失其他目标性能为代价，不存在一个使所有目标性能都达到最优的解。所以对于多目标优化问题，其解通常是一个非劣解的集合——Pareto 解集。

多目标优化方法主要有两类。一类是通过目标合并、约束转换等方式将多目标优化问题转化为单目标优化问题，通过采用单目标优化的方法达到对多目标问题的求解，如线性加权求和法、ε 约束法等。线性加权求和法中，对多目标优化问题中的多个目标按照其重要程度赋予适当的权重系数，其加权和作为新的目标函数，再求其最优解。ε 约束法的核心思想是按照决策者偏好，将其他目标函数设置为约束从而只保留一个目标函数。

另一类是采用多目标智能优化算法直接求解多目标优化问题的 Pareto 解集。其中，基于 Pareto 支配排序的优化算法最为常用，如非支配排序遗传算法（non-dominated sorting genetic algorithms，简称 NSGA）、二代非支配排序遗传算法（non-dominated sorting genetic algorithms-Ⅱ，简称 NSGA-Ⅱ）等。该类方法相比于第一类方法的优点在于，一次运算能够得到一个最优解集，而非单个最优解。

NSGA 是由 Srinivas 和 Deb[13]于 1994 年提出的，算法的基本思路是，对所有个体按照不同的层次进行分级排序。但 NSGA 的缺点也显而易见，分级排序的计算复杂性较高，缺少经验策略，共享小生境中需要决策者制定特殊的共享参数，主观性较大。Deb 在 2002 年时对 NSGA 算法做出了改进[14]，提出 NSGA-Ⅱ 算法，该算法是一种通过快速非支配排序的方式来实现的多目标遗传算法，增加了精英保留策略和使用计算出来的拥挤距离值作为密度估计的值，从而克服了 NSGA 算法中的小生境的参数选取困难等缺点。

目前来说，NSGA-Ⅱ 是最流行的多目标进化算法之一，它出色的多目标寻优能力已被许多领域所认可，它有三个重要的特点：提出了快速非支配排序算法；采用拥挤度和拥挤度比较算子；引进精英策略。基础型 NSGA-Ⅱ 算法的运行流程如图 5-5 所示。

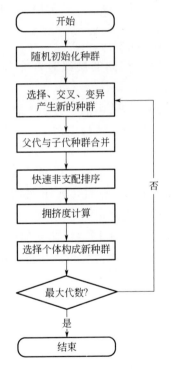

图 5-5　基础型 NSGA-Ⅱ 算法流程图

快速非支配排序：快速非支配排序的含义即为对于一个规模为 N 的种群 P，对于种群中的每个个体 i，如果种群中被其支配解的数量为 n_i，而被 i 所支配的个体的子集为 S_i，则将 P 按照如下要求分为若干个子集 Z_i。对于所有 $n_i=0$ 的个体，将其保存在当前集合 Z_l 中，然后遍历 Z_l 中的每个个体所支配的个体集合 S_i，执行

$n_i = n_i - 1$，一旦 $n_i = 0$，则将 i 保存在集合 H 中，一直重复上述操作，直到种群分层。

拥挤度计算：拥挤度的引进是为了保持个体的多样性，防止个体在局部堆积。拥挤度的计算使得算法可自动调整小生境，得到均匀分布的解集。拥挤度的计算如公式（5-20）所示。

$$d_l = \sum_{i=1}^{N} \frac{f_i(x) - F}{f_i^{\max} - f_i^{\min}} \tag{5-20}$$

其中，d_l 是每个解的虚拟拥挤度；$f_i(x)$ 是第 i 个目标的目标值；F 是第 i 个目标的平均值；$f_i^{\max}$ 和 $f_i^{\min}$ 是第 i 个目标的最大和最小目标值。

拥挤度比较算子：拥挤度比较算子是指经过快速非支配排序和拥挤度计算之后，每个种群中的个体 i 都会有非支配排序决定的非支配序 i_{rank} 和拥挤度 i_d 这两个属性。而拥挤度比较算子即为个体 i 与另一个个体 j 进行比较，只要下面任意一个条件成立，则个体 i 获胜。

- 个体 i 处于更高的非支配层级，即 $i_{\text{rank}} < j_{\text{rank}}$。
- 当个体 i 和个体 j 处于相同的层级时，个体 i 有更大的拥挤距离，即 $i_{\text{rank}} = j_{\text{rank}}$ 且 $i_d > j_d$。

以上第一个条件是为了确保被选中的个体属于较为优秀的非劣等级。第二个条件是为了可以根据它们的拥挤距离选择出在同一等级下而不分胜负的两个个体中位于较不拥挤的一个，胜出的个体进入下一个操作。

精英策略：在传统的进化算法中，当父代通过选择交叉变异而产生新的子代时，有可能会丢失父代的优秀个体，而 NSGA-Ⅱ 采用了精英策略来保留父代的优秀个体，具体执行过程为：将父代 P 中的种群和子代 Q 中的种群全部个体合成为一个统一的 $2N$ 种群，然后对统一的种群进行非支配排序，根据分层结果选取前 N 个个体，如果某一层的个体数大于剩余空间，则将拥挤度较大的个体选取出来，选出的优秀个体形成新的父代种群。

5.3.2 基于仿真的优化方法

SBO 是一种交叉综合了计算机技术、软件开发技术、系统仿真技术、优化算法等多个学科的研究方法。SBO 的基本原理是用仿真系统来模拟实际系统，用仿真的结果去评价实际系统，再用优化模块对其进行优化，仿真得到的响应值反馈到优化算法中，作为优化算法确定新一轮搜索方向的依据，并将搜索结果重新输入仿真模型中直到循环结束[15]。对于产品结构复杂、动态随机性高的复杂制造系统，难以用机理模型来描述，因此也难以用一般的数学规划或智能优化算法求解，SBO 是研究此类复杂制造系统调度优化问题的一种有效方法。

基于仿真的优化方法是优化方法和仿真方法的结合，是借助仿真手段实现系统性能指标及调度方案优化的一种行之有效的方法。按照仿真在 SBO 方法中所起作用的不同，将 SBO 方法分为如下三类。

（1）仿真用于策略验证

在 SBO 方法中，仿真用于验证提出的一种策略的优势或者在几种候选策略中一一运行，以选择最优策略。这种方法本质上是通过枚举的方式来比较每一个策略的运行效果，只能人工地进行一次次仿真，不能主动地寻找最优方案。

（2）将仿真的输出作为优化算法中的评价值

将仿真的输出作为优化算法中的评价值是 SBO 方法的一个典型分类，也是本章使用的 SBO 方法。这种方法的主体思路是将仿真用于输出优化模块的评价值，其中优化模块所采用的优化算法一般包括基于梯度的方法、响应曲面法、统计方法和启发式方法等，以及它们之间的结合。

（3）使用仿真获取优化算法中用解析方法无法得到的参数或函数

这类 SBO 是将仿真方法用于求解带有随机性的优化问题中的随机参数或带有随机变量的函数，因此在使用中不必对整个问题的流程进行仿真，而只需对所求解的随机参数或涉及的部分流程进行仿真，仿真结果能为之后的优化算法提供必要的计算数据，使优化算法能够运行下去即可。

5.3.3 SBO-NSGA-Ⅱ算法设计

SBO-NSGA-Ⅱ算法的关键在于，用 SBO 仿真模型的输出替代了数学模型的目标函数值的输出，运行一次 SBO 模块能得到多个目标值，将其作为非支配排序的依据，如图 5-6 所示。NSGA-Ⅱ算法产生一代种群后，将其存储到共享数据库的调度优化存储区中，控制多个仿真进程，仿真进程会读取调度优化存储区中的种群信息进行仿真，并将结果存入数据库中的调度优化存储数据区，以便 NSGA-Ⅱ算法读取并进行排序。

一般带有扩展性的仿真软件运行仿真模型的时间远大于其他软件，因此一旦仿真一次耗时较大时，SBO-NSGA-Ⅱ算法在效率方面的问题便是一个难点。本章利用 SQL 数据库的共享性，实现局域网内计算机和计算机直接的数据交互，利用仿真软件的可扩展性，实现多进程仿真，进而提高搜索效率。具体设计如图 5-7 所示。

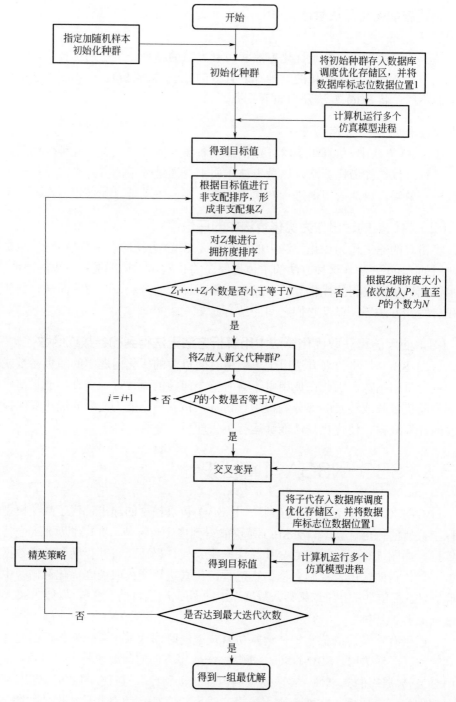

图 5-6 SBO-NSGA-Ⅱ算法流程

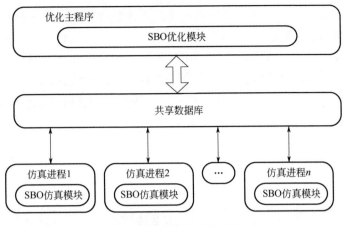

图 5-7 多进程仿真设计图

其中,进程指的是程序在计算机上的一次执行活动,是操作系统进行资源分配的单位。在同一个时间里,同一个计算机系统中如果允许两个或两个以上的进程处于运行状态,这便是多进程。

SBO 模块的关键任务在于利用数据库技术实现多进程仿真,即利用数据库共享技术使多台电脑共享数据库中的调度优化存储数据,使多个仿真进程进行仿真,加快运行效率。共享数据库设计如图 5-8 所示,数据分为三部分,标志位数据、通用建模数据和调度优化存储数据。

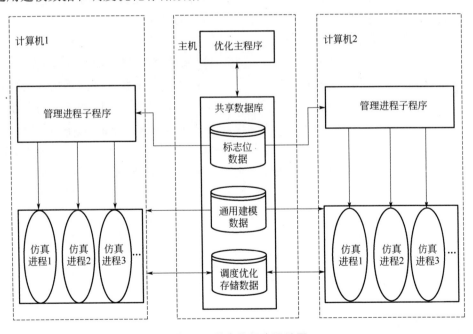

图 5-8 共享数据库设计图

标志位数据是为了实现不同计算机之间的进程控制，优化主程序每迭代完成一次，便会将标志位数据置 1，使得多个仿真进程开始执行仿真。通用建模数据用来构建仿真模型，包含设备信息、工艺信息等。调度优化存储数据是每一代的调度策略和优化目标存储区域，便于多个仿真进程读写数据。

通过上述 SBO-NSGA-Ⅱ方法求解多目标确定性调度问题，获得 Pareto 解集，作为多目标调度策略解集输入到下一阶段。

5.4
不确定环境下的多目标鲁棒调度策略选择

在获得多目标调度策略解集后，将不确定因素引入制造系统仿真模型中，然后，经过基于场景规划方法的生产数据获取和基于熵权法的多目标鲁棒调度模型，从解集中选择得到最优多目标鲁棒调度策略[16]，具体如图 5-4 所示。

5.4.1　基于场景规划的生产数据获取

本阶段的目的是通过在不同场景下遍历执行不同调度策略来获取性能指标数据。其中，仿真模型的建立是关键，首先要解决的是如何将工序加工时间的不确定性引入到制造系统仿真模型中。

加工时间的不确定性表示方法一般有三种：随机数、模糊数和区间数[17]。由于难以获取工序加工时间变量的准确分布规律或隶属度函数，因此采用区间数表示不确定加工时间。工序 $O_{a,b}$ 的期望加工时间 $T_{a,b}^*$ 已知，假设实际加工时间存在幅度为 $\delta_{a,b}$ 的波动，一般情况下，$0 \leqslant \delta_{a,b} \leqslant T_{a,b}^*$。所有工序的加工时间序列可以表示一个场景，因此场景 λ 用所有工序的一组实际加工时间表示，$\lambda = (T_{1,1}^\lambda, T_{1,2}^\lambda, \cdots, T_{1,\rho}^\lambda, \cdots, T_{c,\rho}^\lambda)$，$T_{a,b}^\lambda$ 表示工序 $O_{a,b}$ 在场景 λ 下的实际加工时间，且 $T_{a,b}^\lambda \sim \mathrm{U}(T_{a,b}^* - \delta_{a,b}, T_{a,b}^* + \delta_{a,b})$，所有场景的集合表示为 Λ。期望加工时间和区间分布已知，通过区间内随机取值，可以获得生产场景。考虑实际加工时间服从区间内的均匀分布，则每个场景的发生概率相等，$P(\lambda) = \dfrac{1}{n} \times 100\%$。

生产数据获取步骤如下。

输入：m 个多目标调度策略和 n 个场景。

输出：性能指标矩阵。

步骤 1：将一个调度策略 d 应用于制造系统的仿真模型中。

步骤 2：在 n 个场景下分别运行应用了调度策略 d 的仿真模型，对每个性能指标得到一个性能指标向量 $[\beta_{d,1}^j, \beta_{d,2}^j, \cdots, \beta_{d,\lambda}^j, \cdots, \beta_{d,n}^j]$，其中，$\beta_{d,\lambda}^j$ 表示可行调度策略 d 在场景 λ 下的第 j 个性能指标值。

步骤 3：重复步骤 2 m 次，直到遍历完 m 个调度策略，对于每个性能指标都得到 m 个性能指标向量。

步骤 4：以第 j 个性能指标为例，组合 m 个性能指标向量，得到性能指标矩阵 $\boldsymbol{B}_j$，如式（5-21）所示，进而获得 M 个性能指标矩阵，$\boldsymbol{B}_1, \boldsymbol{B}_2, \cdots, \boldsymbol{B}_j, \cdots, \boldsymbol{B}_M$。

$$\boldsymbol{B}_j = \begin{bmatrix} \beta_{1,1}^j & \beta_{1,2}^j & \cdots & \beta_{1,n}^j \\ \beta_{2,1}^j & \beta_{2,2}^j & \cdots & \beta_{2,n}^j \\ \vdots & \vdots & \vdots & \vdots \\ \beta_{m,1}^j & \beta_{m,2}^j & \cdots & \beta_{m,n}^j \end{bmatrix} = \left[\beta_{d,\lambda}^j\right]_{m \times n} \quad (5\text{-}21)$$

5.4.2 基于熵权法的多目标鲁棒调度模型

基于熵权法的多目标鲁棒调度模型的目标是从 m 个调度策略中选择鲁棒性最好的调度策略，该方法是多目标优化的关键部分。首先，对得到的性能指标数据进行归一化处理以消除不同性能指标所产生的量纲问题；然后，通过基于熵权法的多目标鲁棒调度模型得到调度策略的综合鲁棒性，进而获得鲁棒调度策略。

（1）归一化处理

为了避免不同性能指标所造成的量纲问题，采用最小-最大归一化方法（min-max normalization）对上节获得的性能指标矩阵 $\boldsymbol{B}_j$ 进行归一化处理，使结果值映射到 $[0,1]$ 之间，假设本章的优化问题为最小化问题。

① 针对值越小越好的性能指标，归一化处理方式如式（5-22）所示。

$$\overline{\beta_{d,\lambda}^j} = \frac{\beta_{d,\lambda}^j - \beta_{\min}^j}{\beta_{\max}^j - \beta_{\min}^j}$$

$$\overline{\boldsymbol{B}_j} = \left[\overline{\beta_{d,\lambda}^j}\right]_{m \times n} \quad (5\text{-}22)$$

② 针对值越大越好的性能指标，归一化处理方式如式（5-23）所示。

$$\overline{\beta_{d,\lambda}^j} = 1 - \frac{\beta_{d,\lambda}^j - \beta_{\min}^j}{\beta_{\max}^j - \beta_{\min}^j}$$

$$\overline{\boldsymbol{B}_j} = \left[\overline{\beta_{d,\lambda}^j}\right]_{m \times n} \quad (5\text{-}23)$$

（2）多目标鲁棒调度模型

本节以 WR 鲁棒性度量模型（表 5-2）为例阐述多目标鲁棒调度模型的构建。根据表 5-2 所示的 WR 鲁棒性度量方法，通过性能指标矩阵，计算各调度策略在各单目标下的鲁棒性，得到鲁棒性矩阵 $r = [r_{d,j}]_{m \times M}$，$r_{d,j}$ 表示调度方案 d 在性能指标 j 下的鲁棒性归一化值，如式（5-24）和式（5-25）所示。

$$r_{d,j} = \max_{\lambda \in \Lambda}(\overline{\beta_{d,\lambda}^j} - \overline{\beta_{d^*,\lambda}^j}) \quad (5\text{-}24)$$

$$r = \begin{bmatrix} r_{1,1} & r_{1,2} & \cdots & r_{1,M} \\ r_{2,1} & r_{2,2} & \cdots & r_{2,M} \\ \vdots & \vdots & \vdots & \vdots \\ r_{m,1} & r_{m,2} & \cdots & r_{m,M} \end{bmatrix} \quad (5\text{-}25)$$

通过加权求和将多目标转化为单目标问题，是处理多目标优化问题的一种简单且有效的方法。本章采用熵权法赋予每个性能指标的鲁棒性以权重，通过加权求和获得综合鲁棒性指标，进而选取综合鲁棒性最优的调度策略作为最终决策，综合鲁棒性计算公式如式（5-26）所示。

$$R_d = \sum_{j=1}^{M} \alpha_j r_{m,j} \quad (5\text{-}26)$$

其中，R_d 表示调度策略 d 的综合鲁棒性；α_j 表示性能指标 j 的权重。

权重的确定是该方法的关键。在调度策略解集生成阶段，已经充分考虑了性能指标的优化需求。因此，在多目标鲁棒调度策略选择阶段，鲁棒调度策略的选择基准变为对鲁棒性的考量。性能指标权重的大小需要反映出该性能指标鲁棒性对于调度策略变化的敏感度。举例说明，如果 m 个调度策略在某性能指标 j 下的鲁棒性值变化不大，$(r_{1,j}, r_{2,j}, \cdots, r_{m,j})$ 的平均差较小，则说明该性能指标的鲁棒性对调度策略的变化不敏感，那么从中选取鲁棒调度策略时应当减少对该性能指标 j 鲁棒性的考量，即该性能指标的鲁棒性权重应较小，α_j 值较小，反之亦然。最极端的情况是 $(r_{1,j}, r_{2,j}, \cdots, r_{m,j})$ 完全相等，说明不论采用哪种调度策略，所获得的性能指标 j 的鲁棒性是相等的，即鲁棒调度策略的选取对该性能指标的鲁棒性不会产生任何影响，那么在选取鲁棒调度策略时应当将其影响降到最低，即综合鲁棒性度量中的权重 $\alpha_j = 0$。

本节介绍一种采用熵权法来确定各单目标鲁棒性权重的方法。熵是一个热力学概念，可定义为一个信息量。在信息论中，熵被用来表示和衡量事物发生的不确定性。评价指标在评价对象上的波动程度是通过信息熵来反映的。如果某一指标在评价对象上的波动程度较大,则该指标的信息熵值就会较小,而该指标的熵权值就会较大。将上述分析延伸到本章问题,评价指标、评价对象和评价矩阵分别对应性能指标的鲁棒性、调度策略和鲁棒性矩阵。因此,利用信息熵模型计算各权重,本质上就是利用鲁棒性矩阵计算各性能指标的熵权值。熵权值越高,该性能指标的鲁棒性越重要。采用该方法计算各权重,使基于评价结果确定鲁棒性的重要性更加客观且不失准确性。具体步骤如下。

首先,根据公式(5-27)对鲁棒性矩阵进行标准化处理,$\varUpsilon_{d,j}$ 表示在性能指标 j 鲁棒性下,调度策略 d 的鲁棒性所占的比值。

$$\varUpsilon_{d,j} = \frac{r_{d,j}}{\sum_{d \in D} r_{d,j}}, j=1,2,\cdots,M \tag{5-27}$$

然后,对于每一个性能指标 j,根据公式(5-28)计算其熵值 e_j。

$$e_j = -f \sum_{d \in D} \varUpsilon_{d,j} \ln \varUpsilon_{d,j}, j=1,2,\cdots,M \tag{5-28}$$

最后,对于每一个性能指标 j,根据公式(5-29)计算该性能指标鲁棒性度量在综合鲁棒性度量中的权重 α_j。

$$\alpha_j = \frac{1-e_j}{M - \sum_{j=1}^{M} e_j}, j=1,2,\cdots,M \tag{5-29}$$

其中,$0 \leqslant \alpha_j \leqslant 1$,$\sum_{j=1}^{M} \alpha_j = 1$。

根据熵函数的定义和性质,可以得到熵权的以下性质。

① 若性能指标 j 的鲁棒性在所有多目标调度策略下均相等,即所有 $\varUpsilon_{d,j}$ 完全相等,熵值 e_j 将达到最大值 1,熵权值为 0,即 $\alpha_j = 0$。这表示该性能指标的鲁棒性不能为鲁棒调度决策提供任何有用的信息,可被忽略。

② 若性能指标 j 的鲁棒性的值相差较大,则其熵值较小,熵权值较大。这表示该性能指标能够为决策提供有效信息,应该予以考虑。

③ 性能指标的熵值越高,其熵权值越低,其重要性越低。

综上所述,基于熵权法的多目标鲁棒调度模型实现步骤如下:

输入:M 个性能指标矩阵 $\{B_1, B_2, \cdots, B_M\}$,$m$ 个多目标调度策略。

输出:选取的鲁棒性调度策略。

步骤1：根据公式（5-22）和公式（5-23），对性能指标矩阵 B_j 中的元素进行归一化处理。获得 M 个归一化后的性能指标矩阵 $\{\overline{B_1}, \overline{B_2}, \cdots, \overline{B_M}\}$，$\overline{B_j} = \left[\overline{\beta_{d,\lambda}^j} \right]_{m \times M}$。

步骤2：对于每一个调度策略 d，根据公式（5-24）和公式（5-25），计算它在每个性能指标下的鲁棒性度量值 $r_{d,j}$，进而获得鲁棒性度量矩阵 $r = \left[r_{d,j} \right]_{m \times M}$。

步骤3：根据公式（5-27）对鲁棒性矩阵进行归一化处理，$\gamma_{d,j}$ 表示归一化后矩阵中的元素。

步骤4：对于每一个性能指标 j，根据公式（5-28）计算其熵值 e_j。

步骤5：对于每一个性能指标 j，根据公式（5-29）计算该性能指标鲁棒性度量在综合鲁棒性度量中的权重 α_j。

步骤6：对于每一个多目标调度策略 d，根据公式（5-26）计算其综合鲁棒性度量 R_d。

步骤7：选择鲁棒性度量最小的调度策略，即为鲁棒性调度策略。

采用本章 MORO，在生产执行前生成初始鲁棒调度策略，进而将其应用于制造系统中。在实际运行过程中，该鲁棒调度策略具备一定的抗干扰能力，能够在一定程度上减弱渐变型扰动对性能指标带来的干扰影响。然而，若发生剧烈扰动事件，或扰动累积到一定程度，该调度策略会面临失效的风险，则需要对其进行适应性调整。何时调整以及如何适应性调整的问题将在第6章和第7章讨论。

参考文献

[1] 张益. 面向智能制造的生产调度鲁棒优化及算法研究 [D]. 杭州：浙江大学，2019.

[2] 凤伟. 不确定性条件下流程企业生产调度和鲁棒优化研究 [D]. 杭州：浙江大学，2021.

[3] 肖世昌. 加工时间具有随机性的 Job Shop 鲁棒调度问题研究 [D]. 西安：西北工业大学，2018.

[4] Herroelen W, Leus R. Project scheduling under uncertainty: Survey and research potentials [J]. European Journal of Operational Research, 2005, 165（2）: 289-306.

[5] Mehta S V. Predictable scheduling of a single machine subject to breakdowns [J]. International Journal of Computer Integrated Manufacturing, 1999, 12（1）: 15-38.

[6] Leon V J, Wu S D, Storer R H. Robustness measures and robust scheduling for job shops [J]. IIE Transactions, 1994, 26（5）: 32-43.

[7] Sabuncuoglu I, Goren S. Hedging production schedules against uncertainty in manufacturing environment with a review of robustness and stability research [J]. International Journal of Computer Integrated Manufacturing, 2009, 22（2）: 138-157.

[8] Liu J, Qiao F, Ma Y M, et al. Novel slack-based robust scheduling rule for a semiconductor manufacturing system with uncertain processing time [J]. Frontiers of Engineering Management, 2018, 5(4): 507-514.

[9] Hazir Ö, Haouari M, Erel E. Robust scheduling and robustness measures for the discrete time/cost trade-off problem [J]. European Journal of Operational Research, 2010, 207(2): 633-643.

[10] 李豆豆. 生产调度的启发式规则研究综述[J]. 机械设计与制造工程, 2014, 43(2): 51-56.

[11] 马丽萌, 乔非, 马玉敏, 等. 基于SO-GP的智能车间组合调度规则挖掘[J]. 计算机集成制造系统, 2021, 27(5): 1351-1360.

[12] 李雯琳. 基于SBO的半导体生产线调度方法研究[D]. 上海: 同济大学, 2016.

[13] Srinivas N, Deb K. Multi-objective Function Optimization Using Non-dominated Sorting Genetic Algorithms [J]. Evolutionary Computation, 1994, 2(3): 1301-1308.

[14] Deb K, Pratap A, Agarwal S, et al. A fast and elitist multiobjective genetic algorithm: NSGA-II [J]. IEEE Transactions on Evolutionary Computation, 2002, 6(2): 182-197.

[15] 李东, 汪定伟. 基于仿真的优化方法综述[J]. 控制工程, 2008, 15(6): 672-677, 702.

[16] Liu J, Qiao F, Kong W C. Scenario-based multiobjective robust scheduling for a semiconductor production line [J]. International Journal of Production Research, 2019, 57(21): 6807-6826.

[17] Pereira J. The robust (minmax regret) single machine scheduling with interval processing times and total weighted completion time objective [J]. Computers & Operations Research, 2016, 66: 141-152.

第 6 章
适应性的实时调度方法

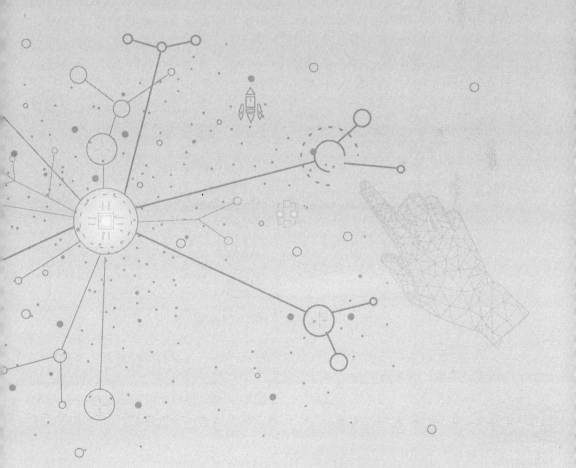

在适应性调度体系框架中,实时调度是应对不确定性事件的重要环节,实时选用合适的调度规则是最常见的实时调度方法之一。本章针对固定的调度规则无法在所有生产状态下保持良好性能的问题,重点讨论了实时调度中调度策略推荐方法,具体包括调度规则推荐和调度参数推荐两类。

6.1
实时调度问题描述

实时调度又称为完全反应式调度,是指在生产过程中根据各类生产信息实时生成调度方案。实时调度的特点是不会在生产开始前预先制定调度方案,而是在必要时实时生成局部调度决策,随着执行过程的推进,逐步形成总的调度方案。

调度规则是一种常用的实时调度方法,其基本思想是利用启发式规则计算设备缓冲区中工件的优先级,以滚动式生成局部设备上的调度方案[1]。例如,在图 6-1 中,单台设备上有 6 个不同时间到达的工件等待加工,该设备当前使用的调度规则为"FIFO"。调度结果如图 6-1 所示,在 $t_1, t_2, \cdots, t_6$ 时刻,该设备选择的工件分别为工件 b、工件 e、工件 f、工件 c、工件 a、工件 d。由此可见,这种调度规则的特点是能够平衡计算时间和调度效果,并且在应用时简单易行,计算复杂度低。

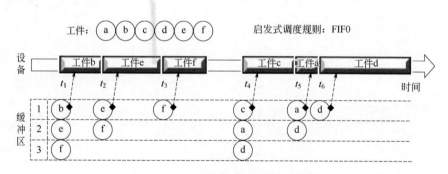

图 6-1 基于调度规则的实时调度示例

然而,调度规则往往只能优化固定的性能指标,并且其表现依赖于变化的生产状态,没有一种调度规则能够在任何情况下都优于其他规则。因此,根据实际生产状态调整调度规则是保证良好生产性能的关键。调度策略推荐能够在各种生产状态下推荐最适合的调度规则或用于构成调度规则的调度参数,是近年来实时调度的研究热点。

早期研究大多通过仿真技术来推荐调度策略。这种方法是指通过调度规则或调度参数在各种给定调度环境中仿真,比较调度规则的性能,选出表现最好的规则,将其用于求解与实验环境相似的调度问题。Jeong 等[2]提出一种调度策略推荐机制,根据仿真得出的候选调度规则的评价信息,动态选择调度规则。Kim 等[3]提出一种基于仿真的实时生产系统调度策略推荐机制,其中仿真系统用于评价候选调度规则以指导实时生产系统动态选择调度规则。Ishii 等[4]提出一种基于瞬变现象的实时调度方法,该方法可以动态地为下一时段选择调度规则以响应系统状态的变化,方法中的调度区间确定和调度规则选择均基于离散事件仿真实现。然而,基于仿真的调度策略推荐方法为了获得各种调度策略的生产性能往往要耗费大量时间,当系统发生较小变化不需要改变调度策略时,也没有用来减少推荐成本的机制。

随着信息物理系统、物联网等智能制造技术的应用,智能车间中采集、存储了大量的生产数据。在这种环境下,采用机器学习、深度学习等人工智能技术从生产数据中训练调度策略推荐模型,并利用训练好的模型在各种生产状态下推荐调度策略,是一种新的实时调度思路,更能体现智能车间调度的适应性特征。该方法一般分为离线训练和在线调度两个部分。首先用历史最优样本训练调度策略推荐模型,这里的最优样本由生产状态及该状态下的最佳调度策略组成,而后利用训练好的模型在线推荐调度策略[5,6]。

本章后续内容将结合笔者在适应性的实时调度方面所做的相关研究工作,重点对生产历史数据和实时数据驱动的调度策略推荐问题及相应的解决方案进行讨论,并介绍典型的调度规则策略算法。

6.2 调度策略推荐方法

6.2.1 调度策略推荐问题描述

调度规则虽然具有计算简单、易于实施等优点,但大多数调度规则仅关注局部生产状态和单一生产性能指标,致使没有一种调度规则能够适应复杂多变的生产环境。在智能车间环境下,呈现出的动态性和复杂性更为突出,对如何根据当前生产状态选用合适的调度规则的研究需求也更加迫切。基于机器学习的调度策略推荐是近年来实时调度的研究热点,这种方法能够利用历史生产数据训练调度策略推荐模型,并应用该模型以实时生产数据为驱动,推荐最优调度规则或调度参数,以达成动态环境下适应性车间调度的目的。

按照智能车间中设备选用的调度策略类型,可以将该方法分为调度规则推荐和调度参数推荐[7-12]。对于调度规则推荐,设备从已有的调度规则集合中选用一种最适合当前生产状态的调度规则。这类推荐问题一般会被转化为分类问题,每个类别对应一种调度规则。对于调度参数推荐,设备选用的调度规则中含有参数,通过调整参数可以优化调度规则的性能,以适应实时生产状态需求。这类推荐问题一般会被转化为回归问题,调度规则中的参数由回归分析结果决定[13,14]。

调度规则推荐和调度参数推荐分别可以用 $\{P,S,D\}$ 和 $\{P,S,W\}$ 这种三元组的形式表示。$P=\{(p_1,p_2,\cdots,p_q)\,|\,p_i\in R,i\in\{1,2,\cdots,q\}\}$ 是 q 个生产性能指标的集合,指标的取值范围由其计算方式决定;$S=\{(s_1,s_2,\cdots,s_h)\,|\,s_i\in R,i\in\{1,2,\cdots,h\}\}$ 是 h 个生产属性的集合,生产属性的取值范围由其定义决定;$D=\{(d_1,d_2,\cdots,d_m)\,|\,d_i\in\{0,1\},i\in\{1,2,\cdots,m\}\}$ 是设备可选的 m 个调度规则的集合;$W=\{(w_1,w_2,\cdots,w_n)\,|\,w_i\in[0,1],\sum_{i=1}^{n}w_i=1,i\in\{1,2,\cdots,n\}\}$ 是设备使用的调度规则 d 中的 n 个参数的集合。

调度规则推荐是在既定生产状态下,从调度规则集合中为设备确定车间(单元)性能最优的调度规则。该问题也可描述为构造生产状态与最优调度规则之间的映射 $f^{SD}:S\xrightarrow{opt(P)}D$。

类似地,调度参数推荐是在既定生产状态下,为设备使用的调度规则确定车间(单元)性能最优的参数。该问题也可描述为构造生产状态与最优参数之间的映射 $f^{SW}:S\xrightarrow{opt(P)}W$。

6.2.2 调度策略推荐方法框架

本节将调度策略推荐转化为分类和回归问题,并基于机器学习算法构建调度策略推荐模型,以根据既定的生产状态来推荐调度策略。考虑到训练调度规则推荐模型花费的时间与采用的算法的效率、训练样本集的大小及计算机的配置等紧密相关,通常情况下时间代价大。为保证智能车间在线调度的实时性,首先利用生产数据离线训练调度策略推荐模型,而后在线应用该模型,根据实时生产状态生成最优调度策略。方法框架如图 6-2 所示。

(1) 样本生成模块

该模块用于生成样本集,是调度模型离线训练模块的基础。该模块的实现包括以下步骤。

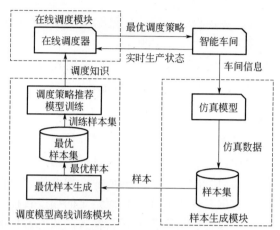

图 6-2 基于机器学习的调度策略推荐方法框架

首先根据实际智能车间建立智能车间的仿真模型,该模型能够模拟智能车间的运行并记录生产数据。而后运行以上仿真模型获取样本。

- 对于调度规则推荐,在同一初始状态 $s_i \in S$ 下采用不同的调度规则 $d_j \in D$ 运行仿真,记录不同调度规则及一个采样周期后其产生的生产性能 $p_{i,j} \in P$,因此,一种调度规则的运行结果即可组成一条样本 $\{s_i, d_j, p_{i,j}\}$。

- 对于调度参数推荐,在同一初始状态 s_i 下采用不同参数 $w_j \in W$ 组成的调度规则运行仿真,记录一个采样周期后其产生的生产性能 $p_{i,j} \in P$,可组成一条样本 $\{s_i, w_j, p_{i,j}\}$。

重复采集多组(假设共有 N 组)不同生产状态下的样本,建立样本集。调度规则推荐所需建立的样本集可描述为 $\{(s_i, d_j, P_{i,j}) | i = 1, 2, \cdots, N; j = 1, 2, \cdots, m\}$,调度参数推荐所需建立的样本集可描述为 $\{(s_i, w_j, p_{i,j}) | i = 1, 2, \cdots, N; j = 1, 2, \cdots, n\}$。此时生成的样本集,涵盖了大量车间可能出现的各种状况,从获取的过程可知,样本集中的样本并不全是最优样本。

(2) 调度模型离线训练模块

调度模型离线训练模块是指根据调度目标,利用已有的样本集训练调度策略推荐模型。因此,首先要根据调度目标,从样本集中筛选出能够满足相应生产性能指标最优的样本。

- 对于调度规则推荐,获取最优样本 $\{s_i, d_i^*\}$,并建立最优样本集

$\{(s_i, d_i^*) | i = 1, 2, \cdots, N\}$，其中，$d_i^*$ 是在生产状态 s_i 下的最优调度规则。

● 对于调度参数推荐，获取最优样本 $\{s_i, w_i^*\}$，并建立最优样本集 $\{(s_i, w_i^*) | i = 1, 2, \cdots, N\}$，其中，$w_i^*$ 是在生产状态 s_i 下的最优参数。

然后，采用机器学习算法训练调度规则策略模型，该模型可被用来表示生产状态与最优调度规则或最优参数之间的映射。

用于实现调度规则推荐的机器学习算法可以采用 K-NN、SVM 等分类算法[15]，而 SVR、ELM 等回归算法常被用于调度参数推荐[16]。

（3）在线调度模块

在线调度模块是指将离线训练好的调度策略推荐模型应用于智能车间，根据对实时生产数据的感知和分析，以给定的调度目标为指导，生成最适合当前生产状态的调度策略，以实现对智能车间生产的适应性调度决策。在线调度过程为：读取智能车间当前状态数据，并将其作为按照给定的调度目标训练好的调度规则策略模型的输入；调度策略推荐模型生成适合输入的状态数据的调度规则或最优参数；将该调度规则或参数传递给智能车间执行。

（4）智能车间

智能车间是调度规则的执行者，它将其实时生产状态传送给在线调度模块，而后从在线调度模块接收其生成的最优调度策略，并使设备按照该调度策略选择待加工工件，实现生产性能的优化。

6.3 基于 K-NN 的调度规则推荐

智能车间的生产状态往往需要数十或上百个生产属性来描述，而部分生产属性相关性较高，这些冗余或误导性的生产属性会影响调度规则推荐模型的训练。因此，有效选取生产特征属性无论在精准调度方面还是在智能车间的生产性能上都会产生积极的影响。这里选用遗传算法（genetic algorithm，简称 GA）对生产属性进行筛选，而后再采用 K-NN 算法在既定的生产状态下选择最优调度规则[17]。

6.3.1 算法框架

本节讨论一种调度规则推荐方法，该方法借助于智能车间的仿真模型，输入历史生产数据,生成实际生产数据训练样本。基于此,结合 GA 与 K-NN 算法的全局搜索以及样本分类能力,实现调度规则的实时推荐,其过程如图 6-3 所示。

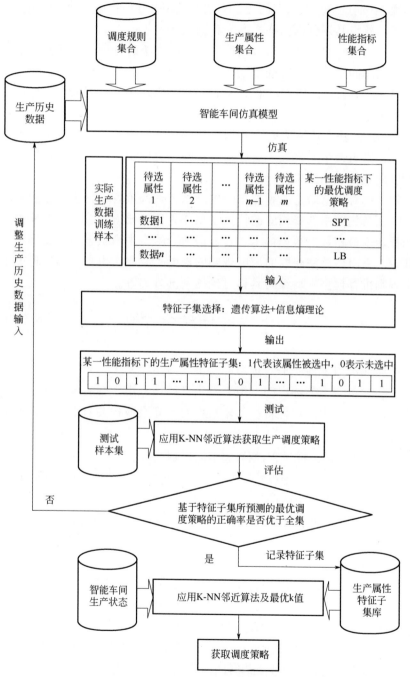

图 6-3 基于 K-NN 的调度规则推荐方法过程框架

步骤 1：建立智能车间仿真模型；

步骤 2：确定调度规则集合和性能指标集合；

步骤 3：通过仿真获取在历史生产状态及相关性能指标下的最优调度规则，建立样本集，并将其划分为训练样本集和测试样本集；

步骤 4：基于 GA 及信息熵理论对训练样本集进行训练，获取在某一性能指标下的智能车间生产属性特征子集；

步骤 5：基于测试样本，采用 K-NN 算法构建调度规则推荐模型，并通过该模型对所选出的生产属性特征子集进行测试评估；

步骤 6：若基于特征子集的 K-NN 算法的预测准确率高于基于特征全集的预测准确率，则将该生产属性子集记录在特征子集库中，否则，调整生产历史数据输入，以期获得理想结果；

步骤 7：对任意给定的智能车间生产状态，决策者根据所关注的某一性能指标，在特征子集库中选择相应的特征子集作为选择要素，应用 K-NN 算法在历史库中选择若干最相邻的数据样本，获取最适合给定生产状态的调度规则。

其中，采用该算法获取的调度规则的性能主要取决于生产属性特征子集选择和调度规则推荐模型，后续将具体讨论这两部分内容。

6.3.2 基于 GA 的生产属性特征子集选择

生产属性是用来描述生产状态 $s \in S$ 的一组特征指标，而生产属性特征子集是指从生产属性全集中筛选出的一组关键生产属性。由于智能车间往往包括数十或上百个生产属性，生产属性特征子集选择对于冗余或相关的生产属性的过滤起着至关重要的作用。

按照特征子集的形成过程，传统的特征选择方法可分为穷举法、启发法和随机法三类。穷举式方法是一种机械性方法，实现过程的复杂度和特征子集的复杂度成正比，适用于样本量较小的场合。启发式算法是一种近似算法，其过程比较简单，实现比较快速，包括决策树法、向前选择、向后选择、Relief 方法[18]等。然而，该算法通常无法保证解的最优性，也无法确定所得解与最优解之间的最优程度。随机法又分为完全随机法和概率随机法。完全随机法顾名思义是一种纯粹的随机方式，常用的算法包括蒙特卡洛算法、拉斯维加斯算法[19]等。而概率随机法是一种非完全的随机方式，通过这个方式产生的特征子集并不是随机的，而是依据了一定的概率。除了上述传统方法，元启发式算法受到了越来越多的关注，常用的算法包括遗传算法、粒子群优化算法、模拟退火算法等。这种算法是依据一些自然界的随机现象构造的，其优势在于能够在可接受的时间内获得一个可行解。

这里选用遗传算法作为特征选择方法。这种方法一方面避免了穷举搜索带来的时间损耗与效率损耗；另一方面，利用遗传算法在全局寻优的优越性，保证了算法的精确度与可行性。遗传算法的流程如图 6-4 所示，其关键环节下面会详细叙述。

（1）生产属性编码

编码是将特征子集转换为 GA 中的染色体，是应用遗传算法时首要解决的问题，也是设计遗传算法时一个关键步骤。不同的码长和码制在函数优化中起着不同的作用，对问题求解的进度与效率也有着不同的影响。为了有

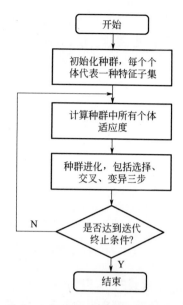

图 6-4　基于 GA 的生产属性特征子集选择流程图

效提高 GA 的寻优效率和搜索质量，必须有针对性地设计合适的编码方式并开发高效的遗传操作。鉴于智能车间调度问题的特点以及工艺约束性，该方法采用 0/1 编码方法，每一个个体代表一种特征子集，个体的每个基因为一个生产属性，"1"代表该生产属性被选入特征子集，"0"代表该生产属性未被选入特征子集，如图 6-5 所示。

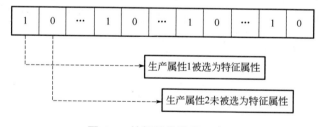

图 6-5　特征子集编码示意图

（2）基于信息熵的适应度函数

在生产属性全集中的无关属性一般较少，而如何过滤出相关性较强的属性是特征子集选择中最需要考虑的问题之一。因此，此处选用信息熵这种常见的相关性评测指标作为 GA 的适应度函数。信息熵被信息论的创始人之一 Claude E. Shannon 教授定义为离散随机事件的出现概率，它是一个数学上的抽象概念，可以理解成某种特定信息的出现概率。信息熵可以用来表示信息的价值，是一个衡

量信息价值高低的标准。通常来说，当一种信息出现概率更高的时候，表明它被传播得更广泛，或者说该信息更有价值。借鉴叶建芳等[20]提出的生产属性特征子集选择方法，定义基于信息熵的适应度函数 F 为：

$$F = \frac{\sum_j U(A_j, S)}{\sqrt{\sum_i \sum_j U(A_i, A_j)}} \tag{6-1}$$

公式（6-1）中：

$$U(A, B) = 2 \times \left(1 - \frac{H(A, B)}{H(A) + H(B)}\right) \tag{6-2}$$

公式（6-2）中：

$$H(A) = -\sum_m p(a_m) \log_2 p(a_m) \tag{6-3}$$

$$H(A, B) = -\sum_m \sum_l p(a_m, b_l) \log_2 p(a_m, b_l) \tag{6-4}$$

其中，假设样本集为 $\{(s_\alpha, d_\alpha^*) | \alpha = 1, 2, \cdots, k\}$；$A_i$ 和 A_j 表示特征子集内的第 i 个和第 j 个生产属性在 k 条样本中的数值向量；S 是由 k 条样本的最优调度规则组成的向量；A 和 B 表示两个维度相同的向量；a_m 和 b_l 分别是向量 A 和 B 中的第 m 个和第 l 个元素；$p(\cdot)$ 和 $p(\cdot,\cdot)$ 分别表示概率和联合概率；$H(A)$ 是熵函数，用来计算单个生产属性的信息熵；$H(A, B)$ 是 A 和 B 的联合信息熵，其由 A 和 B 的所有组合的联合概率计算得出，$H(A, B)$ 越大，两个向量的相关性越高。在公式（6-1）中，分子表示特征子集内的生产属性与最优调度规则之间的相关性，这可以衡量特征子集内生产属性的代表性；分母表示特征子集内生产属性之间的相关性，这可以衡量特征子集内生产属性的信息冗余性。

（3）种群进化过程

种群的进化是种群多次迭代、不断优化的过程，具体包括选择、交叉、变异等操作。假设种群中有 γ 条染色体，每一次进化都会对上一代种群进行 2γ 次选择操作，每一次选择操作都会选到一条染色体。每两次选择操作后，会将选到的染色体作为父染色体，父染色体进行交叉、变异操作后可以生成一个子染色体。在所有选择操作结束后，得到的子染色体集合可构成新一代种群。

此处选择轮盘赌方法作为 GA 选择算子，每条染色体进入下一代的概率等于它的适应度值占整个种群中所有染色体适应度值和的比例。显然，适应度值越高，其被选中进入下一代的概率越大。例如：当前种群中有 8 条染色体，每条染色体的适应度值分别为 0.1、0.2、0.3、0.4、0.5、0.6、0.5、0.3，则每条染色体被选择进入下一代的概率分别为 3.45%、6.90%、10.34%、13.79%、17.24%、20.69%、

17.24%以及10.34%，如图6-6所示。

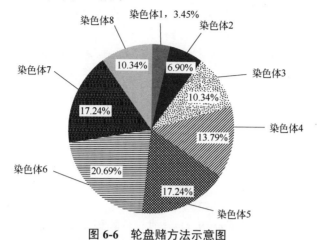

图6-6 轮盘赌方法示意图

选择多点交叉法作为 GA 的交叉算子。若染色体中的某位基因数值为 1，则该位继承第一个父辈的同位基因，若为 0，则继承第二个父辈的同位基因。

选择均匀变异作为 GA 的变异算子。依次指定每条染色体编码串中的基因作为变异点，并对每个变异点，以变异概率将某一符合对应基因取值范围内的随机数替代原有值。

当遗传算法满足以下两个条件中的任意一个条件时，算法停止迭代。
- 最大迭代代数：当算法迭代的最大代数达到规定的代数值时，算法停止迭代。
- 停滞代数：在连续繁殖的时间序列中，若长时间不繁殖新代，即目标函数无改进，到达停滞代数规定的代数时，则算法停止迭代。

6.3.3 基于 K-NN 的调度规则推荐模型

在确定生产属性特征子集后，需要根据该特征子集构建调度规则推荐模型。调度规则推荐模型的功能是根据既定的生产状态确定最适合的调度规则，其中生产状态取决于上述特征子集。这里采用第 6.2.2 节的思路，将调度规则推荐转化为分类问题，并采用 K-NN 算法构建调度规则推荐模型。

K-NN 是一个理论上很成熟的机器学习算法之一。其基本原理为：若一个待分样本在特征空间上的 k 个最相似的样本中，绝大多数样本都属于某一个类别，则待分样本也属于这个类别。在 K-NN 算法中，所选样本都是已经正确分类的对象，该方法在分类决策时仅根据最邻近的一个或者几个样本的类别来决定待分样本所属的类别。将 K-NN 算法应用于智能车间的生产调度，可将上述的"样本"看作"生产状态"，"类别"看作"调度规则"。

样本相似度是衡量样本间相似性的指标，可用来比对待分样本与样本集中各样本的相似程度，是 K-NN 算法中的关键。样本相似度 $Sim(p,q)$ 定义如下：

设域 $S_1, S_2, \cdots, S_n$ 上的关系 $R(A_1, A_2, \cdots, A_n)$，其中 A_i 为 R 的属性，且满足 $A_i \in S_i$，$i=1,2,\cdots,n$。对任意两个样本 $p(x_1, x_2, \cdots, x_n) \in R^n$、$q(y_1, y_2, \cdots, y_n) \in R^n$ 的相似度计算公式如式（6-5）所示。

$$Sim(p,q) = \frac{\sum_{k=1}^{n} x_i y_i \mathbf{s}_i}{\sqrt{\sum_{k=1}^{n}(x_i \mathbf{s}_i)^2}\sqrt{\sum_{k=1}^{n}(y_i \mathbf{s}_i)^2}} \quad (6-5)$$

在式（6-5）中，$\mathbf{s}_i$ 是一个由 0/1 组成的向量。显然，$Sim(p,q)$ 值越大，样本 p 和 q 间的相似度越高。当 $Sim(p,q)=1$ 时，从物理意义上说，两个样本处于平行或重合状态，此时，它们间的相似度最大。当 $Sim(p,q)=0$ 时，两个样本处于垂直状态，此时，它们间的相似度最小。

在生产历史库中，针对每一个生产状态的最优调度规则均已记录在库。因此，对任意一个新的生产状态，采用 K-NN 算法在历史库中比对、选择若干最邻近的数据样本，进而可以获取最优或次优的调度规则。

6.4 基于 SVR 的调度参数推荐

针对带参数的规则，还需要配合调度参数的优化推荐，通过合理设置调度规则的参数，使调度规则能够表现出适合当前实时生产状态的最佳调度特性。本节首先介绍一种基于 SVR 的调度参数推荐方法框架，在此基础上，具体说明最优样本获取与调度参数推荐模型训练两个关键环节。本节讨论的方法能根据车间实时状态，为调度规则推荐最优参数[21,22]。

6.4.1 算法框架

基于 SVR 的调度参数推荐模型的训练流程如图 6-7 所示，训练过程包括以下几个步骤。

步骤 1：最优样本获取。最优样本由生产状态和该生产状态下的最优参数组成，详见第 6.2.2 节。最优样本获取方法可采用响应曲面法（response surface methodology，简称 RSM），在不同生产状态下确定所需的调度规则参数，具体将在第 6.4.2 节中详述。

步骤 2：数据归一化。样本集中的数据有不同属性，量纲不一致，且不是同一个数量级，因此，训练模型之前，先对数据进行归一化处理。以某属性值 s_i 为例，将其进行归一化的方法为：

$$s_i^N = \frac{s_i - s_i^{\min}}{s_i^{\max} - s_i^{\min}} \quad (6-6)$$

其中，s_i^N 是属性值 s_i 归一化后的结果；$s_i^{\max}$ 和 $s_i^{\min}$ 分别是样本集中属性 s_i 的最大和最小值。

步骤 3：训练集和测试集划分。试验样本集中共有 N 条最优样本，需要将其划分为训练样本和测试样本。例如，随机选取其中的五分之四样本作为训练样本，最优样本的另外五分之一样本作为测试样本，用来评价训练得到的调度参数推荐模型。

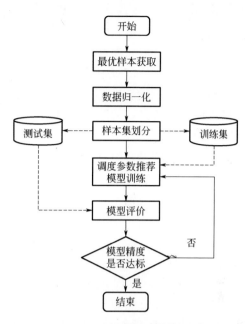

图 6-7 基于 SVR 算法的调度参数推荐模型训练流程图

步骤 4：基于 SVR 的调度参数推荐模型训练。在模型训练中影响模型回归效果的主要因素是核函数及模型中的参数。试验中采用 RBF 核函数（也称为高斯核函数、径向基核函数），需要优化的参数是惩罚因子 C 及核函数中的方差 γ，采用交叉验证法寻找最佳参数组合 C 和 γ，再利用最佳参数训练模型。具体将在第 6.4.3 节中详述。

步骤 5：调度参数推荐模型评价。采用建立的基于 SVR 的调度参数推荐模型对测试样本进行预测，分析预测结果，若预测精度在误差允许范围内，则训练得到的调度参数推荐模型符合生产调度需求，否则，返回步骤 3，重新训练模型。

最优样本获取和调度参数推荐模型训练是上述算法流程的两个关键环节，接下来将具体讨论这两部分内容。

6.4.2 基于响应曲面法的最优样本获取

本节所需获取的最优样本由生产状态和调度规则的最优参数组成，样本集可描述为 $\{(s_i, w_i^*) | i = 1, 2, \cdots, N\}$。由于调度规则的参数向量 w_i^* 是一组连续型变量，

无法使用遍历的方式确定某一生产状态下的最优参数。为此，拟采用一种基于响应曲面法的最优样本获取方法，以快速获取最优样本。

响应曲面法是通过试验设计获取最优变量水平的方法，原理是建立连续变量的曲面模型来评价试验中的过程变量及其交互作用，确定使响应最优的变量的水平范围。该方法的优点是寻优过程中试验组数较少。响应曲面设计的实现过程是：采用合理的试验设计方法确定试验点并进行试验，记录试验数据，采用多元二次回归方程拟合过程变量与响应之间的函数关系，分析回归方程寻找最优的变量，从而确定最优的参数组合。

假设某一过程有 k 个过程变量 $x_1, x_2, \cdots, x_k$，输出响应为 y。响应曲面法的目标是建立过程变量与输出响应之间的函数关系：

$$y = f(x_1, x_2, \cdots, x_k) + \varepsilon \tag{6-7}$$

响应曲面法的流程为：

步骤 1：确定过程变量 $x_1, x_2, \cdots, x_k$ 和输出响应 y。

步骤 2：采用试验设计法来获取试验数据。常见的试验设计法有 PB 设计（plackett-burman design）、BB 设计（box-behnken design）和中心组合设计（central composite design，简称 CCD）[23]。其中，中心组合设计比较突出的特点是保证选定的试验点能在各个方向进行估计，广泛地覆盖组合参数的取值范围。本节拟采用中心组合设计获取试验数据。

步骤 3：采用最小二乘法拟合二阶多项式，以描述过程变量与输出响应之间的关系，如式（6-8）所示。其中，β 是估计参数，β_0 是常数项，β_i 是一次项系数，β_{ij} 是二次项系数。

$$y = \beta_0 + \sum_{i=1}^{k} \beta_i x_i + \sum_{i=1}^{k} \sum_{j \leqslant k} \beta_{ij} x_i x_j \tag{6-8}$$

步骤 4：根据二阶多项式，确定能使输出响应最优的过程变量。

本节采用响应曲面法快速获取最优样本。假设调度目标为最小化性能指标 P，调度规则参数为 $w \in W$。在获取最优样本时，调度规则的参数 $w \in W$ 对应于该方法中的过程变量，而性能指标 P 则对应于输出响应。在既定的生产状态 $s \in S$ 下，采用上述响应曲面法，能够获得能使性能指标 P 最小化的参数 $w \in W$。进一步地，在多个生产状态下重复该过程，以获得最优样本集 $\{(s_i, w_i^*) | i = 1, 2, \cdots, N\}$。

6.4.3 基于 SVR 的调度参数推荐模型

按照 6.4.1 节的算法框架，获取最优样本集后需要将其划分为训练集和测试集。进一步地，采用训练集训练基于 SVR 的调度参数推荐模型，而后采用测试集对模型精度进行测验。本节重点讨论基于 SVR 的调度参数推荐模型训练部分内容。

(1) 问题描述

SVM 是由统计学习理论发展而来的通用学习方法，相对于神经网络等方法具有的过学习与欠学习、局部最优等不足之处，SVM 具有很大改进，其在处理小样本、高维非线性问题中具有优势，通常可用于解决分类、预测、回归拟合等问题。SVM 解决分类问题的基本思想是寻找一个将训练样本分成两类的最优分类面；SVM 用于回归拟合分析的基本思想是寻找一个最优分类面，使得训练样本离该分类面的误差最小，此时的方法称为 SVR。

采用 SVR 推荐调度参数，是根据最优样本集建立正确反映生产状态与最优参数之间关系的回归模型。假设训练样本集为 $\{(\boldsymbol{x}_i, \boldsymbol{y}_i) | i=1,2,\cdots,N\}$，其中 $\boldsymbol{x}_i$ 代表样本集中的第 i 条生产状态，$\boldsymbol{y}_i$ 代表该生产状态下的最优参数。SVR 算法的目标是根据已有的最优样本集，确定最优系数 $\boldsymbol{\omega}^*$ 和 $\boldsymbol{b}^*$，使得预测输出 $f(\boldsymbol{x}_i)$ 与真实输出 $\boldsymbol{y}_i$ 之间尽可能接近。预测输出可以由公式 (6-9) 得到。

$$f(\boldsymbol{x}_i) = \boldsymbol{\omega}^* \boldsymbol{\Phi}(\boldsymbol{x}_i) + \boldsymbol{b}^* \tag{6-9}$$

其中，$f(\boldsymbol{x}_i)$ 是预测输出的表达式；$\boldsymbol{\omega}^*$ 和 $\boldsymbol{b}^*$ 是系数向量；$\boldsymbol{\Phi}(\boldsymbol{x}_i)$ 是将样本集中的输入数据 $\boldsymbol{x}_i$ 从原空间映射到高维特征空间的非线性映射。

(2) 基于 SVR 的调度参数推荐模型训练

由于 SVR 是用来解决回归问题的，其训练方法与 SVM 相比有所不同。SVM 的目标是找到具有"最大间隔"的超平面，而 SVR 除了要最大化间隔 $\delta = \dfrac{2}{\|\boldsymbol{\omega}\|}$ 外，还要最小化损失[24]。在传统的回归模型中，当且仅当模型输出 $f(\boldsymbol{x}_i)$ 与真实最优参数 $\boldsymbol{y}_i$ 完全相同时，损失才为零。与此不同，SVR 能容忍 $f(\boldsymbol{x}_i)$ 与 $\boldsymbol{y}_i$ 之间最多有 ε 的偏差，即仅当 $f(\boldsymbol{x}_i)$ 与 $\boldsymbol{y}_i$ 之间的差别绝对值大于 ε 时才会计算损失。因此，SVR 问题可以形式化为：

$$\min_{\boldsymbol{\omega},b} \frac{1}{2}\|\boldsymbol{\omega}\|^2 + C\sum_{i=1}^{N} l_\varepsilon \left(f(\boldsymbol{x}_i) - \boldsymbol{y}_i \right) \tag{6-10}$$

$$l_\varepsilon(z) = \begin{cases} 0, & |z| \leq \varepsilon \\ |z| - \varepsilon, & |z| > \varepsilon \end{cases} \tag{6-11}$$

其中，$l_\varepsilon(\cdot)$ 是 ε-不敏感损失函数；容忍偏差 ε 是一个由人工设定的经验值。在式 (6-10) 中，前半部分指的是最大化间隔，后半部分指的是最小化损失。

而后，与 SVM 的求解过程类似，主要包括以下几个步骤，具体过程可参考文献[24]。

- 引入松弛变量 ξ_i 和 ξ_i^* 以及拉格朗日乘子 α_i 和 α_i^* $(i=1,\cdots,N)$，以构造拉格朗日函数。
- 令拉格朗日函数中的变量的偏导数为零，以得到 SVR 的对偶问题。
- 将 SVR 的对偶问题视为二次规划问题，并采用 SMO（sequential minimal optimization，序列最小最优化）对拉格朗日乘子 α_i 和 α_i^* 进行求解。
- 根据训练样本及相应的拉格朗日乘子，求得最优系数 $\boldsymbol{\omega}^*$ 和 b^*。

基于上述算法，可以确定公式（6-9）中的最优系数 $\boldsymbol{\omega}^*$ 和 b^*，以完成基于 SVR 的调度参数推荐模型的离线训练过程。进一步地，可以将训练好的模型用于在线调度过程，以根据实时生产状态推荐最优参数。

参考文献

[1] 吴启迪，马玉敏，李莉，等. 数据驱动下的半导体生产线动态调度方法 [J]. 控制理论与应用，2015，32（9）：1233-1239.

[2] Jeong K C, Kim Y D. A real-time sche-duling mechanism for a flexible manu-facturing system: using simulation and dispatching rules [J]. International Journal of Production Research, 1998, 36（9）: 2609-2626.

[3] Kim M H, Kim Y D. Simulation-based real-time scheduling in a flexible manufac-turing system [J]. Journal of Manufac-turing Systems, 1994, 13（2）: 85-93.

[4] Ishii N, Talavage J J. A transient-based real-time scheduling algorithm in FMS [J]. International Journal of Production Research, 1991, 29（12）: 2501-2520.

[5] Priore P, Gómez A, Pino R, et al. Dyna-mic scheduling of manufacturing systems using machine learning: An updated review [J]. Artificial Intelligence for Engineering Design, Analysis and Manu-facturing, 2014, 28（1）: 83-97.

[6] Priore P, Fuente D D L, Gómez A, et al. A review of machine learning in dynamic scheduling of flexible manufacturing systems [J]. Artificial Intelligence for Engineering Design, Analysis and Manufacturing, 2001, 15（3）: 251-263.

[7] Shiue Y R, Lee K C, Su C T. Real-time scheduling for a smart factory using a reinforcement learning approach [J]. Computers & Industrial Engineering, 2018, 125: 604-614.

[8] Priore P, Parreño J, Pino R, et al. Learning-based scheduling of flexible manufac-turing systems using support vector machines [J]. Applied Artificial Intellig-ence, 2010, 24（3）: 194-209.

[9] Shiue Y R. Data-mining-based dynamic dispatching rule selection mechanism for shop floor control systems using a support vector machine approach [J]. International Journal of Production Research, 2009, 47（13）: 3669-3690.

[10] Guh R S, Shiue Y R, Tseng T Y. The study of real time scheduling by an intelligent multi-controller approach [J]. The International Journal of

Production Research, 2011, 49(10): 2977-2997.

[11] Lin C C, Deng D J, Chih Y L, et al. Smart manufacturing scheduling with edge computing using multiclass Deep Q Network [J]. IEEE Transactions on Industrial Informatics, 2019, 15(7): 4276-4284.

[12] Li L, Sun Z, Ni J C, et al. Data-based scheduling framework and adaptive dispatching rule of complex manufacturing systems [J]. The Interna-tional Journal of Advanced Manufacturing Technology, 2013, 66(9/10/11/12): 1891-1905.

[13] Mouelhi-Chibani W, Pierreval H. Training a neural network to select dispatching rules in real time [J]. Computers & Industrial Engineering, 2010, 58(2): 249-256.

[14] Heger J, Branke J, Hildebrandt T, et al. Dynamic adjustment of dispatching rule parameters in flow shops with sequence-dependent set-up times [J]. International Journal of Production Research, 2016, 54(22): 6812-6824.

[15] 马玉敏, 乔非, 陈曦, 等. 基于支持向量机的半导体生产线动态调度方法 [J]. 计算机集成制造系统, 2015, 21(3): 733-739.

[16] 马玉敏, 陆晓玉, 乔非, 等. 基于极限学习机的复杂制造系统动态调度 [J]. 计算机集成制造系统, 2021, 27(4): 1081-1088.

[17] Qiao F, Ma Y M, Gu X. Attribute selection algorithm of data-based scheduling strategy for semiconductor manufacturing [C] // Proceedings of IEEE International Conference on Automation Science and Engineering (CASE). Madison, WI, USA: IEEE, 2013: 410-415.

[18] Kira K, Rendell L A. The Feature Selection Problem: Traditional Methods and a New Algorithm [C] // Proceedings of 10th National Conference on AI. San Jose, CA: AAAI Press, 1992: 129-134.

[19] Liu H, Setiono R. A Probabilistic Approach to Feature Selection: A filter Solution [C] // Proceedings of International Conference on Machine Learning, 1996: 319-327.

[20] 叶建芳, 潘晓弘, 王正肖, 等. 基于免疫离散粒子群算法的调度属性选择 [J]. 浙江大学学报(工学版), 2009, 43(12): 2203-2207.

[21] Ma Y M, Qiao F, Zhao F, et al. Dynamic Scheduling of a Semiconductor Production Line Based on a Composite Rule Set [J]. Applied Sciences, 2017, 7(10), 1052.

[22] Wu W, Ma Y M, Qiao F, et al. Data mining based dynamic scheduling approach for semiconductor manufacturing system [C] // Proceedings of The 34th Chinese Control Conference. Hang Zhou, China: IEEE, 2015: 2603-2608.

[23] Linoshka S-P, Valerie L, Sangchul S H. Response Surface Methodology to optimize the cement paste mix design: Timedependent contribution of fly ash and nanoiron oxide as admixtures [J]. Materials and Design, 2015, 86: 22-29.

[24] 周志华. 机器学习 [M]. 北京: 清华大学出版社, 2016.

第 7 章
适应性的重调度方法

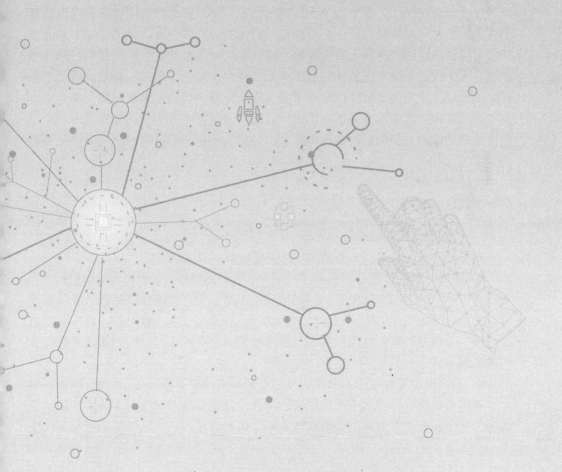

重调度是一种根据环境因素变化实时监测扰动并改变调度策略的调度方法，旨在提高制造系统对扰动的及时响应和应变能力。本章针对第 4 章提出的多级联动适应性调度体系框架中的适应性重调度，研究数据驱动的扰动识别与调度策略调整方法，提出基于全数据驱动的重调度方法，以及基于增强学习能力的重调度方法。

7.1 重调度问题描述及方法框架

7.1.1 重调度问题描述

在车间中，当一个调度策略产生后，待加工的产品按照预定的工序顺序、资源分配计划进行加工。理想情况下，调度按照原方案进行，车间将会表现出预期的性能。而在实际情况中，车间可能会受到大量扰动的影响，如工件加工时间波动、紧急订单出现、操作人员失误等。这些扰动可能会使原始调度策略在当前生产状态下失效，导致系统整体性能下降，造成经济损失甚至安全事故。因此，在发生扰动时，重新制定调度策略对于最大限度地减少扰动带来的影响至关重要。

在不确定环境下，当制造系统出现扰动时，根据实时变化的系统状态，在原调度策略的基础上生成新的调度策略，以适应当前状态的过程的调度方法即为重调度[1]。

重调度的研究内容主要包括三个方面：重调度性能指标评价、重调度驱动机制和重调度方法。

（1）重调度的性能指标

重调度性能指标可以分成两组[2]：调度效率、调度稳定性。

① 调度效率的性能指标包括生产周期、平均延迟时间、平均流动时间、平均资源利用率和最大迟滞时间等描述制造系统本身的生产效率性能指标。如吴正佳等以最小化最大完工时间为目标，利用遗传算法进行重调度优化[3]。在实际的生产问题中，调度效率的性能指标要依据系统的具体特性构建，同时还要考虑订单的实际需求。

② 调度的稳定性在静态和确定性调度环境中通常不是问题，然而在动态环境中，调度系统很容易受到不确定因素的干扰，导致原有的调度方案失效，稳定性成为了一个评价调度方案的重要性能指标。研究系统稳定性常选择的指标是工序

实际加工完成时间和计划加工完成时间的偏差，偏差越小，稳定性越好[4]。

(2) 重调度的驱动机制

重调度的驱动机制指触发重调度的方式，主要分为事件驱动、周期性驱动和混合驱动三大类[5]。

① 事件驱动机制

事件驱动是指只有当可能对系统引发严重影响的扰动事件发生时才进行调度，若发生的扰动事件不会引起严重的系统变化则不需要重新调度。事件驱动的重调度策略能够及时地响应生产过程中出现的各种突发性的扰动（如临时出现订单插入、机器故障等），但容易使调度过于频繁，导致系统稳定性降低，增加系统调度的时间，从而影响系统的生产效率，造成生产资源的浪费。

② 周期性驱动机制

周期性驱动是指事先确定一个固定的调度周期，以相同的时间间隔触发重调度。这种驱动策略操作简单，而且调度系统稳定性较好，但是没有考虑干扰事件的突发情况，因此无法及时响应环境的实时变化，容易导致调度不及时。

③ 混合驱动机制

由于事件驱动调度容易导致调度过于频繁，而周期性调度忽略了调度点之间的扰动事件，因此，将事件驱动调度和周期性调度相结合的调度机制出现了，即每隔一个固定时间间隔重新调度，同时在很可能会对系统引起严重影响的扰动发生时也会进行调度。这种混合驱动机制在一定程度上要优于单独驱动机制，但当车间生产扰动过于频繁时，重调度频率将高于扰动频率，易造成制造系统的振荡。Church 和 Uzsoy[6]研究表明调度质量最初会随重调度频率的增加而提高，但当重调度频率超过某一限度，重调度效果将没有任何改善。

如今，许多学者通常利用改进的混合驱动机制来判定重调度的启动。李玉庆等[7]设计了具有 BP 神经网络扰动评估的混合重调度策略。乔非等[8]综合考虑工件优先级变化、加工机器故障等因素对重调度触发的影响，提出基于最小重调度时间间隔的驱动机制，避免了频繁重调度导致的制造系统不稳定。

(3) 重调度方法

重调度方法指基于当前生产系统的实际状态，通过一定的技术使生产指标重新获得优化的策略，可分为右移重调度（right shift rescheduling，简称 RSR）、局部重调度（partial rescheduling，简称 PR）和全局重调度（total rescheduling，简称 TR）三类方式。

a. RSR 是一种简单易行的调度调整手段。它的做法是：将所有未完成的工序统一推迟特定长度的时间单位（如：故障设备的维修时间），在甘特图上表现为重调度点之后各工序任务的整体右移[9]。RSR 维持了原调度，即不改变已有调度方案的加工顺序，仅通过推迟工序开始加工时间以响应生产扰动，具有操作简单易行、资源损耗少等优点，但同时易造成交货期延迟，降低制造系统的效率。

b．PR 则是对部分工序进行调整，其中较为典型的形式是受影响工序重调度（affected operations rescheduling，简称 AOR）。该方法仅对直接或间接受到扰动影响的工序进行调整，总体的计算量较低，但这种重调度方式只注重局部影响，难以实现生产过程的整体优化，而且在生产过程中，部分受影响的工序进行重调度时需要满足严格的工序约束条件[10]。

c．TR 则是对所有的工件重新进行调度安排[11]。当干扰较大时，TR 能够对已有的调度方案进行修正，保证调度方案的整体优越性与近似优化，避免原有调度方案与新生成的方案之间的冲突。TR 可以利用目前已有的大部分调度方法进行重调度，特别是智能求解方法，包括遗传算法、神经网络等，能够极大地提高 TR 的效率。

7.1.2 适应性重调度方法

在当今的智能制造环境下，生产调度问题更加复杂，生产调度环境更加多变，制造系统的复杂性和环境的高度不确定性大大增加了重调度问题建模与优化的难度，使制造系统面临新的挑战，这就需要智能车间生产调度系统提升对复杂环境的自适应能力，即对各类不确定因素具备抗干扰与快速响应能力。一方面要准确识别扰动的出现，另一方面还要对扰动进行迅速有效的响应。在传统的涉及扰动的调度研究中，多为研究如何应对某种特定类型的扰动，缺乏对通用扰动识别方法的研究，对于扰动的出现没有明显的界定；重调度则多采用简单的 RSR 或者 PR 方法，不能满足当前生产要素错综复杂下的智能工厂的调度优化，提出的重调度策略不具有全局性，不能从根本上解决成本与效率的矛盾问题。

因此，需要建立一套有效的调度机制，即一种适应性的重调度方法，对受到扰动的车间进行重调度。借助该机制，能够准确地识别扰动，判断是否需要进行重调度，并判断需要采取怎样的重调度策略才能全面降低对制造系统的影响，提升抵抗风险的能力，最终使车间能够适应生产要素不断变化的环境。

在当今的大数据背景下，用数据塑造一个系统，追踪甚至预测系统的性能，已经不是难事。而在智能车间中，日益精密的数据感知、处理系统的出现为实现实时感知系统变化、进而识别扰动提供了基础，数据搜索计算能力的提升也为找到最优的 TR 策略提供了可能。本章将详细介绍这种由数据驱动的适应性重调度方法，该方法主要关注两方面的问题：一是对动态扰动的自动识别，二是结合实时生产状态进行调度策略的有效调整。适应性的重调度框架如图 7-1 所示。

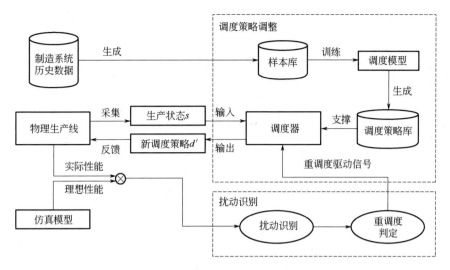

图 7-1 适应性重调度框架

从图 7-1 中可以看出,适应性的重调度也是一个将信息在物理空间和信息空间之间不断循环的闭环系统。通过状态感知实时采集制造系统中的数据,驱动信息系统对数据进行实时分析并判断是否出现扰动,当扰动出现后生成重调度信号,驱动调度策略调整模块选择新的调度策略,最后反馈给物理系统执行相应的动作。

(1) 对动态扰动的自动识别

在实际的车间中,常常存在许多不确定因素,如源于生产过程中的不确定因素,包括设备故障或老化、工序加工时间不确定、工件返工、操作人员缺勤、调度员决策失误等,以及源于外部环境的不确定因素,如产品需求变化、新产品试制、能源供应变化等。为方便研究,本章主要从扰动产生的情况分为突发型扰动和渐变型扰动。对于渐变型扰动的识别,可通过搭建理想的车间仿真模型,实时地对理想模型和实际车间数据进行追踪,计算两个模型之间的偏差程度,判断扰动程度的大小,进而判断是否达到预先设定的扰动阈值,界定车间是否需要进行重调度;对突发型扰动的识别主要以预测为主,因为突发型扰动的出现对生产车间的影响常常是瞬时的,来不及响应,如机器故障等,所以建立一个对突发扰动的预测模型是很有意义的,能够有效提升对突发扰动的应对速度。

(2) 对调度方案的有效调整

当识别出动态扰动后,需要对调度策略进行调整。由于智能车间环境下的复杂制造系统具有规模大、约束多等特点,加之不确定因素及动态环境的影响,求解其中的最优重调度策略较为困难,所以,在合理的计算复杂度内求解不同生产状态下的近似最优解是近年来研究的一个方向。近年来，人工智能算法和大数据技术的引入为搜索重调度策略提供了新的解决思路，通过采用人工智能的方法为生产调度提供知识支撑，可以更有效地指导调度决策。本章后续内容也将围绕数据驱动的重调度方法展开介绍。

7.2 数据驱动的扰动在线识别与预测

7.2.1 扰动分类

在智能车间中，生产规模大、生产关系复杂，常会发生各种扰动，进一步会引起车间实时生产状态的变化，导致系统生产性能劣化。为了避免扰动的影响，生产系统需要高效地响应生产扰动。但在车间实际生产过程中，各种生产扰动的发生时间是无法预测和确定的，其表现形式也是互不相同的。因此，很有必要对影响车间实际运行的各种生产扰动进行科学合理的分类，以便能够快速准确地响应各式各样的生产扰动，实现长期稳定的生产。本节将从扰动的影响方式以及可预测性两方面对扰动进行分类。

根据扰动影响方式的不同，一般可将扰动分为突发型扰动和渐变型扰动两类。突发型扰动单独发生一次就会明显影响生产进度，并且能决定生产是否能够正常进行，例如，紧急工件加入、加工设备故障、物料供应短缺和顾客订单变化等；而渐变型扰动单独发生一次时生产进度不会产生明显的变化，但是随着时间的推移，这些扰动慢慢累加，最终同样会对生产系统的正常运行造成影响，例如，缓冲区内工件数量累积、新到工件的数量累积和加工工序时间的误差累积等。

渐变型扰动虽然是一种发生频率很高的常见扰动，但是对其识别难度较大，目前没有固定的识别机制。第 7.2.2 节将提出一种针对渐变型扰动的识别机制。

突发型扰动根据扰动的发生是否能够被提前预测一般又分为可预测的和不可预测的。不可预测的扰动包括紧急订单、自然灾害等难以预见到的突发扰动，目前只能够在其出现时做出紧急响应，以减少对系统整体的影响，而不能针对性地进行避免；而可预测的扰动包括设备健康度、设备寿命等，它们的变化遵循一定的物理规律，所以可以通过事先的研究进行预判。针对可预测的扰动，第 7.2.3 节以设备健康度为例进行突发型扰动识别的研究。

7.2.2 渐变型扰动识别方法

渐变型扰动识别方法主要分为两方面：扰动跟踪和扰动判定，如图 7-2 所示。对于扰动跟踪，可基于制造系统仿真技术，利用实际性能与理想性能之差构建"扰动度"函数，得到"扰动度"随时间变化的曲线，实现对制造系统扰动程度的实时跟踪。对于扰动判定，以扰动跟踪为基础，利用扰动度和阈值的比较来判定是否为需要进行重调度的扰动。此处阈值的确定采用接收者操作特征（receiver operating characteristic，简称 ROC）曲线方法。

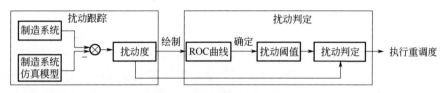

图 7-2 渐变型扰动识别流程图

（1）扰动跟踪

在扰动跟踪方面，可以采用一种系统生产性能或几种系统生产性能偏差的线性组合构成的函数来描述实际性能偏离理想性能的程度，函数值定义为"扰动度"。生产性能的选择常根据经验选取在生产过程中较为敏感、变化较为频繁的性能指标，如完工时间、总移动步数等。

构建扰动函数计算扰动度，选择的指标应兼顾到短期性能和累积性能，来评估扰动的瞬时影响和长期影响。在实际生产实践中可以选择产品的实际完工时间与预计完工时间的差值 M_F 和实际总移动步数与预期移动步数的差值 S_T 作为主要的变量，前者评估了一个累积的长期性能，后者是变化较为频繁的短期性能。

平均完工时间差 M_F 的计算公式为：

$$T_k = \sum_{l=1}^{m_k} |\Delta t_l| \tag{7-1}$$

$$M_F = \frac{1}{N}\sum_{1}^{N} T_k \tag{7-2}$$

其中，N 为工件数量；m_k 为工件 k 的加工步骤数；Δt_l 为工件 k 的第 l 个加工步骤的完工时间差；T_k 为工件 k 的各加工步骤的完工时间差的和；M_F 为所有工件各加工步骤的完工时间差的总和的平均值。

总移动步数的差值 S_T 为：

$$S_T = |M_O - M_O^0| \tag{7-3}$$

其中，M_O为实际制造系统当到前时刻为止的总移动步数；M_O^0为制造系统仿真模型到当前时刻为止的总移动步数。

为了消除不同指标之间的量纲影响，将M_F和S_T归一化成无量纲的M_F^*和S_T^*，再用M_F^*和S_T^*来表征制造系统的扰动程度，构建扰动度函数D_R，定义如下：

$$D_R = \alpha M_F^* + \beta S_T^* \tag{7-4}$$

令参数$\alpha + \beta = 1$，若α、β给定即可确定扰动度。一般来说，当制造系统存在渐变扰动时，扰动度D_R将会逐步上升（说明扰动造成的影响越来越大）。α、β参数选取不同会使扰动函数的增长趋势有差异。

（2）扰动判定

在扰动跟踪的基础上可以进行扰动判定，即通过将扰动度与扰动阈值进行比较，判断是否发生了需要重调度的扰动，其重点是进行扰动阈值的确定。

阈值设定问题在工业、农业、生物科学、医学等很多领域都有涉及，其中在医学领域主要使用 ROC 曲线方法来确定阈值。如余建洪等[12]利用 ROC 曲线评价几种相关指标 NLR（中性粒细胞与淋巴细胞比值）、PLR（血小板与淋巴细胞比值）、CEA（癌胚抗原）和 NSE（神经元特异性烯醇化酶）在肺癌中的诊断价值。随着 ROC 理论的深入研究，有学者开始将 ROC 曲线用于其他领域，如 Cheng 等[13]用其考察鱼群运动行为参数和水质定性关系之间的准确性；赵晓华等[14]利用 ROC 曲线确定基于脑电信号熵值的驾驶员疲劳判别阈值。同理，利用 ROC 曲线也可实现对扰动阈值进行设定。

ROC 曲线是针对一系列不同的二分类方式绘制出的灵敏度曲线，其纵坐标为真阳性率（灵敏度），横坐标是假阳性率（1-特异度），其一般形态如图7-3所示。在 ROC 曲线上，最靠近坐标图左上方的点为敏感性和特异性均较高的临界值，即约登指数（youden index，其值为灵敏度+特异度-1）最大的点，也就是最准确的分类阈值。

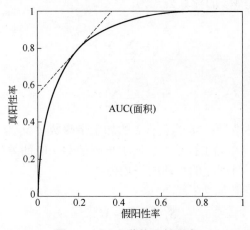

图 7-3 ROC 曲线一般形态

利用 ROC 曲线法确定扰动阈值时，首先采集实时样本进行分类并计算扰动度，然后绘制 ROC 曲线并找出最优阈值与扰动函数的最优参数，最终根据此最优参数与阈值判断是否发生渐变扰动。

首先，在采集实时样本时，需要对该样本的正负类进行标注。确定样本的实际正负类，可参考 Laeven[15]和刘明周[16]的经验法。在每个采样点，计算所有在制品的当前加工工序的实际完工时间与期望完工时间的差值，若存在一个差值超过数据库中历史记录最大差值的 80%，则判定其为负类，记为"0"，否则，判定其为正类，记为"1"。

接下来，绘制 ROC 曲线。预先设定一组扰动阈值和扰动函数参数，利用此扰动函数参数计算样本扰动度，再通过与扰动阈值进行比较实现预测分类，并结合样本实际正负类绘制一组 ROC 曲线图。

在 ROC 曲线的基础上进行扰动函数的最优参数与最优扰动阈值的确定，扰动函数的最优参数即确定公式（7-4）中的使得模型精度最高的一组参数（α,β），设为（α_0,β_0），并设扰动阈值为ω_0。具体方法如下：

① 确定扰动函数的参数（α_0,β_0）

在同一个扰动阈值ω_0下，对于任一组（α,β），可以画出一个确定的 ROC 曲线，改变（α,β）则可得到多个 ROC 曲线。ROC 曲线下的面积（area under curve, AUC）可以直观地描述和评价判别方法的有效性，是分类器准确性的体现。可利用 AUC 大小确定的最优参数（α_0,β_0）满足：

$$\forall \alpha,\beta \in [0,1], \exists \mathrm{AUC}(\alpha_0,\beta_0) \geqslant \mathrm{AUC}(\alpha,\beta) \tag{7-5}$$

调整（α,β）可以得到不同参数下的 ROC 曲线，每条曲线对应一个 AUC 的值。ROC 曲线的 AUC 值越大，分类的效果越好；ROC 曲线的 AUC 值越小，分类的效果越差，如图 7-4 所示。

② 确定扰动阈值ω_0

对于任一扰动函数，若其扰动函数的参数（α,β）确定，则能画出一条唯一的 ROC 曲线。确定 ROC 曲线后，将 ROC 曲线"最左上方"的点对应的阈值作为扰动度的最优阈值。可以用切线法即求约登指数（youden index）来确定最优阈值ω_0，如图 7-5 所示，当（α_0,β_0）=（0.73, 0.27）时，假阳性率 x=0.22，真阳性率 y=0.82，约登指数最大，为 0.6，故$\omega_0 = 0.6$。

此外，为了减少不必要的重调度，当通过 ROC 曲线法判定出现了渐变扰动时，不是立即重调度，而是根据该扰动造成影响的趋势进一步进行判定。为了衡量扰动度变化的趋势，引入差分扰动的概念：

$$D_{DR} = [D_R(t+1) - D_R(t)]/T \tag{7-6}$$

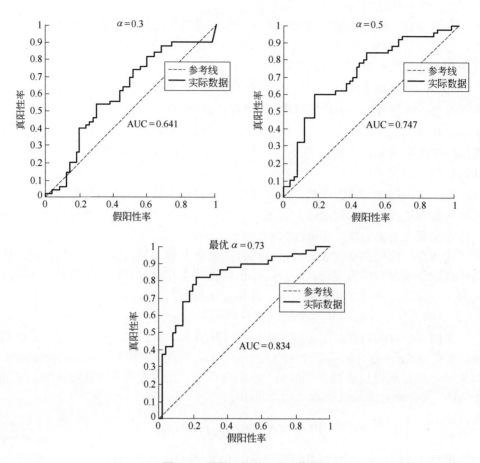

图 7-4 不同 α 下的 ROC 曲线

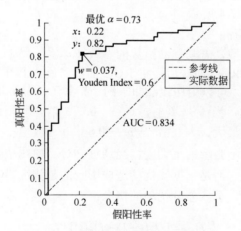

图 7-5 最优参数下的最优阈值确定

其中，T 为采样周期；D_{DR} 为差分扰动，$D_{DR}<0$ 说明扰动虽然存在，但是造成的影响越来越小，可以先继续观察，$D_{DR}>0$ 说明扰动存在，且造成的影响越来越大。因此，执行重调度的必要条件如图 7-6 所示：扰动度超过扰动阈值，且 $D_{DR}>0$。

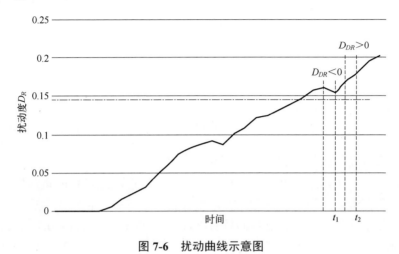

图 7-6 扰动曲线示意图

在图 7-6 中，t_1 时刻和 t_2 时刻的 D_R 均超过阈值，但 t_1 时刻时 D_{DR} 小于零，因此不执行重调度；t_2 时刻的 D_{DR} 大于零，判定为需要执行重调度。

7.2.3 突发型扰动识别方法

针对不可预测的突发型扰动，如插单、自然灾害等车间自身无法做出预测的扰动，应通过提高感知精度和速度的方式，尽可能早地感知到扰动的发生，并提前做出应急响应的预案，将突发扰动的影响降到最低。

针对可预测的突发型扰动，通过充分利用历史数据建立预测模型，预判扰动的发生，能够增强车间对突发扰动的响应速度，方便设备维护计划的制定。其中，实际应用最广泛的研究方向是设备的健康状况管理（prognostics and health management，简称 PHM）。PHM 是一种较为先进的设备健康管理技术，最早是在美国联合战斗机综合保障研究计划中提出[17]。该方案监测设备健康状况，根据设备的健康状态安排维修任务，能够有效地避免设备故障类扰动的产生。

基于 PHM 思想的设备健康管理流程见图 7-7[18,19]，其中，设备的健康状况评估与故障预测是核心部分。健康状况评估指建立一个量化指标对设备健康状况进行分级；故障预测基于设备健康劣化趋势预测可能发生的故障，并依据预测的结果制定维护计划。

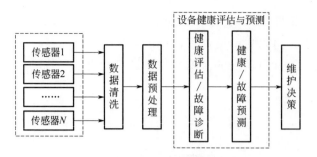

图 7-7 设备健康管理流程

本节研究一种数据驱动的设备健康预测方法，分为两个步骤实现：首先建立一个相对精准的设备健康评估体系，然后在此基础上建立设备健康预测模型。

（1）基于 SVDD 的设备健康评估

设备当前样本的健康度值可通过与设备运行功能状态最佳的正常样本集之间的偏离程度衡量。从设备状态数据样本中寻找一小部分的正常样本集是一个单分类问题，在单分类问题中，支持向量数据域描述（support vector data description，简称 SVDD）是一种具有优异表现的算法[20]，本节采用 SVDD 算法构造最小超球体，超球体内样本即为所求正常样本。找到最佳运行状态后，采用欧氏距离度量其他状态与最佳状态的偏离程度。

基于 SVDD 评估设备健康程度的流程见图 7-8。主要分为三个步骤，分别是基于主成分分析（principle component analysis，简称 PCA）的数据预处理（特征约减）、基于 SVDD 的正常样本集提取以及设备健康度计算。

① 特征约减

通常来说，由设备状态监控系统采集的数据会包含许多的冗余变量，如果不对其进行筛选处理，不仅会对模型的精度产生很大的影响，模型的计算量也会成倍增长。因此，首先针对数据进行特征降维，约减变量，提升模型效率。本小节采用 PCA 对样本数据进行特征约减。

首先从设备状态数据集中选取较为完整的全过程样本数据，从中选择能够表征设备劣化状态且能被连续监测和记录的特征参量，分别作为设备的劣化变量，然后将样本在各个状态监测点的劣化变量监测值组成样本序列矩阵 $X_{a \times b}$：

$$X_{a \times b} = \begin{bmatrix} X_{11} & X_{12} & \cdots & X_{1b} \\ X_{21} & X_{22} & \cdots & X_{2b} \\ \vdots & \vdots & & \vdots \\ X_{a1} & X_{a2} & \cdots & X_{ab} \end{bmatrix}$$

其中，$\{X_{i1}, X_{i2}, \cdots, X_{ib}\}$ 表示设备在第 i 个监测点的劣化变量特征序列，$1 \leq i \leq a$；a 为约减前的样本总数；b 为样本劣化变量的维度。之后对 $X_{a \times b}$ 进行特征归一化,计算特征值与特征向量,通过设定累积贡献率确定需要选择的特征阶数 m 及对应的特征向量,最终得到降维后的矩阵 $Y_{a\times m}$:

$$Y_{a\times m} = \begin{bmatrix} Y_{11} & Y_{12} & \cdots & Y_{1m} \\ Y_{21} & Y_{22} & \cdots & Y_{2m} \\ \vdots & \vdots & & \vdots \\ Y_{a1} & Y_{a2} & \vdots & Y_{am} \end{bmatrix}$$

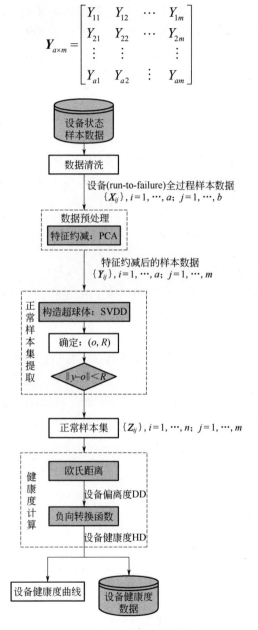

图 7-8 基于 SVDD 的设备健康评估方法

$\{Y_{i1}, Y_{i2}, \cdots, Y_{im}\}$ 表示特征约减后,设备在第 i 个监测点的主成分特征序列,m 为约简后的主成分特征总数,a 表示样本总数。

② 基于SVDD的正常样本集提取

根据约减后的样本数据，采用 SVDD 提取设备运行功能状态最佳的正常样本集。SVDD 算法可以构建最小超球体，假定超球体半径为 R，球心为 o。对于任意主成分特征向量 $Y_i \in Y_{a \times m}$，如果 Y_i 到球心 o 的距离小于等于半径 R，也即 $\|Y_i - o\| \leq R$，则将 Y_i 视为正常样本，从而可以获得正常样本集合 $Z_{ij} \in Z_{n \times m}$，$m$ 为正常样本集的维度，$m \leq b$，n 为正常样本总数，$n \ll a$。

③ 健康度计算

通过衡量特征约减后样本向量 $Y_i(Y_{i1}, Y_{i2}, \cdots, Y_{im}) \in Y_{a \times m}$ 与正常样本集 $Z_{n \times m}$ 之间的距离可以得到当前样本的偏离度（deviation degree）。采用欧氏距离度量样本之间的偏离程度，通过计算所有样本与正常样本集之间的欧氏距离，可以得到设备运行全过程样本的偏离度序列[21]，第 i 个样本 Y_i 与正常样本集中第 j 个样本向量 $Z_j(Z_{j1}, Z_{j2}, \cdots, Z_{jm})$ 的欧氏距离计算公式如下：

$$d_i = \|Y_i - Z_j\| = \sqrt{\sum_{k=1}^{m}(Y_{ik} - Z_{jk})^2} \tag{7-7}$$

则第 i 个样本与正常样本集的偏离度计算公式为：

$$D_i = \min \|Y_i - Z_j\|, i=1,2,\cdots,a; \ j=1,2,\cdots,n \tag{7-8}$$

$$D = \{D_1, \cdots, D_i, \cdots, D_a\} \tag{7-9}$$

其中，D_i 表示第 i（$1 \leq i \leq a$）个监测点样本对应偏离度值。

设备的偏离度可以很清晰地展示设备当前运行状态与最佳功能状态之间的偏离程度，但是由于偏离度不易明确上限，在描述设备健康状态方面仍有欠缺，因此可将设备偏离度值转换为 0～1 之间的健康度值（health degree），得到健康度序列。考虑到偏离度与实时健康度之间负相关的关系特点，选择负向函数进行转换，计算过程如下：

假设第 i 个监测点样本的偏离度 D_i，则第 i 个监测点的健康度值 H_i 可由以下公式计算得到：

$$H_i = 1 - \frac{D_i - \min(D)}{\max(D)} \tag{7-10}$$

式中，$\min(D)$ 代表偏离度序列的最小值；$\max(D)$ 代表偏离度序列的最大值。通过公式（7-10）可计算得到设备 run-to-failure 全过程的健康度序列 $H = \{H_1, \cdots, H_i, \cdots, H_a\}$，其中 H_i 表示第 i 个监测点样本对应健康度值，$1 \leq i \leq a$。

（2）基于SVR的设备健康预测

在设备健康状态评估的基础上，进一步对设备的健康状态劣化趋势进行预测。通过对其历史健康度序列进行分析，可拟合设备健康度变化趋势曲线。

设备健康预测属于时间序列预测问题，此领域多采用机器学习方法，比如，隐马尔科夫模型（hidden markov model，简称 HMM）、神经网络、随机森林（random forest，简称 RF）、SVR 以及 SVM 等。其中，SVR 应用较为广泛且具有较好的预测效果[22]，可采用 SVR 算法对设备健康度变化趋势进行回归预测。1999 年，Schölkopf 等提出了一种改进的 SVR 方法[23]，即 v-支持向量回归机（v-support vector regression，简称 v-SVR），又称 NuSVR，是一种可以自我调节预测值与实际值偏差的 SVR 算法。

基于 NuSVR 的设备健康预测算法流程如图 7-9 所示。

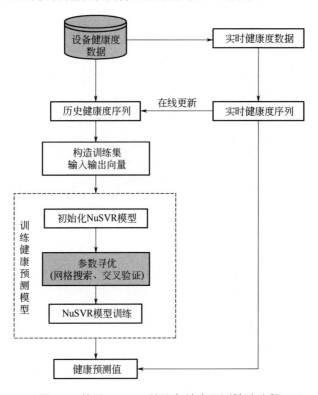

图 7-9 基于 NuSVR 的设备健康预测算法流程

设由第（1）阶段"基于 SVDD 的设备健康评估"中得到的设备历史健康度序列为 $\{H_1, H_2, \cdots, H_i, \cdots, H_n\}$，选择合适的时间窗宽度 N，共构造 $n-N$ 个时间窗，得到目标值对应的输入向量，则模型训练输入向量为 $\boldsymbol{H}_{\text{input}}^i$，$\boldsymbol{H}_{\text{input}}^i = \{H_i, H_{i+1}, \cdots, H_{i+N-1}\}$，$i = 1, 2, \cdots, n-N$。

经过 NuSVR 模型训练后，输出 $\boldsymbol{H}_{\text{output}}^i$ 即为对应输入向量下一时刻的设备健康度值。预测是从第 $N+1$ 个监测点开始的，也即 $\boldsymbol{H}_{\text{output}}^i = H_{i+N}$，$i = 1, 2, \cdots, n-N$。

在实际的预测中，通常会使用实时得到的健康度序列更新训练集，并采用网格搜索和交叉验证法对 NuSVR 算法进行参数寻优（包括时间窗宽度 N、核函数参数等）训练得到最优的预测模型后，利用最优预测模型计算输出健康度的预测值。

7.3
全数据驱动的重调度方法

当制造系统判断扰动发生后，需要立即响应，重新生成调度策略，快速地找出适应当前生产状态的新的优化生产方案。由于传统的优化算法（如智能搜索算法等）计算成本高、实时性不强，本节提出数据驱动的适应性重调度优化策略。

数据驱动的适应性重调度解决方案可概述为：首先，以指定的调度生产性能为目标导向，采用机器学习从历史数据中分析获得适应不同生产状态的调度知识，并建立调度模型；继而，基于所建立的调度模型，实现生产状态和近似最优调度策略之间的映射。在实际应用中，向调度模型输入当前的生产状态，即可输出近似最优的调度策略。

数据驱动的适应性重调度方法的具体实现可分为离线训练和在线调度两个阶段，分别是：

a. 离线训练阶段包括样本生成模块和调度模型离线训练模块。样本生成模块创建样本在不同调度策略下全生产周期各个时刻的生产状态，收集最终的性能指标并计算综合性能，为综合性能指标标注最佳调度策略，形成样本集；调度模型离线训练模块在样本集的基础上，采用机器学习算法建立调度模型（调度知识），并保存在调度模型库中。

b. 在线调度模块，根据用户需求，将实时生产状态等数据输入调度模型库，获得适应系统现状的优化调度策略。

数据驱动的重调度方法的本质是进行数据挖掘，通过历史数据，挖掘出不同生产状态下最适合的调度策略，实际上就是一个分类问题。

常见的分类器有 K-NN、SVM、决策树等。

K-NN 或者 SVM 等方法的一个明显的共同特征就是：必须在同一生产环境下仿真多次，然后从初始样本中筛选出每一生产环境下的最优样本作为数据集以进行训练。其数据利用率往往不足三成，且可选调度规则的种类越多，数据利用率越低。

为克服最优样本对样本的利用不充足的缺陷，本节采用基于长短期记忆（long short-term memory，简称 LSTM）网络的全数据驱动重调度方法。

此外，本章后续小节关于重调度的研究中，将调度策略定义为调度系统在某时刻做出的决策，它有多种形式，既可以是工件单步做出的选择，也可以是设备对应的调度规则。本章所用到的调度策略即为调度规则。此外，将调度知识定义为生产状态与调度策略之间的映射关系。

7.3.1 基于长短期记忆神经网络的重调度方法框架

（1）长短期记忆神经网络简介

长短期记忆网络是一种时间递归神经网络，适合于处理和预测时间序列中间隔和延迟相对较长的重要事件。LSTM 在学习翻译语言、图像分析、语音识别、预测疾病等领域发挥着重要的作用[24]。LSTM 的网络结构如图 7-10 所示。

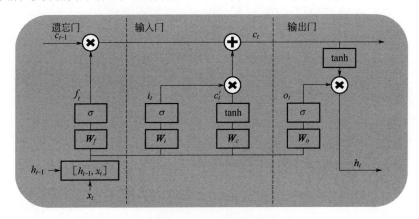

图 7-10　LSTM 的网络结构

由图 7-10 可见，LSTM 主要由三个门式结构组成。

① 遗忘门

第一步是决定从细胞状态中丢弃哪些信息。这个决定通过遗忘层完成。该门会读取 h_{t-1} 和 x_t，通过 sigmoid 层输出一个 0 到 1 之间的数值给每个在细胞状态 C_{t-1} 中的数字。1 表示"完全保留"，0 表示"完全舍弃"。遗忘函数为：

$$f_t = \sigma\left(W_f[h_{t-1}, x_t] + b_f\right) \tag{7-11}$$

其中，$\sigma(\cdot)$ 是 sigmoid 函数，这是神经网络中常用的 logistic 函数；W_f 是遗忘门权重矩阵；b_f 是遗忘门偏置。

② 输入门

下一步是决定让多少新的信息加入细胞状态中来。实现这个需要先用一个 sigmoid 层决定哪些信息需要更新；一个 tanh 层生成一个向量，也就是备选的用来更新的内容。随后把这两部分相乘，对细胞的状态进行更新。输入函数为：

$$i_t = \sigma(W_i[h_{t-1}, x_t] + b_i) \tag{7-12}$$

其中，$\sigma(\cdot)$ 是 sigmoid 函数；W_i 是输入门权重矩阵；b_i 是输入门偏置。

③ 输出门

第三步是确定需要输出什么值。这个输出将会基于细胞状态。运行一个 sigmoid 层来确定细胞状态的哪个部分将被输出。接着，把细胞状态通过 tanh 进行处理并将它和 sigmoid 门的输出相乘，即为最终输出。输出函数为：

$$O_t = \sigma(W_O[h, x_t] + b_O) \tag{7-13}$$

$$h_t = O_t \times \tanh(C_t) \tag{7-14}$$

其中，$\sigma(\cdot)$ 是 sigmoid 函数；W_O 是输入门权重矩阵；b_O 是输出门偏置。

（2）基于长短期记忆（LSTM）神经网络的重调度方法

基于长短期记忆（LSTM）神经网络的重调度方法由三个部分组成：LSTM 网络离线训练、基于在线扰动跟踪和识别（详见第 7.2 节）的重调度触发判定、适应实时生产状态的在线调度。首先收集历史数据进行神经网络训练，建立 LSTM 神经网络模型库，然后利用第 7.2 节中所述的 ROC 曲线方法进行扰动识别，当识别到需要进行重调度的扰动时，再驱动在线调度模块进行重调度。在线调度模块被驱动时，先选择调度策略 d。分别将生产线状态 S 和调度策略 d（本节采用调度规则作为调度策略）分别输入至调度模型库中，输出最优的调度策略 d' 反馈于生产线。其框架图如图 7-11 所示。

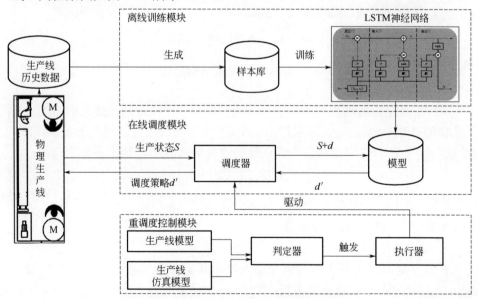

图 7-11 基于 LSTM 的适应性重调度框架图

7.3.2 LSTM 神经网络离线训练

离线训练的过程可分为采集样本、构建神经网络、输出综合评分三个步骤。

步骤 1：采集样本。首先随机生成生产状态，并在此生产状态下遍历调度规则，记录每种调度规则下对应的生产状态和生产性能指标作为输入数据和预期输出数据，每一组输入输出构成一个训练样本。并且，为消除不同生产状态数据的量纲带来的影响，对样本进行归一化处理。

步骤 2：搭建 LSTM 神经网络，初始化神经网络参数，输入样本进行训练，不断进行参数的优化，包括网络层数、神经元个数、损失函数等。将最终的最优网络模型保存为调度模型库以供在线调度时调用。

步骤 3：将所预测的生产性能数据线性组合成一个综合评价指标，有如下定义。

折合性能指标（equivalent indicators）：

$$EI = f\left(\sum \omega_i \times S_i'\right) \tag{7-15}$$

其中，S_i' 为归一化处理后的 S_i，S_i 可以选取最大制造周期、日移动步数等指标。

在训练的过程中，应注意一般 LSTM 的输出层常用的激活函数是 sigmoid 函数。它有以下几个缺点：

① 若函数的输出不是以 0 为均值，将不便于下层的计算。

② 当 z 值非常大或者非常小时，sigmoid 函数的导数 $g'(z)$ 将接近 0。这会导致权重 W 的梯度接近 0，使得梯度更新十分缓慢，即梯度消失。

但是正如前面所述，理想的输出——折合性能指标应当是在 0~100 中连续的值，也就是说，该问题应为一个回归问题。

为了用 LSTM 解决这个问题，可以加入回归处理：将输出层最后的非线性的 sigmoid 函数改为线性的 ReLU 函数，即将原输出函数

$$O_t = \sigma\left(W_O[h_{t-1}, x_t] + b_O\right) \tag{7-16}$$

改为

$$O_t = l\left(W_O[h_{t-1}, x_t] + b_O\right) \tag{7-17}$$

其中，$l(\cdot)$ 为 ReLU 函数，通过系数设置将综合性能指标归一到 0~10 的范围内。图 7-12 显示了改进前后输出层函数比较。

针对不同的调度规则 $(d_1, d_2, \cdots, d_n)$ 下的生产状态和综合性能均建立相应的 LSTM 预测模型 $(M_1, M_2, \cdots, M_n)$。

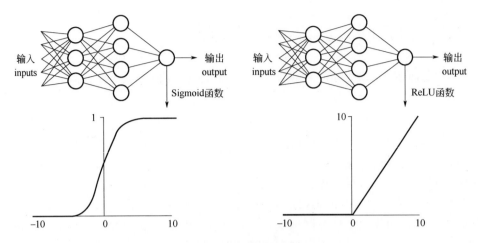

图 7-12　回归化处理前后输出层函数比较

7.3.3　在线调度

当通过第 7.2 节所述的扰动识别方法识别到了需要进行重调度的扰动时,车间即进行在线调度。如图 7-13 所示,首先,实时采集制造系统生产状态数据;之后,对于当前的生产状态,遍历所有调度规则,将"生产状态+调度规则"输入模型中,分别运用在第 7.3.2 小节离线训练好的 LSTM 模型($M_1, M_2, \cdots, M_n$)算出综合性能($S_1, S, \cdots, S_n$);最终,综合性能最高的调度规则即为在当前系统状态下表现最佳的调度规则 d',以此作为在线重调度最终输出的调度规则反馈给制造系统执行,则可达到实时工况下最优的适应性效果。

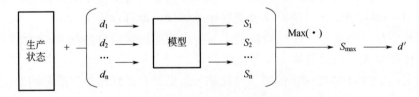

图 7-13　调度规则综合性能择优策略

7.4
增强学习能力的重调度方法

前一节讨论的数据驱动的重调度方法利用的是传统机器学习思想,即从已有的生产数据样本中，挖掘体现生产状态与近似最优调度策略之间映射关系的调度知识，其本质上属于离线学习，依赖于历史数据样本，且训练得到的调度知识在应用后无法进行在线学习或更新。然而，实际生产过程中存在着各种不确定性因素，若产生训练样本范围外的新的生产状态，调度知识也会面临失效的风险，因此，在生产过程中需要进行在线学习，不断更新调度知识。

区别于传统的机器学习依赖标签样本离线挖掘调度知识，强化学习（reinforcement learning，简称 RL）不需要提前获取离线数据，它的思想是智能体（agent）在与环境互动过程中通过不断试错来进行学习，以期获得最大回报奖励。如图 7-14 所示，在每一个决策点，agent 感知环境当前时刻的状态，并选择策略输出相应的动作；环境接收并执行动作，在下一时刻进入一个新的状态，反馈给 agent 一个即时奖励，评估此次的动作，至此完成 agent 与环境的一次交互。RL 的目标就是 agent 通过与环境的不断交互来学习一个使累积奖励最大化的最优策略。

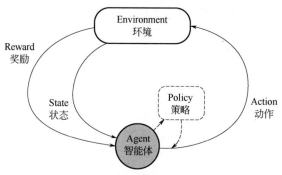

图 7-14 RL 的基本思想

RL 应用于生产调度领域将极大地增强生产系统学习在线知识的能力，提高系统的适应性。Zhang 等[25]最早将 RL 用于解决生产调度问题，于 1995 年提出采用 RL 中的策略梯度算法来学习作业车间调度的领域启发式知识的思路。RL 侧重于学习解决问题的策略，然而，传统 RL 存在很多局限性，它依赖于手动提取特征，难以处理高维状态空间下的问题。近年来，将深度学习与 RL 相结合，融合深度学习的高维感知能力和 RL 的决策能力，成为解决复杂状态下大规模决策问题的一个思路[26]。最具代表性的成果是谷歌的人工智能研究团队 DeepMind 创造性地将 DL 与 RL 结合，提出深度强化学习（deep reinforcement learning，简称 DRL），并在视频游戏和机器博弈领域取得了丰硕的成果[27-29]。之后，DRL 还被应用于机器人控制[30, 31]、语言翻译[32]、自动驾驶[33, 34]等领域，展现出了强大的学习能力和决策能力。近年来，也有部分学者将 DRL 用于解决动态生产调度问题，然而，DRL 在生产调度问题中的应用研究整体还处于初步阶段。本节后续内容将

第 7 章 适应性的重调度方法 153

介绍两种基于 DRL 的重调度方法研究成果。

7.4.1 基于 DRL 的重调度问题描述

（1）DRL 方法简介

① RL

RL 中智能体与环境的交互过程可描述为马尔可夫决策过程（markov decision process，简称 MDP），用五元组表示 $M = \langle S, A, P, \gamma, R \rangle$。

a. S 表示状态空间，$s_t \in S$，表示 agent 在时刻 t 所处的状态。

b. A 表示动作空间，$a_t \in A$ 表示 agent 在时刻 t 所采取的动作。

c. P：$S \times A \times S \rightarrow [0, 1]$ 表示状态转移概率分布，$s_{t+1} \sim P(s_t, a_t)$ 表示在状态 s_t 下采取动作 a_t 之后，下一时刻状态转移到 s_{t+1} 的概率。

d. γ 为折扣因子，$\gamma \in [0, 1]$。

e. R：$S \times A \rightarrow R$ 为奖励函数，$R(s_t, a_t)$ 表示在状态 s_t 下采取动作 a_t，所获得的即时奖励。

RL agent 的策略可表示为 π：$S \rightarrow A$，是状态空间到动作空间的映射。智能体的目标是学习一个最优策略，使未来的累积奖励值最大，因此，可以用未来累积奖励值的大小来衡量当前状态或状态-动作对的好坏，某时刻 t 开始到 T 时刻情节（episode）结束，未来折扣累积奖励如式（7-18）所示：

$$R_t = r_{t+1} + \gamma r_{t+2} + \gamma^2 r_{t+3} + \cdots + \gamma^{T-1} r_T = \sum_{t=1}^{T} \gamma^{t-1} r_t \tag{7-18}$$

将制造领域中的生产调度问题映射到 RL 中，可归纳二者的概念对应关系，如表 7-1 所示。RL 中的环境相当于制造系统；RL 中的策略相当于调度知识，其输入状态为生产状态，输出的动作为调度策略；RL 的 agent 根据策略与环境进行交互，生产系统中的调度器进行优化决策的核心是调度知识，也具备与环境交互和学习的能力。为与本章符号统一，下面的动作对应生产调度中的调度策略，故将动作均改写为 d，动作空间写为 D。

表 7-1 RL 与生产调度术语对应关系

RL 中	策略	环境	状态	动作	奖励	智能体
生产调度中	调度知识	制造系统	生产状态	调度策略	优化目标	调度器

② DRL

DRL 的基本思想是以深度神经网络（deep Neural networks，简称 DNN）作为智能体，使之具备高维状态空间的感知能力和高维决策能力，克服传统 RL 的学习速率慢、需人工提取状态特征、无法应对高维空间等局限[34]。应用较为广泛的 DRL 算法有深度 Q 学习网络（deep Q-learning network，简称 DQN）[35]和异步优势行动者评论家算法（asynchronous advantage actor-critic，简称 A3C）[36]等，前者是经典的基于值函数的 RL，A3C 算法则是值函数的方法和基于策略梯度的方法相结合的一种算法。

（2）基于 DRL 的重调度方法框架

基于 DRL 的重调度的思想是，调度过程开始前，预先选择代表 agent 的网络，设计状态空间、动作空间、奖励函数，进入实际生产过程后，通过与环境的交互，在线学习更新网络参数，进而将更新后的策略反馈给物理空间，如图 7-15 所示。该方法同样分为信息空间和物理空间两个维度，物理空间即实际的智能车间，信息空间中主要完成 agent 训练和应用两个阶段，训练阶段又包含智能车间仿真模块和训练模块两个部分。

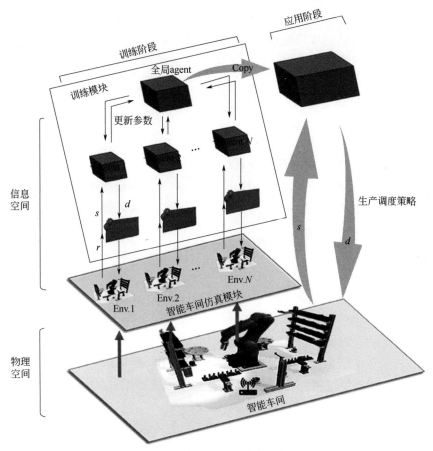

图 7-15 基于 DRL 的重调度方法框架

智能车间仿真模块有 N 个子系统仿真模型，提供与子 agent 交互的环境。这些仿真模型采用离散时间仿真方法构建，除了反映基本的制造系统生产逻辑外，还要按照一定频率请求和执行子 agent 的输出动作，并实时反馈生产状态和性能指标数据，具备与子 agent 实时交互的能力。

训练模块是训练阶段的关键部分，包括一个全局 agent 和 N 个子 agent。训练时，各子 agent 与相对应的车间仿真环境进行交互，异步地更新全局 agent 网络的参数。另外，每个子 agent 的交互以线程的形式实现，N 个线程之间互不干扰，独立运行。

应用阶段是将 agent 训练得到的调度知识在线应用于智能车间实时调度。以实时采集获得的车间状态数据为驱动，形成适应性生产调度策略，并输出以指导物理空间的运行。

在上述过程中，状态空间 S、动作空间 D、奖励函数 R 的设计尤为重要。状态 s_t 是智能体感知环境的唯一输入，相当于智能体的视野，它能否反映环境真实状态变化的特征，直接关系到智能体与环境的交互是否有效；动作 d_t 则包含了调度系统应选择怎样的调度策略；奖励值 r_t 的设计则直接关系到策略能否朝着理想性能方向迭代以及收敛的速度。

7.4.2 基于 DQN 的重调度方法

（1）Q-learning 简介

Q-learning 是 RL 算法中基于值函数的算法。Q 即为 $Q(s_t, d_t)$，就是在某一时刻 t 的状态 S_t（$s_t \in S$）下，采取动作 d_t（$d_t \in D$）能够获得收益的期望，环境会根据该动作反馈相应的回报 r_t，即为 Q 值。该算法的主要思想是将"状态"与"动作"构建成一张 Q 表（Q-table）来存储 Q 值，然后根据 Q 值来选取能够获得最大的收益的动作，并不断进行迭代直至决策结束。

（2）DQN 简介

Q-learning 使用表格来存储每一个状态 s_t，以及在这个 s_t 下每个行为 d_t 所拥有的 Q 值，而当今的调度问题十分复杂，状态繁多，如果全部用表格来存储状态，会受到计算能力的限制，而且每次在庞大的表格中搜索对应的状态也较为耗时。但是如果将所有的状态替换成函数去逼近，即利用神经网络的方法，将状态和动作作为输入，然后经过神经网络分析计算后得到相应动作的 Q 值，则可以省去列举庞大的 Q 表，而是直接使用神经网络生成 Q 值。

使用神经网络来近似值函数，将深度学习与 Q-learning 结合的方法即为 DQN，这里的神经网络使用 DNN。神经网络接收外部的信息，然后输出每种动作的奖励值,最后通过 RL 的方式选择动作。

DQN 神经网络的输入是状态 s_t,输出是 $Q(s_t,d_t)$。通过神经网络计算出 Q 值后,DQN 使用 ε-greedy 策略来输出 action。具体过程为:首先从环境中得到一个状态,智能体根据值函数网络得到关于这个状态 s_t 的所有可能的 Q 值。然后利用 ε-greedy 选择 action 并做出决策,环境接收到此 action 后会给出一个 reward 及下一个状态。接着进入下一个迭代步骤。如此循环下去,直到训练出一个较优的值函数网络。

DQN 中采用的 ε-greedy 与每次只选择对应值函数最大的动作的 greedy 策略不同,ε-greedy 还考虑到了兼具探索与利用,它以 ε 概率从所有的 action 中随机抽取一个 action,以 $1-\varepsilon$ 的概率抽取对应值函数最大的动作,避免了过早陷入局部最优解。

(3) 基于 DQN 的自适应重调度方法

基于 DQN 的自适应重调度方法框架仍沿用图 7-16 所示的结构,只是对其中训练模块的 agent 都改用 DNN 实现,以下是结合一个半导体制造车间对象,采取的具体设置方式。

① 状态空间、动作空间、奖励函数设计

a. 状态空间:由 7 个车间状态组合而成,分别为产品投入生产的数量、产品的 WIP 数量、完成前 1/3 流程的产品的数量、完成前 2/3 流程的产品的数量、完成所有流程的产品的数量、完成所有流程的产品的比例、缓冲区队列的长度。

b. 动作空间:对于 agent 采用的动作,即调度策略 d_t,采用组合式调度规则,例如组合三种调度规则,制造周期方差最小规则(FSVCT)、SRPT 和 CR,形成复合调度策略,各调度规则的权重设为

$$d_t = (x_1, x_2, x_3), \sum_{i=1}^{3} x_i = 1 \quad (7\text{-}19)$$

其中,对应规则 i 的权重表示为 x_i。

c. 奖励函数:考察生产系统的三个性能指标,日平均移动步数、日平均生产率、设备整体效率。

② DNN 训练机制

用于重调度的 DNN 更新策略如图 7-16 所示。DNN 的输入是生产状态 s_t,输出是调度策略 d_t,将此调度策略 d_t 应用于智能车间后,获得下一个生产状态 s_{t+1} 以及调度策略对应的奖励值 r_t。将本次的 (s_t, d_t, r_t, s_{t+1}) 作为调度经验样本放入调度样本集中,用于更新 DNN 中的参数,使其输出(即调度策略)更优。

为了提高 DNN 网络训练收敛的效率和稳定性,可建立一个对偶 DNN 作为子 agent,该神经网络用于储存历史参数,通过更新后的网络与更新前的网络对比实现评估和校正目标神经深度网络的参数更新。基于双网络的模型在线学习的过程如图 7-17 所示。此外,还可设置一个调度经验池,用于存储调度经验样本。通过

从池中随机抽取一小批经验样本用于训练，实现两个网络参数的更新。

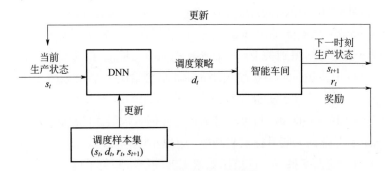

图 7-16　DNN 参数更新策略

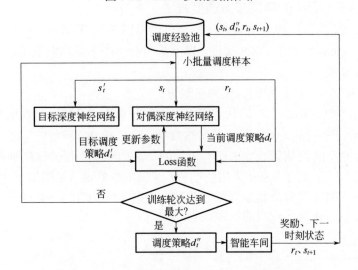

图 7-17　基于双网络的模型在线学习的实现过程

7.4.3　基于改进异步优势行动者评论家算法的重调度方法

（1）A3C 算法简介

传统策略梯度方法与神经网络结合时会出现难以收敛的情况，为了解决这个问题，Mnih 等[37]提出 A3C 算法，该算法基于 Actor-Critic 算法框架，根据异步强化学习（asynchronous reinforcement learning）的思想，使用异步的梯度下降法来优化网络参数。与 DQN 相比，它不需要如图 7-18 中的调度样本集来存储历史样本，与此同时，它采用多个训练环境采集样本，会使样本分布更为均匀，有利于神经网络的训练[38]。

以下仍以半导体制造车间为对象介绍基于 A3C 的自适应重调度方法，并假设在调度过程中有订单信息、设备故障等扰动出现。

（2）基于 A3C 的自适应重调度方法

① 状态空间、动作空间、奖励函数设计

a. 状态空间设计。在第 7.4.2 小节"（3）基于 DQN 的自适应重调度方法"中状态空间设计基础上，设计融合实时生产数据和生产状态属性信息的状态表，可以全面描述系统的状态以及工件和设备的状态，更加具有适应性。该状态表由三部分构成：设备相关的状态、订单相关的状态和工件相关的状态，每台设备、每个订单以及每个工件所采集的状态信息，即状态表的列，如表 7-2 所示。

表 7-2 状态信息表

类别	状态信息	类别	状态信息	类别	状态信息
设备相关	状态信息加工区 ID	订单相关	产品类型 ID	工件相关	产品类型 ID
	加工状态（加工/空闲）		订单数量		在线时长
	故障状态（正常/故障/维修）		交货期		当前加工步骤
	加工工件类型 ID		已投产数量		当前加工步骤的等待时间
	加工工件数量		已投产比例		交货期
	排队队长		已完工数量		剩余加工时间
			已完工比例		总等待时间

b. 动作空间的设计。采用组合式调度规则作为调度策略，同第 7.4.2 小节。

c. 奖励函数设计。为了保证紧急订单到来情况下的各项性能指标，确保紧急订单的准时交货率，可在反映固定性能指标的基础上添加带扰动的奖励函数，根据是否有紧急订单而调整计算方式。

② A3C 算法的训练机制

A3C 算法 agent 的参数更新机制与基于 DQN 算法中的 DNN 参数更新机制类同，但是 A3C 算法 agent 的神经网络训练采用异步训练的方式，它包含一个 Actor 网络和一个 Critic 网络，Actor 网络的输入是状态，输出是动作，Critic 网络的输入也是状态，输出则是状态评价值。A3C 算法本质上是将 Actor-Critic 放到多个线程中同步训练，唯一不同点在于主网络不需要进行训练，仅用于存储 AC

结构的参数。为了降低训练难度，一般采用 Actor 网络和 Critic 网络共享部分网络结构和参数的方式。本部分设计了基于卷积神经网络的 Actor-Critic 网络，构造如图 7-18 所示，该网络包含 4 个卷积层（C1-C4），两个全连接层（FC1 和 FC2），输出层分为动作输出和状态价值输出。

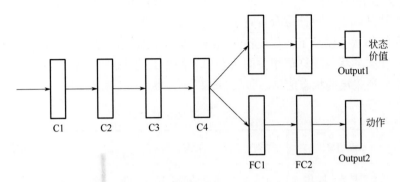

图 7-18 基于卷积神经网络的 Actor-Critic 网络图

DQN 等基于值函数的方法一般适用于寻找确定性的最优策略，然而，在本小节研究的订单信息、设备状态信息不断改变的 MiniFab 对象中，最优策略是不断进行更新的，通过实验表明，A3C 算法更加适合这样的情境，并且 A3C 算法可以实现连续变化的参数值寻优，这是基于值函数的方法做不到的。

参考文献

[1] Katragjini K, Vallada E, Ruiz R. Flow shop rescheduling under different types of disruption [J]. International Journal of Production Research, 2013, 51（3）: 780-797.

[2] 阎长罡, 朱子勇, 汤武初. Job Shop 调度中重调度问题研究 [J]. 机械制造, 2005, 43（10）: 51-54.

[3] 吴正佳, 何海洋, 黄灿超, 等. 带机器故障的柔性作业车间动态调度 [J]. 机械设计与研究, 2015, 31（3）: 94-98.

[4] 何伟. 机器故障下柔性 JobShop 调度研究 [D]. 重庆: 重庆大学, 2012.

[5] He W, Sun D H. Scheduling flexible job shop problem subject to machine break-down with route changing and right-shift strategies [J]. The International Journal of Advanced Manufacturing Technology, 2013, 66（1/2/3/4）: 501-514.

[6] Church L K, Uzsoy R. Analysis of periodic and event-driven rescheduling policies in dynamic shops [J]. International Journal of Computer Integrated Manufacturing,

1992,5(3):153-163.

[7] 李玉庆,徐敏强,王日新. 面向航天器观测规划的改进混合重调度策略研究[J]. 宇航学报,2009,30(4):1639-1646.

[8] 乔非,李莉,王遵彤,等. 面向半导体生产的改进的混合重调度策略研究[J]. 计算机集成制造系统,2007,13(3):558-562.

[9] 刘乐,周泓. 一种常见干扰条件下的开放式车间重调度研究[J]. 管理科学学报,2014,17(6):28-48.

[10] 丁雷,王爱民,宁汝新. 工时不确定条件下的车间作业调度技术[J]. 计算机集成制造系统,2010,16(1):98-108.

[11] 钱晓龙,唐立新,刘文新. 动态调度的研究方法综述[J]. 控制与决策,2001(02):141-145.

[12] 余建洪,李峰,朱晓丽. ROC曲线评价NLR、PLR、CEA、NSE对肺癌的诊断价值[J]. 中国实验诊断学,2016,20(11):1863-1865.

[13] Cheng S H, Liu J, Li L H. Study on anomaly water quality assessment factor based on fish movement behavior [J]. Chinese Journal of Scientific Instrument, 2015, 36(8): 1759-1766.

[14] 赵晓华,许士丽,荣建,等. 基于ROC曲线的驾驶疲劳脑电样本熵判定阈值研究[J]. 西南交通大学学报,2013,48(1):178-183.

[15] Laeven L, Valencia F. Systemic banking crises database [J]. IMF Economic Review, 2013, 61(2): 225-270.

[16] 刘明周,单晖,蒋增强,等. 不确定条件下车间动态重调度优化方法[J]. 机械工程学报,2009,45(10):137-142.

[17] Pan E S, Liao W Z, Zhuo M L. Periodic Preventive Maintenance Policy with Infinite Time and Limit of Reliability Based on Health Index [J]. Journal of Shanghai Jiaotong University (Science), 2010, 15(2): 231-235.

[18] 彭宇,刘大同,彭喜元. 故障预测与健康管理技术综述[J]. 电子测量与仪器学报,2010,24(1):1-9.

[19] 彭宇,刘大同. 数据驱动故障预测和健康管理综述[J]. 仪器仪表学报,2014,35(3):481-495.

[20] Sun W, Qu J, Yuan T, et al. Flight data novelty detection method based on improved SVDD[J]. Chinese Journal of Scientific Instrument, 2014, 35(4): 932-939.

[21] Jin W J. A comparative study of fault detection and health assessment techniques for motion control mechanism [D]. Cincinnati, OH, USA: University of Cincinnati, 2014.

[22] Deng Y F, Jin X, Zhong Y X. Ensemble SVR for prediction of time series [C] // Proceedings of International Conference

on Machine Learning and Cybernetics. Guang Zhou, China: IEEE, 2005: 3528-3534.

[23] Chen P H, Lin C J, Schölkopf B. A tutorial on v-support vector machines[J]. Applied Stochastic Models in Business & Industry, 2005, 21(2): 111-136.

[24] 杨丽, 吴雨茜, 王俊丽, 等. 循环神经网络研究综述[J]. 计算机应用, 2018, 38(S2): 1-6, 26.

[25] Zhang W, Dietterich T G. A reinforcement learning approach to job-shop scheduling [C] // Proceedings of the 14th International Joint Conference on Artificial Intelligence, 1995, 2: 1114-1120.

[26] 赵星宇, 丁世飞. 深度强化学习研究综述[J]. 计算机科学, 2018, 45(7): 1-6.

[27] Silver D, Huang A, Maddison C J, et al. Mastering the game of go with deep neural networks and tree search [J]. Nature, 2016, 529(7587): 484-489.

[28] Silver D, Schrittwieser J, Simonyan K, et al. Mastering the game of go without human knowledge [J]. Nature, 2017, 550(7676): 354-359.

[29] Mnih V, Kavukcuoglu K, Silver D, et al. Human-level control through deep reinforcement learning [J]. Nature, 2015, 518(7540): 529-533.

[30] Xiong H, Ma T, Zhang L, et al. Comparison of end-to-end and hybrid deep reinforcement learning strategies for controlling cable-driven parallel robots [J]. Neurocomputing, 2020, 377: 73-84.

[31] Levine S, Pastor P, Krizhevsky A, et al. Learning hand-eye coordination for robotic grasping with deep learning and large-scale data collection [J]. The International journal of robotics research, 2018, 37(4/5): 421-436.

[32] Satija H, Pineau J. Simultaneous machine translation using deep reinforcement learning [C] // Proceedings of the Workshops of International Conference on Machine Learning. New York, USA, 2016: 110-119.

[33] Sallab A E L, Abdou M, Perot E, et al. Deep reinforcement learning framework for autonomous driving [J]. Electronic Imaging. 2017, 2017(19): 70-76.

[34] Kiran B R, Sobh I, Talpaert V, et al. Deep Reinforcement Learning for Autonomous Driving: A Survey[J]. IEEE Transactions on Intelligent Transportation Systems, 2022, 23(6): 4909-4926.

[35] 孙彧, 曹雷, 陈希亮, 等. 多智能体深度强化学习研究综述[J]. 计算机工程与应用,

2020, 56(5): 13-24.

[36] Volodymyr M, Koray K, David S, et al. Human-level control through deep reinforcement learning [J]. Nature, 2015, 518(7540): 529-533.

[37] Mnih V, Badia A, Mirza M, et al. Asynchronous methods for deep reinforcement learning [C] // Proceedings of the 33rd International Conference on Machine Learning. New York, USA, 2016, 48: 1928-1937.

[38] 唐振韬, 邵坤, 赵冬斌, 等. 深度强化学习进展: 从 AlphaGo 到 AlphaGo Zero [J]. 控制理论与应用, 2017, 34(12): 1529-1546.

第 8 章
适应性调度闭环优化方法

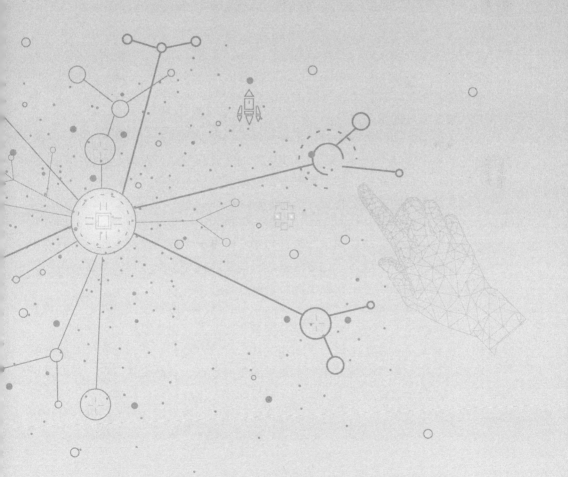

数据驱动的智能车间生产调度，通过机器学习从历史调度数据中挖掘智能车间动态调度模型，即调度知识，从而指导车间调度。但学习到的调度知识具有场景相关性，在不确定环境下，因概念漂移用于调度决策的调度知识易失效。如何保持所用调度知识对智能车间的适用性，对车间运行至关重要。本章将从调度知识的角度展开对适应性调度闭环优化方法的研究。首先介绍调度知识及其相关概念，提出一种调度知识管理体系与方法。在此基础上，围绕调度知识管理的核心部分，即调度知识的评价与更新，提出多种解决方案。

8.1 调度知识

8.1.1 调度知识概念

知识是人们在劳动等认知活动中逐渐产生的能够被交流和共享的认知与经验，是人类在生产实践过程中对信息进行感知、重组、加工、分析以及诠释而形成的能够反映客观现实规律的东西[1]。而随着信息技术的飞速发展，知识已然成为企业维持甚至扩大其竞争优势的关键因素，实现知识的有效管理是进一步实现企业长久繁荣发展的重要条件。

在制造业中，调度过程的有序执行离不开调度知识的流动，将知识管理融入到制造业的生产计划与调度中，即是将生产调度过程与知识流动过程相结合，在调度过程中实现调度知识的转化和融合，从而有效地实现调度优化。

依据智能车间生产调度特点，将调度知识分为显性知识与隐性知识，如图 8-1 所示。其中，显性知识包括产品工艺约束等环境知识、文献中的调度规则等方法知识以及来源于专家的经验知识；隐性知识则来源于大量的智能车间生产调度相关数据，如包含有生产状态、调度策略信息的能够描述车间运行的数据，可利用适当的数据挖掘方法，从中挖掘出满足调度目标的调度知识。

在智能车间调度问题中，显性知识的主要载体为制造系统模型、书本以及专家。对于给定的工业过程，生产工艺等变量之间的关联也是显性的，例如生产工艺流程信息和系统设备加工能力之间的关联，可以直接获取并指导智能车间的派工。而隐性知识的载体为智能车间中累积的生产数据，不能直接获取，需要采用数据挖掘方法将蕴含在数据中的隐性知识显性化。生产数据挖掘就是从不同的角度对车间系统中与调度过程、环境及其变化等相关的数据进行分析，并将分析结果凝练为可以直接利用的显性知识的过程。换言之，生产数据挖掘就是获取蕴藏在大量调度相关数据中的潜在调度知识的过程[2]。

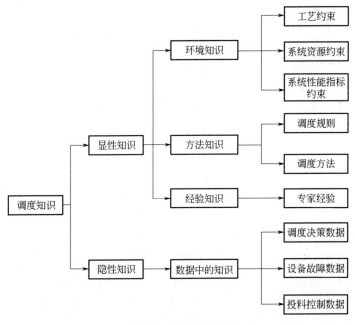

图 8-1 调度知识分类

智能车间的构建为获取和存储车间运行过程中的生产数据提供了极大的便利。采用有效的方法分析累积的生产调度数据，并进一步挖掘指导生产的调度知识，是解决智能车间适应性调度问题的重要前提。在调度知识生成和应用之前，调度知识显性化的表达是接下来要讨论的一个关键问题。

8.1.2 调度知识的表达

无论是从生产数据中获取调度知识，还是将调度知识应用于智能车间，规范显性化调度知识的表达形式是一个重要前提。本书所涉及的调度知识可用式（8-1）三元组表示：

$$K = \{f(S,D) \mid opt(P)\} \tag{8-1}$$

其中，$S = \{X_1,\cdots,X_n\}$ 表示车间的生产状态；$D = \{d_1,\cdots d_n\}$ 表示调度策略；P 表示需要优化的生产性能。上述调度知识表示在既定的调度目标 $opt(P)$ 下，生产状态 S 与调度策略 D 的匹配关系 $f(S,D)$，该调度知识可以指导智能车间中调度策略的制定。其中，调度策略 D 的形式一般有以下两种：①调度策略是含参数表达的调度算法，即需选择合适的参数；②调度策略是从一组候选的调度规则中动态选择一个合适的调度规则。

（1）含参数表达的调度算法

使用具有参数的调度算法解决调度问题时，可通过适当调节调度算法中的参数，来实现对不同调度目标或生产环境的适应。因此，调度知识可表示为生产状态到调度算法中关键参数的映射。在实际应用过程中，基于所获取的调度知识，可适时调整调度算法中的参数，来适应车间生产状态的变化，如式（8-2）所示。

$$K = \{f(S,D)|opt(P), \quad D = f(\alpha,\beta,\gamma\cdots)\} \tag{8-2}$$

其中，调度策略 D 是参数 $\alpha,\beta,\gamma,\cdots$ 的一组设置，不同的参数设置方案即表示不同的调度策略。因此，可利用回归算法训练出生产状态与调度参数间的回归模型，获得调度知识。

（2）动态选择的调度规则

启发式调度规则就是常用的调度规则，它根据工件的属性值（如在设备缓冲区中的等待时间、剩余净加工时间等）对待加工工件的加工优先级进行计算评估，进而再依据优先级得到工件的加工次序。常见的启发式调度规则有 CR、LS、SRPT 等[3]，本书第 5.2.1 节对常见调度规则有更详细的阐述。基于启发式调度规则解决生产调度问题，算法复杂度低且易于实现。在实际数据驱动的生产调度应用中，对调度数据进行挖掘可获取生产状态到调度规则间的映射关系（调度知识），依据调度知识，可得到适应当前生产状态的最优调度规则，其数学表达式如式（8-3）所示。

$$K = \{f(S,D)|opt(P), D \in \{\text{Rule1}, \text{Rule2}, \cdots\}\} \tag{8-3}$$

其中，调度策略 D 是从一组候选的调度规则 $\{\text{Rule1}, \text{Rule2}, \cdots\}$ 中动态选择一个合适的调度规则，因此，可采用分类算法对车间调度样本数据集进行分析，获取调度知识。

8.2 调度知识管理

8.2.1 调度知识管理概述

知识管理是一种对知识进行有效管理、促进知识创新的手段，是将知识转化成创造力的重要过程[4]。在智能车间中对调度知识进行管理,即是将知识与生产调度流程结合起来,利用生产数据资源和信息技术方法对知识进行有效的获取、加工、应用和更新,借助有效工具将一些隐性知识显性化,并在应用过程中实现调度知识更新,使现有调度知识得到有效的管理,进而实现智能车间生产调度优化。

在智能车间中,隐性调度知识是生产调度过程的衍生产品。对其进行全生命周期管理,如图 8-2 所示,即实现调度知识在生成、应用、评估和更新等阶段的螺旋式递进,保证调度知识的持续有效性。

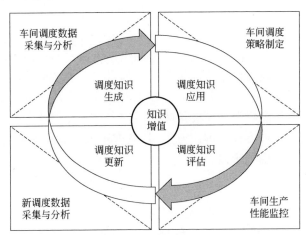

图 8-2 调度知识管理

结合调度过程进行调度知识管理大致可分为四个阶段:

阶段 1:调度知识生成。

在智能车间运行过程中,采集相关生产调度数据,进行分析处理和知识发现(数据挖掘)。

阶段 2:调度知识应用。

在智能车间的调度周期中,应用阶段 1 得到的调度知识,依据车间实时生产状态提供适合的调度策略,指导车间生产的有效决策。

阶段 3:调度知识评估。

在智能车间生产运行过程中,对其运行状态及生产性能进行监控以评估调度知识的有效性。

阶段 4:调度知识更新。

当阶段 3 判定调度知识失效时,采集智能车间的实时调度数据用于调度知识的更新。

依据上述环节对智能车间调度知识进行管理,在调度知识生成之后,重复上述阶段 2、3、4，可以实现调度知识的持续更新，并以此保证车间生产的闭环优化。

8.2.2 调度知识生成

智能车间调度知识的生成是智能车间调度知识管理的基础。知识生成是指从数据中挖掘出知识、从信息中提取知识、从知识库中查询出待使用的知识。依据第 8.1.2 节所述调度知识表达规范，调度知识生成问题定义如下：

为满足智能车间的生产目标，需要生成有效的调度知识 $K = \{f(S, D) | opt(P)\}$（$S = \{X_1, \cdots, X_n\}$ 表示车间的生产状态，$D = \{d_1, \cdots, d_n\}$ 表示调度策略，$opt(P)$ 表示调度目标为性能 P 最优化），以指导车间的生产调度。所生成的调度知识可以在既定生产目标下，准确地根据当前生产状态提供有效的调度策略。

现有的理论知识、专家经验等显性知识无法满足上述需求，而积累的大量调度数据中则蕴含着生产状态与调度策略之间的关联规律。从生产调度数据中挖掘出隐性调度知识是一种可行的解决方案，其调度知识生成流程主要包括数据采集、数据预处理、数据挖掘等阶段。

（1）数据采集

为了获取上述调度知识，需要相应的优化调度样本。为获取优化样本，针对调度策略是从一组候选调度规则中选择一个合适的调度规则的情况，可以借助于仿真模型，遍历所有候选的调度规则，然后根据调度目标对所获得的性能指标进行评估，选取最佳的样本。特别地，针对调度策略是含参数表达的调度算法的情况，文献[5]基于车间的仿真模型，应用试验设计方法和满意度函数法对调度参数进行优化，获取生产状态 S 下令生产性能 P 最优的调度策略 D，即获取样本 $\{S_i, D_i, P_i | S_i \in R^m, D_i \in R^h, P_i \in R^k, i = 1, 2, \cdots, N\}$。上述方法需要依据试验设计，基于仿真模型遍历十几种可能的调度策略，再拟合出该生产性能与调度策略参数的相应关系。这些方法能够有效地获取优化样本。不足之处是步骤烦琐且耗时较长，在有限的时间内，能够获取的优化样本数量较少。

（2）数据预处理

小样本数据由于其样本规模较小，通常不能较好地描述车间生产过程的完整信息，可获得的调度知识也极为有限，因此有必要对数据进行有效扩充，以保证所获调度知识的可靠性与有效性。常见的小样本扩充方法有：基于现有样本，使用随机再抽样方法大量扩充样本的 Bootstrap 技术[6]；利用已有小样本建立随机变量的非参数化高斯核密度，基于拉丁超立方采样技术对所得的核密度进行采样，以获取新增样本的核密度估计法[7-8]；使用生成式对抗网络（generative adversarial networks，简称 GAN）实现样本的扩充等。

(3) 数据挖掘

关于调度数据挖掘方法的研究十分广泛，描述统计法和机器学习等技术都可以用来挖掘调度样本数据集中的知识。如 Gradišar 等[9]基于现有生产调度数据构建了 Petri 网模型，并验证了该模型的有效性；Koonce 等[10]采用数据挖掘方法，开发了一种基于遗传算法的调度规则选择机制。本书采用 K-NN 和 SVR 方法分别对两种不同形式的调度知识进行了挖掘，具体细节请参阅第 6 章。

8.2.3　调度知识评估与更新

在调度知识管理中，调度知识生成环节为离线环节，调度知识的应用为在线环节。调度知识生成环节获取的调度知识可用于有效地指导车间调度，并实现车间生产性能优化的调度目标。但随着时间的推移，车间生产状态出现波动，可能会出现与挖掘知识所用样本相差很大的情况，即基于离线生产调度数据获取的调度知识可能会失效，依赖其生成的调度策略可靠性会降低，车间生产性能会面临下降的风险。因此，为确保调度知识的持续有效性，需要对在用的调度知识进行评估，并以行之有效的更新手段提高调度知识对动态车间生产状态的适应性，从而实现车间生产性能的持续优化。

调度知识评估根据其判定依据大致分为两类。一类是如控制图、马氏距离等监控车间的生产性能变化的方法，它根据实际生产性能与期望的生产性能的对比，来判定调度知识的可靠性，这种方法易于理解，但在调度知识更新决策上会有一定的滞后性[11-12]，第 8.3.1 节中提出的基于质量控制的调度评估方法即是这类方法；另一类是基于车间生产状态变化的智能车间调度知识自适应判定，即对智能车间的实时生产状态数据进行监控并与历史调度数据进行对比，当出现新的工况即历史生产数据中未包含的生产状态时，即判定调度知识需要更新，第 8.3.2 节中提出的基于生产状态变化的调度知识在线评估就是这一类方法。

调度知识的更新通常也可分为两类：一类是完全更新，即当发现调度知识失效时，重新采集数据样本训练生成调度知识，这类方法实现简单，但时间、计算成本代价太大；另一类利用增量学习更新现有的调度知识。增量学习是指一个学习系统能不断地从新样本中学习新的知识，并能保存大部分以前已经学习到的知识，相对重新学习而言，学习代价将大大降低。在本书第 8.4 节中介绍增量式调度知识更新方法，即依据新样本进行在线学习，调整当前调度模型，实现调度知识的更新，提高调度知识的可靠性。

8.3

调度知识在线评估

8.3.1 基于质量控制的调度知识评估方法

(1) 调度满意度

在数据驱动的智能车间动态调度中,良好的调度依赖于有效的调度知识。基于历史数据学习得到的调度知识具有场景关联性或者时效性,随着智能车间的运作,诸如产品、资源或工艺等生产场景都会发生变化,先前从数据中学习到的调度知识可能会因不适用于当前车间环境而失效,因此需要适时对调度知识进行更新。调度知识更新的前提是对调度知识的在线评估,即通过动态监测调度知识的应用质量,对调度知识的有效性加以评估。

数据驱动的车间调度过程可以与产品的加工过程相类比,调度知识对应于加工产品的机床,应用调度知识获得的车间生产性能可对应于产品的实际尺寸,而车间期望生产性能对应于产品的名义尺寸,如图 8-3 所示。因此,可以将车间生产性能作为关键质量特性值,来监测数据驱动的调度过程的满意度。由于车间生产性能不是一个恒定值,其会随着在制品数、产品混合比等变动而变动,难以实时判断调度结果是否满意。为了解决此问题,在分析调度知识产生的生产性能时,引入性能预测模型,将性能预测模型产生的预测性能作为期望生产性能。将实际性能与期望性能的百分比定义为调度满意度 λ [如式(8-4)所示]。

$$\lambda = \frac{P}{P'} \times 100\% \tag{8-4}$$

其中,P 为实际调度结果;P' 为期望调度结果。λ 越接近于 1,调度满意度越高,也意味着调度知识越适用于当前车间生产场景。通过分析调度满意度来监测调度质量,可以找出异常趋势,进而将其作为更新调度知识的依据。

(2) 调度满意度控制图

统计过程控制(statistical process control,简称 SPC)是质量控制中常用的一项技术,是指应用统计分析方法实时监控生产过程,检测出生产过程的异常趋势并做出预警,使管理人员能及时采取措施,消除异常,恢复生产过程的稳定运行[13]。控制图是 SPC 中的一个有效方法,它通过测量、记录和评估生产过程中的关键质量特性值,监测生产过程是否处于受控状态,即生产过程中是否只有非偶然性因素在起作用影响产品质量,若只有非偶然性因素起作用即为受控状态,若存在偶然性因素起作用,可以说生产过程处在失控状态[14]。图 8-4 所示为控制图的结构,图上有三条水平的直线:中心线(central line,简称 CL)、上控制限(upper control limit,简称 UCL)和下控制限(lower control limit,简称 LCL),并有按时间顺序抽取的样本统计量数值的描点序列。UCL、CL、LCL 统称为控制界限(control limit),通常控制界限设定在±3 标准差的位置。中心线是所控制的统计量的平均值,上下控制界限与中心线的间距为数倍标准差。若控制图中的描点落在 UCL 与 LCL 之外或描点在 UCL 和 LCL 之间的排列不随机,则表明过程异常。

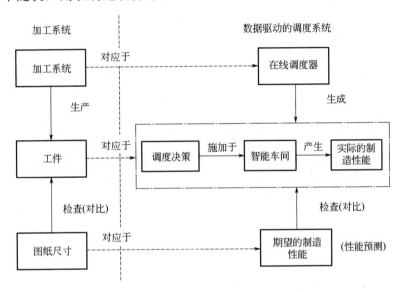

图 8-3 加工系统与数据驱动的调度系统对照图

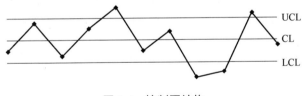

图 8-4 控制图结构

根据上一节的分析,可以把制造系统质量管理中的控制图借用于评价动态调度中的调度质量,绘制调度满意度控制图,以评估调度知识的应用效果。这里,采用控制图分析调度满意度 λ,判断当前智能车间调度质量的优劣,进而确定调度知识是否有效。

调度满意度控制图的绘制过程可参考文献[14],描述为:采集 n 个样本组,每组样本的容量为 k,计算每个样本组调度满意度值的平均值 X_i 与极差 R_i(样

第 8 章 适应性调度闭环优化方法 173

本组中最大值与最小值之差），在此基础上计算所有样本组平均值的均值 $\overline{X}$，以及样本组平均极差 $\overline{R}$。控制图中心线是样本组平均值的均值 $\overline{X}$，计算公式为式（8-5）。上下控制界限 $\text{UCL}_{\overline{X}}$、$\text{LCL}_{\overline{X}}$ 与中心线的距离计算公式分别为式（8-6）和式（8-7）。

中心线：

$$\overline{X} = \frac{1}{n}\sum_{i=1}^{n} X_i \qquad (8\text{-}5)$$

上控制界限：

$$\text{UCL}_{\overline{X}} = \overline{X} + A_2 \overline{R} \qquad (8\text{-}6)$$

下控制界限：

$$\text{LCL}_{\overline{X}} = \overline{X} - A_2 \overline{R} \qquad (8\text{-}7)$$

其中，A_2 为控制图系数，取自控制图系数表[14]，取值与样本容量有关。调度满意度控制图是以样本组号为横轴、样本组的调度满意度均值为纵轴绘制的，在控制图中标记出 n 组样本的均值以及中心线和上下控制界限。

根据控制图的绘制原理，一般将 4~5 个样本合为一个样本组[14]。例如，将四个采样点的值合为一个样本组，计算其平均值 X_i，即：

$$X_i = \frac{\lambda_i + \lambda_{i+1} + \lambda_{i+2} + \lambda_{i+3}}{4} \qquad (8\text{-}8)$$

（3）调度质量的监测机制

在数据驱动的适应性调度中，需要一直监测调度质量，以判断调度知识的有效性。为此，在调度知识全生命周期管理的基础上（图 8-2）提出了基于质量控制图的调度质量监测机制，如图 8-5 所示。该机制包括两个回路，分别为实线表示的外回路和虚线表示的内回路。其中外回路表示调度知识的学习、应用、评价和更新的大环路，即将制造系统的实时生产性能提供给调度过程监测控制模块，监测控制模块采用控制图工具对性能进行分析，从而监测调度运行，找出异常趋势，并将知识更新请求传递给知识学习模块，进行知识更新，保证调度知识的持续有效性。另一个内回路存在于调度过程监测控制模块中，表示调度满意度控制图的更新，具体包括三个子模块：生成控制图、控制图、监测控制图。这三个子模块形成一个循环链，根据现有的历史数据绘制出控制图，并通过监测实时生产数据在控制图上的分布来判定控制图的有效性，必要时重新绘制控制图，以保证控制图的有效性。

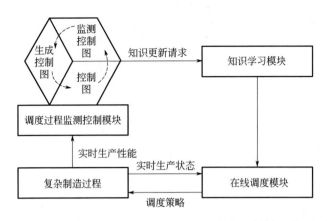

图 8-5 基于质量控制图的调度质量（调度知识有效性）监测机制

通过这种机制，对所学习的调度知识进行有效性监测并及时调整，能够提高数据驱动的适应性调度的可靠性。具体操作为，在采样监测时间点采集一个新的生产性能样本时，需作出以下两个判断：①在当前监测点 t 调度质量是否满意，是否需要更新调度知识；②在当前监测点 t 是否需要更新控制图。由此，根据控制图的判断准则，给出调度知识更新决策条件和控制图更新决策条件，如表 8-1 和表 8-2 所示。

表 8-1 调度知识更新准则

信号	定义
控制图界限外的点	X_i 超出控制图的上限或下限
区域 A 中的点	连续三个 X_i 中有两个 X_i 落于区域 A（2σ 和 3σ 之间）
区域 B 中的点	连续五个 X_i 中有四个 X_i 落于区域 B（σ 和 2σ 之间）

表 8-2 控制图更新准则

信号	定义
连续两个点需更新调度知识	连续发生两次调度知识的更新

图 8-6 为采样监测点在 $\bar{X}$ 图上随时间分布情况的示例。在该示例中，O 点满足表 8-1 中的第一个更新准则，因此，此时需要更新调度知识，并用更新后的调度知识继续调度决策；P 点和 Q 点分别满足调度知识更新的第二个准则及第一个准则，在这些点也应进行调度知识的更新；R 点为控制图更新的信号，由于连续两次调度知识的更新并未使调度过程回归可控状态，可以得出当前过程的平均值或标准差 σ 已改变，因此需要重新绘制控制图。通过这种机制，使得调度过程能够不断调整，持续以最适合当前生产环境的调度知识优化生产性能。

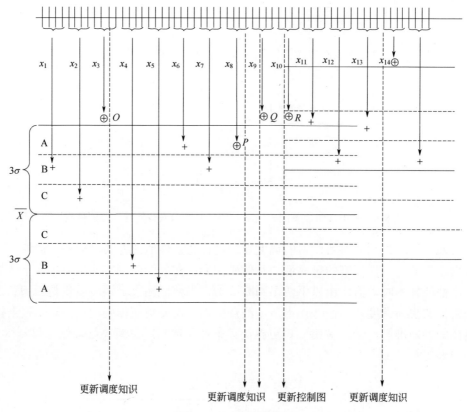

图 8-6　$\bar{X}$ 控制图示例

8.3.2　基于生产状态变化的调度知识在线评估

基于质量控制的调度知识评估是从应用调度知识生成的调度结果来判定其适用性。调度知识从调度样本中习得，也可以从源头来判定调度知识的适用性，即根据当前生产状态与生成调度知识的调度样本集之间的距离关系来评估调度知识的适用性。与监控生产性能变化的方法相比，监控生产状态变化的方法可以在生产性能受影响前实现调度知识的更新，减少调度知识失效造成的生产性能的损失，该方法简单易操作。

智能车间运行过程中采集到的新生产状态数据相对于生成调度知识的历史调度样本，通常存在缓变和突变两种变化，即生产过程中生产状态的缓慢变化以及大幅度波动。对智能车间实时生产状态进行分析，并采用决策算法判定新样本与历史样本之间的关系（图8-7），如相关性等，可以实现调度知识的在线评估。

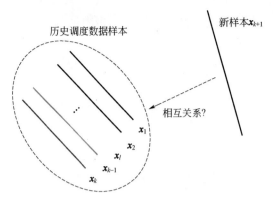

图 8-7 新样本与历史样本间的关系示意图

常见的样本变化判定方法有：结合平方预测误差（squared prediction error，简称 SPE）以及霍特林（Hotelling）T2 实现对新样本变化幅度的监控；采用近似线性依靠条件（approximate linear dependence，简称 ALD）[15]判定新样本与现有样本间是否具有线性依靠关系等。由于 ALD 方法是描述新样本与历史样本集之间的差距，并基于设定的阈值加以决策，根据调度知识生成的特点，采用了 ALD 对新样本进行评估，进而实现调度知识更新的决策。ALD 值定义为：

$$\delta_{k+1} = \min \left\| \sum_{l=1}^{k} \alpha_l \bm{x}_l - \bm{x}_{k+1} \right\|^2$$
$$\begin{cases} \delta_{k+1} \leqslant v, & \text{不更新} \\ \delta_{k+1} > v, & \text{更新} \end{cases}$$

（8-9）

其中，$\bm{x}_l$ 为训练样本，对应于调度知识更新中的生产状态集 $\{S\}$；α_l 为系数，k 为样本数；$\bm{x}_{k+1}$ 为新样本；v 为指定阈值。当 ALD 值小于阈值 v 时，即表示新样本与历史样本是线性依靠的，说明当前车间生产状态未出现较大变化，历史调度数据中包含当前工况，因此不需要添加为更新样本。反之，说明新样本与历史样本是线性独立的，车间生产状态出现较大波动，需将该样本作为更新样本，进而则判定调度知识有待更新。

在式（8-9）中，阈值 v 的取值大小与调度知识在线更新的次数密切相关。当阈值较小时，则较多的样本参与调度知识的更新，调度知识的可靠性升高，时间消耗大；反之，阈值较大时，则较少的样本参与调度知识的更新，可靠性降低，时间消耗小。显然，调度知识的在线更新中可靠性与时间效率是两个相互冲突的优化目标。在实际应用中，可以根据对可靠性及时间效率的侧重程度选择不同的阈值。

① 侧重于调度知识可靠性则选择尽量小的阈值，极限情况为 $v = 0$，所有新样本均参与更新。

② 侧重于时间效率则选择较大的阈值,极限情况为 $v = v_{max}$,没有新样本参与更新。

③ 若需要在可靠性及时间效率之间做均衡,阈值则需要依据特定问题以及人员经验确定。

8.4
基于增量学习的调度知识更新方法

增量学习是指一个学习系统能不断地从新样本中学习新的知识,并能保存大部分以前已经学习到的知识。增量学习的优点主要表现于:一方面由于其无需保存历史数据,从而减少存储空间的占用;另一方面增量学习在当前的样本训练中充分利用了历史的训练结果,从而显著地减少了后续训练的时间。现有的增量式学习方法,如在线序列极限学习机(online sequential extreme learning machine,简称 OS-ELM)、在线支持向量回归(online support vector regression,简称 Online SVR)等,能对训练好的模型(知识)进行改动,对新数据中蕴含的知识进行学习,形成新的知识。因此,本节将分别介绍基于 OS-ELM 和 Online SVR 的增量学习方法,实现调度知识快速、有效的更新。

8.4.1 基于 OS-ELM 的调度知识更新方法

(1) OS-ELM

OS-ELM[16-18]是 ELM 的增量式学习算法,当有新的样本加入时只需要在原有的模型基础上,采用新样本对 ELM 进行增量式更新。OS-ELM 算法可以分为两部分:初始阶段和序列学习阶段。

① 初始阶段

初始阶段是采用初始样本集来训练 ELM,以生成调度知识。具体来说,是为了确定 ELM 的网络参数 W_i、b_i 和 β_i。其中,W_i 和 b_i 分别是第 i 个隐层节点与输入节点之间的权重向量和偏置向量,β_i 是第 i 个隐层节点与输出节点之间的权重向量。初始阶段包括以下步骤:

➤ 选择初始样本集 (X_i, Y_i),其中 $X_i = [x_{i1}, x_{i2}, \cdots, x_{in}]^T \in R^n$,$Y_i = [y_{i1}, y_{i2}, \cdots, y_{im}]^T \in R^m$,给定隐层节点个数 L,随机初始化网络参数 (W_i, b_i),$i = 1, 2, \cdots, L$;

➤ 计算初始隐层输出矩阵 H_0;

$$H_0 = \begin{bmatrix} G(W_1 \cdot X_1 + b_1) & \cdots & G(W_L \cdot X_1 + b_L) \\ \vdots & \vdots & \vdots \\ G(W_1 \cdot X_N + b_1) & \cdots & G(W_L \cdot X_N + b_L) \end{bmatrix}_{N \times L} \quad (8\text{-}10)$$

> 根据初始样本集，采用最小二乘法来求解网络参数 $\beta_0 = P_0 H_0^T Y_0$，其中 $P_0 = (H_0^T Y_0)^{-1}$, $Y_0 = [Y_1, \cdots, Y_N]^T$；

> 设置 ELM 的训练批次 $k = 0$，表示用初始样本集对 ELM 进行预训练。

② 序列学习阶段

序列学习阶段是根据新加入的样本，对 ELM 进行增量式更新。序列学习阶段包括以下步骤：

> 对于新加入的第 $k+1$ 批样本集 (X_{k+1}, Y_{k+1})，计算隐层输出矩阵 H_{k+1}；

> 参考文献[18]，更新输出权重 β_{k+1} 和 P_{k+1}；

$$\begin{cases} P_{k+1} = P_k H_{k+1}^T (I + H_{k+1} P_k H_{k+1}^T)^{-1} H_{k+1} P_k \\ \beta_{k+1} = \beta_k + P_{k+1} H_{k+1}^T (Y_{k+1} - H_{k+1} \beta_k) \end{cases} \quad (8\text{-}11)$$

> 令 $k = k+1$，继续序列学习直到训练样本训练结束。

总之，OS-ELM 的初始阶段相当于建立一个 ELM 模型，而 OS-ELM 的序列学习阶段是对新的样本进行学习，并调整所建立的 ELM 模型。

（2）在线更新 ALD-OS-ELM 算法设计

为了实现调度知识的高效和高精度的更新，结合第 8.3.2 节中的 ALD 条件进行样本选择，并应用 OS-ELM 算法实现调度知识的在线更新，整体算法流程如图 8-8 所示。

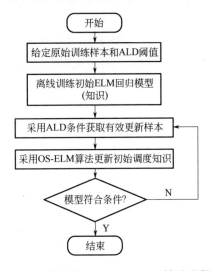

图 8-8 在线更新 ALD-OS-ELM 算法流程图

步骤1：设定 ALD 条件的阈值 v；

步骤2：基于历史数据训练 ELM 回归模型（即初始调度知识）；

步骤3：采用 ALD 条件对新样本进行样本筛选，得到有效更新样本；

步骤4：运行 OS-ELM 算法更新 ELM 模型，以更新调度知识；检测更新后的 ELM 模型的预测精度，若预测精度在误差允许范围内，则结束；否则返回步骤3。

本节讨论的 ALD-OS-ELM 算法能够采用有效的新样本对调度知识进行高效更新。一般来说，调度知识更新方法与调度知识生成方法密切相关，本节讨论的 OS-ELM 算法主要用于更新 ELM 表示的调度知识。下面，将讨论对于 SVR 表示的调度知识的更新方法。

8.4.2 基于 Online SVR 的调度知识更新方法

（1）Online SVR

在第 6.4.3 节中，已经介绍了采用 SVR 算法构建调度参数推荐模型的基本思路，这部分内容可用于生成调度知识。Online SVR 是 SVR 的增量式学习算法[19-20]，旨在对生成的调度知识进行更新，其基本思路为：

① 根据 Lagrange 乘子的值将已学习过的训练样本集 X 划分为三个不同的集合，即保留样本集 R（remaining samples）、支持向量集 S（margin support vectors）和错误支持向量集 E（error support vectors）。

② 当样本集发生变化时，对于新加入的样本，初始化其参数，并将其加入上述三个集合中的一个集合。

③ 逐步改变新样本的参数，直到所有样本都满足 KKT（karush kuhn tucker）条件时，增量学习结束。对于不等式约束优化问题，满足 KKT 条件是取得最优解的必要条件。

a）样本集的划分

令样本集中第 i 个样本 x_i 的偏差系数 $\theta_i = \alpha_i - \alpha_i^*$（$\alpha_i$、$\alpha_i^*$ 为样本 x_i 的拉格朗日乘子），则样本 x_i 的边界函数可定义为：

$$h(x_i) = f(x_i) - y_i = \sum_{j=1}^{n} K(x_i, x_j)\theta_j - y_i + b \tag{8-12}$$

根据式（8-12）中 $h(x_i)$，即 $f(x_i) - y_i$ 误差的情况，可以把智能车间训练样本集 X 划分为三个集合，即保留样本集 R、支持向量集 S 和错误支持向量集 E，如式（8-13）所示：

$$E = \{x_i \mid |\theta_i| = C\}$$
$$S = \{x_i \mid 0 < |\theta_i| < C\} \quad (8\text{-}13)$$
$$R = \{x_i \mid \theta_i = 0\}$$

上述 R、S 和 E 三个集合的几何位置关系如图 8-9 所示。如果想让 KKT 条件得到满足，必须令所有训练样本都属于三个集合中的一个。

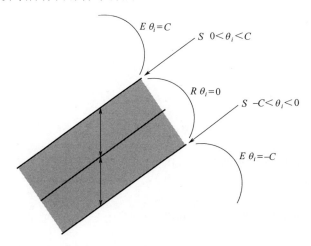

图 8-9　R、S 和 E 三个集合的几何位置关系

b）基于 Online SVR 的增量学习方法

在增量学习之前，上述三个集合 R、S 和 E 中的样本属于旧样本。在增量学习过程中，由于新样本的加入，三个集合中的样本会发生变化。Online SVR 的原理是把新样本添加到上述三个集合 R、S 和 E 中的一个集合内，同时保持旧样本在增量学习过程中也仍然属于上述三个集合中的一个。具体来说，当有新样本 x_c 加入时，将该样本的偏差系数 θ_c 初始化为 0。逐步改变新样本对应的偏差系数，直到该系数满足 KKT 条件。同时，保证样本集合中的旧样本在每一次更新后能够继续满足 KKT 条件。

如果定义支持向量集 $S = \{x_{s_1}, x_{s_2}, \cdots, x_{s_{l_s}}\}$，对式（8-12）求全微分并表示为矩阵形式有：

$$\begin{bmatrix} \Delta b \\ \Delta \theta_{s_1} \\ \vdots \\ \Delta \theta_{s_{l_s}} \end{bmatrix} = -\begin{bmatrix} 0 & 1 & \cdots & 1 \\ 1 & K(x_{s_1}, x_{s_1}) & \cdots & K(x_{s_1}, x_{s_{l_s}}) \\ \vdots & \vdots & \ddots & \vdots \\ 1 & K(x_{s_{l_s}}, x_{s_1}) & \cdots & K(x_{s_{l_s}}, x_{s_{l_s}}) \end{bmatrix}^{-1} \begin{bmatrix} 1 \\ K(x_{s_1}, x_c) \\ \vdots \\ K(x_{s_{l_s}}, x_c) \end{bmatrix} \Delta \theta_c \quad (8\text{-}14)$$
$$= \boldsymbol{\beta} \Delta \theta_c$$

式中：

$$\boldsymbol{\beta} = \begin{bmatrix} \beta \\ \beta_{s_1} \\ \vdots \\ \beta_{s_{l_s}} \end{bmatrix} = -\boldsymbol{\Omega} \begin{bmatrix} 1 \\ K_{s_1 c} \\ \vdots \\ K_{s_{l_s} c} \end{bmatrix} \tag{8-15}$$

其中，$\boldsymbol{\Omega}$ 为：

$$\boldsymbol{\Omega} = \begin{bmatrix} 0 & 1 & \cdots & 1 \\ 1 & K_{s_1 s_1} & \cdots & K_{s_1 s_{l_s}} \\ \vdots & \vdots & \ddots & \vdots \\ 1 & K_{s_{l_s} s_1} & \cdots & K_{s_{l_s} s_{l_s}} \end{bmatrix}^{-1} \tag{8-16}$$

支持向量集 S 中的样本即可依据式（8-14）实现更新，即 $\theta_s = \theta_s + \boldsymbol{\beta} \Delta \theta_c$。

定义：

$$\boldsymbol{\gamma} = \begin{bmatrix} K(x_{n_1}, x_c) \\ K(x_{n_2}, x_c) \\ \vdots \\ K(x_{n_{l_N}}, x_c) \end{bmatrix} + \begin{bmatrix} 1 & K(x_{n_1}, x_{s_1}) & \cdots & K(x_{n_1}, x_{s_{l_s}}) \\ 1 & K(x_{n_2}, x_{s_1}) & \cdots & K(x_{n_2}, x_{s_{l_s}}) \\ \vdots & \vdots & \ddots & \vdots \\ 1 & K(x_{n_{l_N}}, x_c) & \cdots & K(x_{n_{l_N}}, x_{s_{l_s}}) \end{bmatrix} \boldsymbol{\beta} \tag{8-17}$$

对于保留样本集 R 和错误支持向量集 E，设 $N = E \cup R = \{x_{n_1}, x_{n_2}, \cdots, x_{n_{l_N}}\}$，又因为 $\theta_c + \sum_{i=1}^{n} \theta_i = 0$，由式（8-12）、式（8-14）可得：

$$\begin{bmatrix} \Delta h(x_{n_1}) \\ \Delta h(x_{n_2}) \\ \vdots \\ \Delta h(x_{n_{l_N}}) \end{bmatrix} = \boldsymbol{\gamma} \Delta \theta_c \tag{8-18}$$

保留样本集 R 和错误支持向量集 E 中的样本即可依据式（8-18）实现更新，即 $h(x_n) = h(x_n) + \boldsymbol{\gamma} \Delta \theta_c$。

只要给定偏差系数的增量 $\Delta \theta_c$，就可以按照公式（8-14）和公式（8-18）实现一次新样本偏差系数的更新，并且可以保证旧样本在每一次更新后能够继续满足 KKT 条件[21]。需要注意的是，公式（8-14）和公式（8-18）只有在支持向量集 S

不改变时成立。因此需要在每一步更新时确定合适的偏差系数增量 $\Delta\theta_c$，使得支持向量集 S 不改变。一般来说，可以分五种情况来确定偏差系数增量 $\Delta\theta_c$ 的最大值，详细可参考文献[22]。

（2）基于 Online SVR 的调度知识更新算法设计

根据上述分析，基于增量学习的 Online SVR 算法流程如算法 8-1 所示。当调度知识评估模块发出调度知识更新请求时，可运行该算法得到更新后的调度知识，如公式（8-19）所示。

$$K' = \left\{ f'(x) = \sum_{i=1}^{n'} \theta_i' K(x_i, x) + b' \mid opt(P) \right\} \quad (8-19)$$

将更新后的调度知识应用到在线调度模块中，即可输出满足当前调度目标的调度策略，持续指导车间生产过程。

算法 8-1：基于增量学习的 Online SVR 算法

Input：新增样本 x_c。
1：计算 $h_c = h(x_c)$。
2：如果 $h(x_c) > \varepsilon \, \& \, |\Delta\theta_c| < C$，则进行下一步；否则终止算法。
3：依据式（8-14）计算 β。
4：依据式（8-18）计算 γ。
5：依据文献[22]，计算 $\Delta\theta_c^{\max}$。
6：更新 $\theta_c \leftarrow \theta_c + \Delta\theta_c^{\max}$。
7：更新集合 S 中的样本 $\theta_s = \theta_s + \beta\Delta\theta_c^{\max}$。
8：更新集合 E 和 R 中的样本 $h(x_n) = h(x_n) + \gamma\Delta\theta_c^{\max}$。
9：假设 k 为令 $\Delta\theta_c$ 的最大值为 $\Delta\theta_c^{\max}$ 的样本下标，
 a）如果 $x_k \in S$，则将 x_k 从集合 S 中移动到集合 E 或 R 中；
 b）如果 $x_k \in E \cup R$，则将 x_k 从集合 E 或 R 移动到集合 S 中；
 c）如果 $x_k = x_c$，则终止算法。
10：更新矩阵 Ω。
11：返回算法步骤 4 继续执行。

参考文献

[1] 魏圆圆，钱平，王儒敬，等. 知识工程中的知识库、本体与专家系统[J]. 计算机系统应用，2012，21（10）：220-223.

[2] Han J W, Kamber M. 数据挖掘：概念与技术[M]. 北京：机械工业出版社，2007.

[3] Ma Y M, Chen X, Qiao F, et al. The research and application of a dynamic dispatching strategy selection approach

based on BPSO-SVM for semiconductor production line [C]// Proceedings of the 11th IEEE International Conference on Networking, Sensing and Control (ICNSC2014). Miami Florida, USA: IEEE, 2014: 74-79.

[4] 潘星, 王君, 刘鲁. 航空制造企业知识管理水平的模糊综合评价方法[J]. 计算机集成制造系统, 2007, 13(10): 2019-2026.

[5] 马玉敏, 陆晓玉, 乔非, 等. 基于极限学习机的复杂制造系统动态调度[J]. 计算机集成制造系统, 2021, 27(4): 1081-1088.

[6] Friedrich M, Smeekes S, Urbain J P. Autoregressive wild bootstrap inference for nonparametric trends [J]. Journal of Econometrics, 2020, 214(1): 81-109.

[7] Xie K G, Zhang H, Singh C. Reliability forecasting models for electrical distribution systems considering component failures and planned outages [J]. International Journal of Electrical Power & Energy Systems, 2016, 79: 228-234.

[8] 王宏刚, 田洪迅, 李浩松, 等. 考虑小样本统计的 BP 神经网络配电系统可靠性预测方法[J]. 电力科学与技术学报, 2019, 34(2): 40-46.

[9] Gradišar D, Mušič G. Production-process modelling based on production-management data: a Petri-net approach [J]. International Journal of Computer Integrated Manufacturing, 2007, 20(8): 794-810.

[10] Koonce D A, Tsai S-C. Using data mining to find patterns in genetic algorithm solutions to a job shop schedule [J]. Computers & Industrial Engineering, 2000, 38(3): 361-374.

[11] Ma Y, Lu X Y, Qiao F. Data Driven Scheduling Knowledge Management for Smart Shop Floor[C]//Proceedings of 2019 IEEE 15th International Conference on Automation Science and Engineering (CASE). Vancouver, Canada: IEEE, 2019: 109-114.

[12] 张光明, 李柠, 李少远. 一种数据驱动的预测控制器性能监控方法[J]. 上海交通大学学报, 2011, 45(8): 1113-1118.

[13] Rábago-Remy D M, Padilla-Gasca E, Rangel-Peraza J G. Statistical Quality Control and Process Capability Analysis for Variability Reduction of the Tomato Paste Filling Process [J]. 2014, 3(4): 1-7.

[14] 埃文斯, 林赛. 质量管理与质量控制[M]. 焦叔斌, 译. 北京: 中国人民大学出版社, 2010.

[15] 汤健, 柴天佑, 刘卓, 等. 基于更新样本智能识别算法的自适应集成建模[J]. 自动化学报, 2016, 42(7): 1040-1052.

[16] Liang N Y, Huang G B, Saratchandran P, et al. A Fast and Accurate Online Sequential Learning Algorithm for Feedforward Networks [J]. IEEE Transactions on Neural Networks, 2006, 17(6): 1411-1423.

[17] Huang G B, Zhou H M, Ding X J, et al. Extreme Learning Machine for Regression and Multiclass Classification [J]. IEEE Transactions on Systems, Man and Cybernetics, Part B (Cybernetics), 2012, 42(2): 513-529.

[18] Wang B T, Huang S, Qiu J H, et al. Parallel online sequential extreme learning machine based on Map-Reduce [J]. Neurocomputing, 2015, 149: 224-232.

[19] Martin M. On-Line Support Vector Machine Regression [C]//Proceedings of Machine Learning: ECML 2002, 13th European Conference on Machine Learning. Helsinki, Finland, 2002: 282-294.

[20] Ma J H, Theiler J, Perkins S. Accurate On-line Support Vector Regression [J]. Neural Computation, 2003, 15(11): 2683-2703.

[21] 杨晓伟, 郝志峰. 支持向量机的算法设计与分析 [M]. 北京: 科学出版社, 2013.

[22] 黄训诚, 庞文晨, 赵登福, 等. 基于支撑向量机在线学习方法的短期负荷预测 [J]. 西安交通大学学报, 2005, 39(4): 412-416.

第 9 章
智能车间适应性调度原型系统

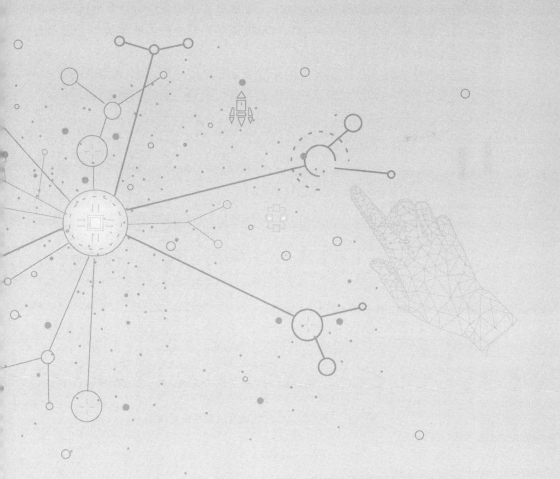

为了进一步验证第 4 章提出的多级联动适应性调度体系框架的有效性，本章研发集成前面所述调度方法的智能车间适应性调度原型系统，包括鲁棒调度、实时调度、重调度和闭环调度方法，实现多个调度环节的联动运行。其中，9.1 节在适应性调度原型系统需求分析的基础上，设计其总体架构；9.2 节进一步阐述了系统关键层级的设计细节；9.3 节主要介绍原型系统的开发和实现过程。

9.1 智能车间适应性调度原型系统架构

9.1.1 需求分析

智能车间适应性调度原型系统，旨在多级联动适应性调度体系框架下，通过将面向智能车间的鲁棒调度、实时调度、重调度和闭环调度方法集成为一个有机整体，对车间生产过程进行实时感知与反馈调整，形成覆盖调度执行全流程的智能车间生产过程的全面优化。

智能车间适应性调度原型系统的开发需要围绕用户需求进行，如图 9-1 所示，用户的主要需求包括订单设置、扰动设置、调度设置、运行控制和性能指标。

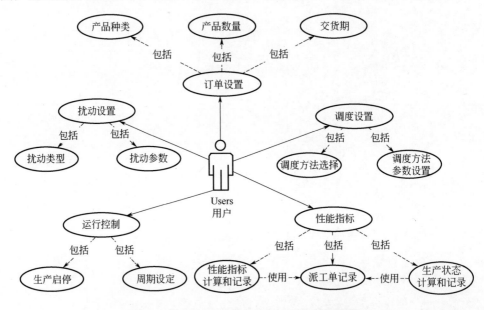

图 9-1 智能车间适应性调度原型系统用例图

- 订单设置包括初始订单的产品种类、数量和交货期的设置。通过上述设置，用户可任意生成多个初始订单。
- 扰动设置包括扰动类型和扰动参数的设定。用户可根据实验需求选择生产中会发生的扰动（如设备故障、工序不确定性加工时间、紧急订单等），并配置其参数（涉及扰动的发生时刻和扰动强度的参数）。
- 调度设置包括调度方法选择和调度方法参数设置。系统集成了前文所提出的各单级调度方法，用户可根据需求任意配置调度方法，如可选择某一单级调度方法，也可选择某一鲁棒调度方法和某一实时调度方法组合。
- 运行控制包括生产启动和停止、周期设定等。用户在配置完成上述设置后，可启动生产运行，在运行过程中可暂停或终止生产过程。
- 性能指标包括派工单记录、生产状态计算和记录、性能指标计算和记录等。系统实时记录生产派工单数据，并按照周期计算和记录生产状态数据，在生产终止或订单完成时计算和记录性能指标。

另一方面，从智能车间适应性调度原型系统的调度功能实现角度，进一步分析其需求，具体如下：

- 原型系统应支持适应性调度体系运行中的"鲁棒调度-实时调度-重调度-闭环调度"的多级联动运行机制，保证各调度级独立完整运行的同时实现联动调度的效果加成。
- 原型系统应有机集成多种调度方法，为其提供接口并进行统一管理。
- 原型系统应设计标准化接口用于实时采集与处理实际生产系统中的各类数据，并根据调度决策的需求对已处理数据设计合理的存储形式。
- 原型系统应设计标准化界面供用户对调度过程及系统运行过程进行初始化设置、个性化控制及对系统状态与所需性能指标的实时监控。
- 原型系统应对各类制造系统仿真模型进行整合，使之转换为标准的系统结构，以辅助用户在没有实际生产数据时对各调度方法进行验证。

9.1.2 系统架构设计

综合考虑上述系统需求，以第3章构建的面向智能车间生产调度的CPPS五层架构（图3-7）和第4章提出的基于CPPS的智能车间多级联动适应性调度体系（图4-2）为基础，设计了智能车间适应性调度原型系统框架，如图9-2所示。采用分层模式构建原型系统集成架构，包含物理层、网络层、数据层、分析层、服务层和表示层。

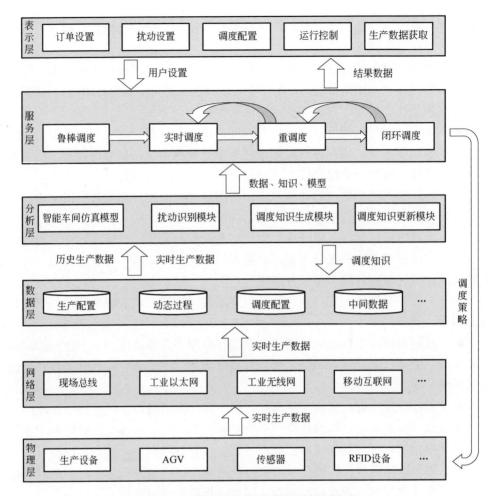

图 9-2 智能车间适应性调度原型系统架构

物理层为制造系统中的各类有形物理实体的集合，接收服务层的控制指令以控制整体生产过程；网络层由制造系统中的各类通信网络构成，负责各层间的数据传输与指令传递；数据层对系统数据进行整合处理并集中管理，以保证数据安全，并进一步实现系统各层间的数据共享；分析层基于智能车间仿真模型与历史及实时生产数据生成并不断更新调度知识，为服务层中的应用服务赋能；服务层为原型系统提供各类调度服务，基于鲁棒调度、实时调度、重调度和闭环调度的四个调度级联动运行；表示层是适应性调度执行逻辑过程的具体表现，体现为原型系统的系统界面，支持用户与原型系统的交互，接收用户配置数据以及显示返回生产状态和性能指标数据。

各层之间的数据流如图 9-3 所示，制造系统中的车间现场数据等隐性数据由物理层中的传感器网络采集，经数据处理转化为显性数据存入数据层，经网络层传入分析层。在分析层中，实时扰动识别模块实时监控系统扰动，并输出调度策略调整请求；调度知识生成及更新模块主要实现各调度方法中调度知识的训练与更新过程，并输出调度知识。服务层接收到调度策略调整请求信号后，采用用户设定的调度方法，基于相应的调度知识，根据实时生产状态，生成具有适应能力的调度策略（单一调度规则或组合式调度规则），并将调度策略施加至物理层。物理层接收并执行调度策略，在调度策略执行过程中会产生新的现场数据，再由物理层中的传感器网络实时采集，从而形成适应性调度体系运行演化中的数据循环增值。

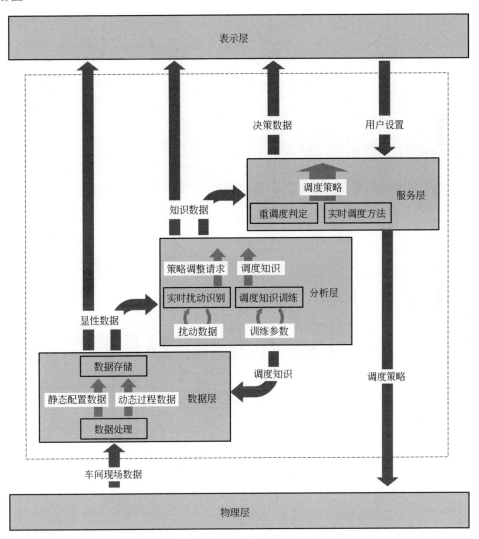

图 9-3　智能车间适应性调度原型系统中的数据流

9.2 关键层级设计

9.2.1 数据层设计

数据层是构建智能车间适应性调度原型系统不可或缺的环节，为原型系统提供了数据基础。按照智能车间适应性调度原型系统的数据需求，如图 9-4 所示，数据层中的数据可以分为四类：车间静态配置数据、车间动态过程数据、车间调度配置数据和中间数据。

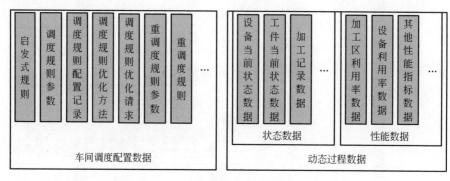

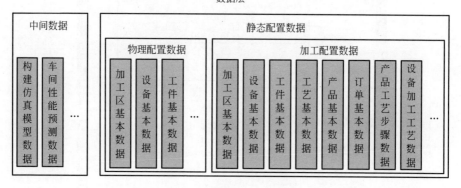

图 9-4 数据层中数据类型

车间静态配置数据主要包括加工配置数据和物理配置数据。不同的车间有不同的物理布局、设备构成、产品定义和加工工艺，车间静态配置数据存储于数据库中，系统可根据需求直接读取，是支撑整个原型系统运行的基础。

车间动态过程数据主要包括状态数据和性能数据。这类数据主要反映了原型系统的运行状态和生产性能，按照适当频率读写于数据库，可支持原型系统运行过程的实时监测和调度性能分析。

车间调度配置数据包括启发式调度规则、调度规则参数等，原型系统中集成多种调度优化方法，需借助车间调度配置数据进行统一管理和实现数据互通。

中间数据即是各个功能模块数据需求内的中间数据，具体包括构建仿真模型所需的数据、用于重调度判定的性能预测数据等。

9.2.2　分析层设计

分析层是适应性调度中数据增值的关键环节，通过统计学分析、机器学习、仿真建模、可视化等技术手段，将数据层所提供的数据进一步转化为面向用户的生产状态可视化信息和可指导调度决策的调度知识。

调度知识生成是分析层的核心模块，其从历史生产数据中挖掘调度知识，以指导服务层的实时调度与调度策略调整；调度知识更新旨在实现在线执行过程中的调度知识学习与更新，以增强调度系统对新环境的学习和适应能力。

9.2.3　服务层设计

服务层基于分析层的调度知识，根据当前生产状态，生成适应当前状态的调度策略，是知识转化为调度决策的环节，是适应性调度原型系统的决策核心。在整个生产过程中，初始调度策略和实时调度策略的生成都由服务层完成。

服务层根据扰动信号和生产状态生成调度策略，并将信息空间的调度策略转换为物理层可执行的调度方案，并应用于智能车间，达到预期的优化效果，是适应性调度优化的"变现"过程，是信息空间到物理空间的反馈。

9.2.4　表示层设计

表示层为用户提供一种交互式操作的界面，接收用户配置数据并显示返回生产状态和性能指标数据。该层是适应性调度执行逻辑过程的具体表现，根据实现功能不同包括5个部分：订单设置、扰动设置、调度配置、运行控制和数据获取。

（1）订单设置

用户通过原型系统表示层提供的交互接口输入多种原型系统初始化运行所需数据，包括初始订单的产品种类、数量、交货期及投料计划，用户可以通过订单的设置实现对生产过程的自由配置。

（2）扰动设置

在智能车间运行过程中，由于车间内外部环境的剧烈变化，生产过程中存在着大量扰动因素，为了实际有效地辅助用户进行调度决策，原型系统内置了多种扰动的仿真模块，并根据用户设置仿真实际生产加工过程。

（3）调度配置

调度配置是为了配置所采用的方法，原型系统支持用户自主选择多级联动运行机制中各调度级的调度方法。

（4）运行控制

运行控制是指原型系统包含为用户提供定时脚本的操作的界面，用户可通过此界面对定时脚本进行开始和停止操作。

（5）数据获取

数据获取指的是当用户提交申请时，可以通过原型系统获取派工单记录、生产状态计算和记录、性能指标计算和记录等。原型系统根据用户设定对生产派工单数据实时记录，并按照周期计算和存储生产状态数据，在生产终止或订单完成时计算和记录性能指标并发送给用户。

9.3 智能车间适应性调度原型系统实现

9.3.1 系统开发

原型系统的开发需要借助多种软件开发技术实现。基于原型系统可拓展性和可维护性方面的要求，面向应用对象和应用目的，原型系统的开发将分为数据库、业务模型、核心程序、数据交互四个部分进行分析与阐述。

（1）数据库

原型系统使用 SQL Server 2015 数据库作为数据层的实现平台。数据库设计围绕原型系统运行过程中的数据管理和数据共享问题进行，需根据不同数据类型进行个性化设计，如下所述：

- 车间静态配置数据可单独存储于一个数据库中，在完成数据处理后由网络层传输至数据层，并更新其在数据库中的相关记录。

- 车间动态过程数据可与车间静态配置数据存于同一个数据库中，在应用相关调度优化方法时，数据库需选择性地对动态过程数据中的一部分数据进行更新。
- 车间调度配置数据可单独存于一个数据库中，需包含相关调度优化方法及其参数，形成数据记录表。
- 中间数据的实现存于多个数据库中，包括存储业务模型的数据库和存储调度知识等相关数据的数据库。

按照上述步骤，进行数据库设计时，在 SQL Server 中实现的数据库如表 9-1 和图 9-5 所示。

表 9-1 数据库设计

数据分类	SQL Server 数据库	描述
静态配置与动态过程	minifabReal	车间运行数据
调度配置	commonScheduling	调度方法参数
中间数据	commonBasedOnData	业务模型数据
	minifabSBO	调度知识数据
	minifabPred	预测性能指标数据

图 9-5 数据库设计

（2）业务模型

原型系统内置多种业务模型以模拟实际生产车间，业务模型作为分析层中智能车间仿真模型的一部分，采用 Plant Simulation 9.0 软件并结合车间相关数据，以模拟整个生产过程。

用户对业务模型的操作服务通过 Asp.net 封装,并建立相应的 web 接口。业务模型操作服务提供打开模型、重置模型、开始仿真、保存模型、关闭模型和执行模型脚本的功能。这些功能主要通过 COM 技术调用 Plant Simulation 官方提供的接口组件 emplantlib.dll,该组件提供了 RemoteControlClass 类,可以对 Plant Simulation 进行外部调用。

(3)核心程序

核心程序作为原型系统的关键,需要与其余平台频繁交互。因此,后台程序使用 Python 语言开发,借助于 Pycharm 开发工具,可以利用多种框架将原型系统所需功能封装为服务,从而提高系统开发的效率。其中服务层各功能实现形式如表 9-2 所示。

表 9-2 核心程序实现形式

模块	功能	实现环境	实现形式	实现形式描述	开发的接口/脚本
策略生成模块	请求处理	Python Flask	事件触发下调用 web 接口	提供 web 接口,该接口可根据请求参数,产生调度策略优化请求记录	addSchedulingTask
	方法执行	Python	周期性执行脚本	配置定时任务,实时处理调度策略优化请求记录	SchedulingTask.py
策略执行模块	工件调度	Plant Simulation	事件触发执行脚本	提供处理脚本,在设备空闲事件触发下调用执行	ScheduleControl
	数据获取	Plant Simulation	事件触发执行脚本	提供处理脚本,在生产事件触发下调用执行	InBuffer OutBuffer InWorkCenter OutWorkCenter
			周期性执行脚本	配置定时任务,周期性统计车间性能数据	PerformanceCtrl
	重调度判定	Python	周期性执行脚本	配置定时任务,周期性执行混合重调度判定策略	ReSchedulingTask.py
		Plant Simulation	事件触发执行脚本	提供处理脚本,在设备故障扰动的触发下调用执行	UpdateEqpStatus
策略更新模块	请求处理和方法执行	Plant Simulation	事件触发执行脚本	提供处理脚本,在设备故障扰动的触发下调用执行	UpdateEqpBatch
		Python	事件触发执行脚本	提供处理脚本,在混合重调度判定策略触发下执行	ReSchedulingTask.py

（4）数据交互

原型系统各层间数据的调用需要采取统一的标准，即数据输出者和数据接收者需要规定请求采取的数据通信协议和数据交互格式。

针对数据通信协议的选用，由于 HTTP 协议是最常用的应用层协议之一，系统间的服务只需要封装成接口，通过 web 服务器进行部署，便可以通过 HTTP 协议进行互操作，因此，本系统采用 HTTP 协议作为各层间的通信协议。

针对数据交互格式的选用，由于 JavaScript Object Notation（简称 JSON）是一种轻量级的数据交换格式，易于阅读和编写，其采用完全独立于语言的文本格式，是目前最流行的数据格式之一。JSON 的结构更容易映射至一般语言的数据结构，同时 JSON 往往比 XML 具有更少的冗余信息，因此本系统采用 JSON 数据作为数据交互格式。

9.3.2 系统界面

系统界面是用户对原型系统操作的交互通道。通过系统界面，用户可以对原型系统运行所需的投料数据及生产计划等进行初始化设置，对仿真模型进行控制。同时，对系统运行过程中的各设备的运行状态及生产状态进行监视。

系统初始界面为欢迎界面，如图 9-6 所示，在欢迎界面中用户可以对系统内嵌的智能车间业务模型进行选择。具体地，在业务模型方面，原型系统整合了 3 个制造系统模型，包括根据实际半导体生产线建立的系统模型 Benchmark6、以实际生产线为背景简化和多样化的模型 HP24Fab 以及广泛用于半导体制造调度研究的经典模型 MiniFab。

图 9-6 原型系统初始界面示意图

在选定业务模型后,用户可以进入原型系统主界面进行后续系统设置及查看工作。如图9-7所示,系统主界面包含菜单栏、系统运行进度栏、订单设置栏、调度方法设置栏、运行状态反馈栏、运行结果反馈栏。以用户载入MiniFab模型为例,原型系统菜单位于系统最上方,用于导入用户文件、设置扰动等操作;系统运行进度栏在菜单栏下方,显示系统的整体运作流程,并以动画的形式表现系统当前运作节点;订单设置栏用于用户设置生产计划及投料计划等系统初始化运行所需生产数据;调度方法设置栏为用户自定义调度算法及重调度方法提供交互接口;运行状态反馈栏在系统实时调度过程中体现系统内仿真模型的运行状态。图9-7中,面板所示为MiniFab生产线模型中五台设备的运行情况,每台机器上有三盏指示灯,分别指示机器的状态为等待、忙碌和故障;运行结果反馈栏位于系统右下角,在系统仿真结束后输出仿真运行结果及分析,为用户进行调度策略的验证提供参考。

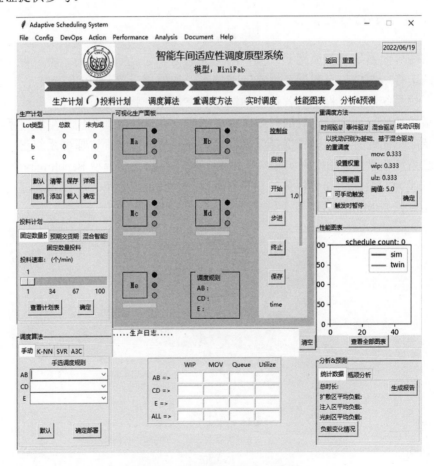

图 9-7　原型系统主界面示意图

9.3.3 运行设置

智能车间适应性调度原型系统的使用以用户在订单设置栏与调度方法设置栏输入的数据为基础,如系统运行进度栏所示流程,订单设置栏设置内容包括生产计划设置与投料计划设置,调度方法设置栏包括调度算法选择与重调度方法设置。

(1) 订单设置

生产计划的设置在订单设置栏中的生产计划设置面板中进行,如图 9-8 所示,用户可以点击"添加"按钮自定义不同的产品类型与其相应数量及交货期,也可以通过点击"载入"按钮导入外部文档生成对应的生产计划数据表。若用户通过"随机"按钮对生产计划进行设置,原型系统将调用内部设定的参数随机生成交货期与订单数量等数据。在用户完成数据设置后,点击"确定"按钮,原型系统将所设定数据发送给数据层进行整理存储,同时弹出"生产计划已确认"弹窗。

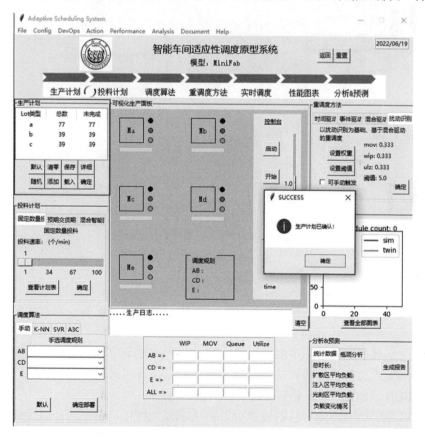

图 9-8 生产计划设置

在生产计划设置完成后,系统运行进度栏显示进行为投料计划设置节点,用户通过投料计划面板进行投料计划设置。如图 9-9 所示,用户可以选择固定数量投料、预期交货期投料、混合智能投料三种方式进行投料。原型系统默认投料模式为固定数量投料,其按照用户设置或系统随机周期进行投料。在投料设置完成后,用户通过点击"确定"按钮进行确认,原型系统弹出"投料计划已确认"弹窗。

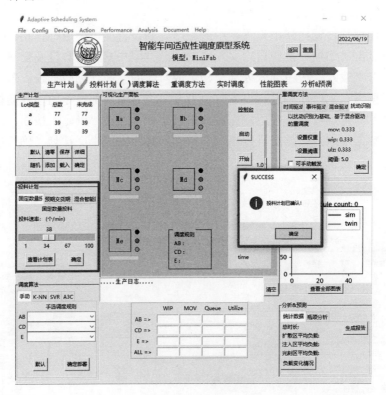

图 9-9 投料计划设置

(2) 调度方法设置

在调度算法设置的过程中,原型系统提供了两种调度模式:静态调度、动态调度。

如图 9-10 所示,静态调度方法的实现过程为点击调度算法面板中各加工区后的复选框,并选择相应的启发式调度规则,系统内置可选规则包括 FIFO、SPT、LPT、SRPT、EDD、CR 及组合式调度规则。

用户关于动态调度方法的设置可以在 K-NN、SVR、A3C 三种调度算法中进行选择。如图 9-11 所示,以 K-NN 方法为例,用户可以加载已有模型并设置模型的特征值进行模型数据的设置。

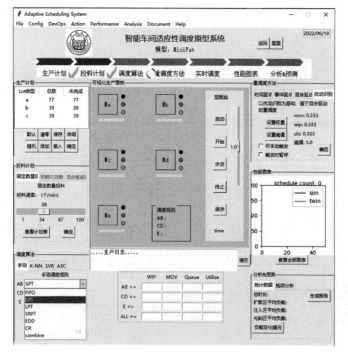

图 9-10　调度算法——静态调度

图 9-11　调度算法——动态调度

第 9 章　智能车间适应性调度原型系统

如图 9-12 所示，用户在选定调度算法后，点击"确定部署"按钮，原型系统弹出"调度算法已手动部署"弹窗。

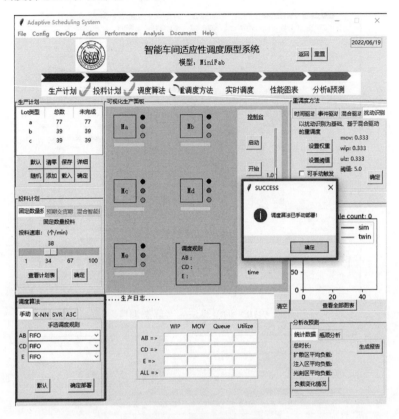

图 9-12　调度算法设置

在调度算法设置完成后，用户可以对重调度方法进行部署。原型系统内置重调度方法按照其触发机制分为四类，包括基于时间驱动的重调度方法、基于事件驱动的重调度方法、基于混合驱动的重调度方法及基于扰动识别的重调度方法。其中，时间驱动的重调度方法按照用户所设置的固定时间周期发送重调度请求；基于事件驱动的重调度方法通过响应机器故障或紧急订单来触发重调度机制；基于混合驱动的重调度方法设置过程如图 9-13 所示，作为基于时间驱动的重调度方法与基于事件驱动的重调度方法的集合，可以同时根据时间周期或机器故障等突发扰动进行重调度；基于扰动识别的重调度方法以扰动识别为基础，改进了基于混合驱动的重调度方法，如图 9-14 所示，用户可以设置不同性能指标的权重或阈值来对基于扰动识别的重调度方法进行自定义设置。

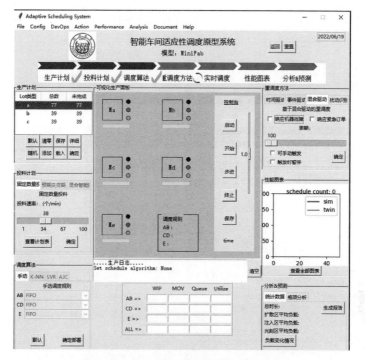

图 9-13　基于混合驱动的重调度方法

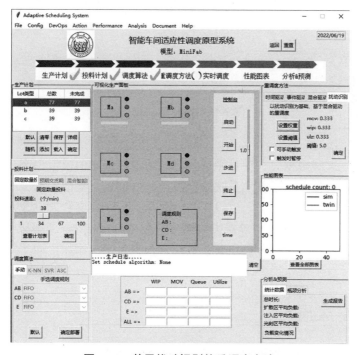

图 9-14　基于扰动识别的重调度方法

在重调度机制设定完成后，如图 9-15 所示，用户可以点击"确定"按钮，原型系统将弹出"重调度方案已部署"弹窗。

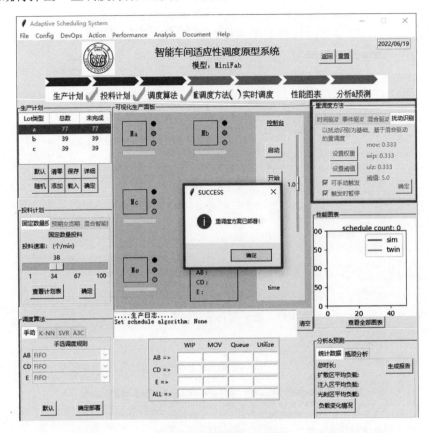

图 9-15　重调度方法设置

（3）扰动设置

在没有生产线数据时，原型系统将通过用户所选定的模拟生产系统对适应性调度策略进行验证。为了真实反映生产系统，原型系统集成了以工序不确定性加工时间为代表的渐变型扰动，以设备故障、紧急订单及交货期更改为代表的突发型扰动。如图 9-16 所示，用户点击菜单栏中的"Action">>"添加扰动"，可以人为选择不同的扰动类型并设定其参数以对模拟生产线添加扰动，从而验证现有调度策略。

9.3.4　结果展示

在用户完成生产计划设置、投料计划设置、调度算法选择与重调度方法选择

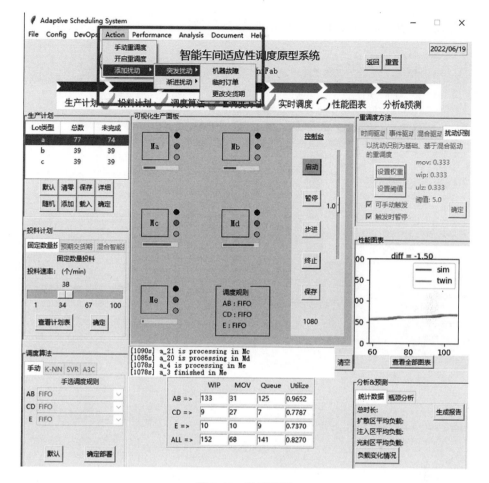

图 9-16 扰动设置

后,即可在可视化生产面板中的控制台开始原型系统的实时调度过程。控制台中的"启动""暂停""步进""终止""保存"按钮及速度控制滑块是用户对原型系统中仿真模型运作控制的主要接口,用户可以通过这些组件开始、暂停、终止系统的仿真过程,也可以控制系统仿真的速度。

如图 9-17 所示,在实时调度的过程中,用户可以通过可视化生产面板查看系统当前的运行状态与调度规则,并实时查看当前各设备的 WIP 数等性能指标。

同时,用户可以在右侧的性能指标图表处直观查看当前的性能指标变化图,在点击"查看全部图表"按钮后,系统会弹出如图 9-18 所示弹窗,从左至右、从上往下分别为系统运行甘特图、最小完成时间柱形图、日移动步数曲线图、日产量柱形图、在制品数变化曲线图与加工区利用率变化曲线图。这些性能指标变化图随着原型系统仿真的进行实时变化以供用户查看。

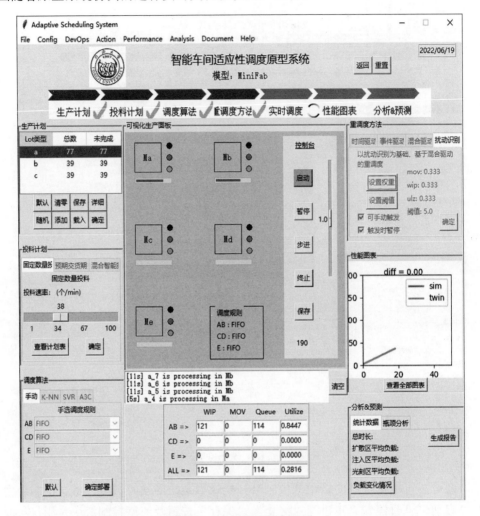

图 9-17 实时调度状态查看

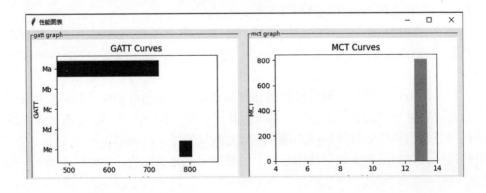

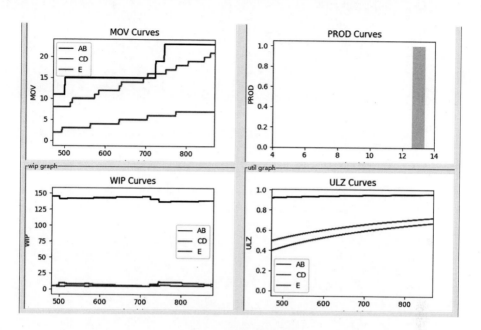

图 9-18 性能指标查看

第 10 章
适应性调度与优化方法验证与实施案例

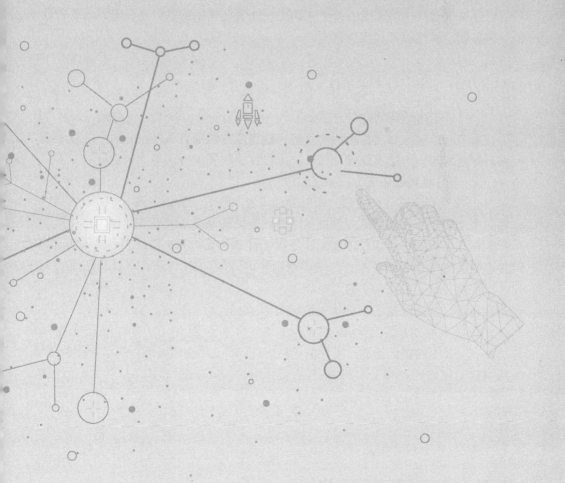

本章在前文适应性调度理论与方法研究基础上，开展适应性调度方法的有效性验证与案例研究工作。10.1 节基于第 9 章所研发的智能车间适应性调度原型系统，以半导体智慧制造单元 MiniFAB 为对象分别进行单元和联合的方法验证研究；10.2 节以某企业航空发动机装配线（简称为 AEAL）为对象，实施多级联动适应性调度的应用案例研究。

10.1
基于适应性调度原型系统的方法验证

基于所研发的智能车间适应性调度原型系统，以 MiniFab（详细介绍见第 3.3.3 节）为对象，首先，分别对第 5~8 章所提出的调度方法进行单元级有效性验证，具体包括鲁棒调度方法、适应性重调度方法和闭环调度方法，需要说明的是，第 6 章所提实时调度是适应性重调度方法中的一个环节；然后，开展集成鲁棒调度、适应性重调度与闭环调度的多级联动适应性调度体系的联合方法研究，以验证本书多级联动思想的可行性与有效性。

10.1.1　单级调度方法验证

（1）多目标鲁棒调度方法验证

本节验证第 5 章所提出的多目标鲁棒调度方法的有效性，分两个阶段展开：多目标鲁棒调度方法实现过程以及与单目标鲁棒调度方法对比试验。

① 多目标鲁棒调度方法实现过程

a. 多目标调度策略生成。采用组合式调度规则作为调度策略，组合式调度规则是多个简单调度规则的线性加权组合，能够提高系统的整体性能。

在调度规则中，工件的加工次序由工件的优先级大小所决定。假设工件 j 是设备缓冲区中的待加工工件，采用规则 $Rule_k$ 对应的工件属性 A 计算所有待加工工件的优先级，则工件 j 的优先级为 $p_{k,j}$，$0 \leqslant p_{k,j} \leqslant 1$。进而根据优先级对工件进行排序，优先级高的工件优先被加工。

一些规则对应的工件属性 A 越大时，工件越早加工。如，先进先出规则（FIFO），其工件属性指的是工件的等待时间，即工件到达时刻与当前时刻的差值。根据该类属性确定的工件 j 的优先级定义为：

$$p_{k,j} = \frac{A_j - A_{\min}}{A_{\max} - A_{\min}} \tag{10-1}$$

还有一些规则对应的工件属性 A 越小时，工件越早加工，如最早交货期规则（EDD），其工件属性指的是工件的交货期。根据该类属性确定的工件 j 的优先级定义为：

$$p_{k,j} = 1 - \frac{A_j - A_{\min}}{A_{\max} - A_{\min}} \quad (10\text{-}2)$$

其中，A_j 是工件 j 的属性 A 的值；$A_{\max}$、$A_{\min}$ 分别是待排序工件中属性 A 的最大和最小值。

组合式调度规则确定的综合优先级的定义如下：组合式调度规则由简单调度规则 $\text{Rule}_k (k=1,2,\cdots,K)$ 线性加权组成，规则 Rule_k 在组合式调度规则中的权重是 $\omega_k (k=1,2,\cdots,K)$，则工件 j 的综合优先级是：

$$P_j = \omega_1 \times q_{1,j} + \omega_2 \times q_{2,j} + \ldots + \omega_K \times q_{K,j} = \sum_{k=1}^{K} \omega_k \times q_{k,j} \quad (10\text{-}3)$$

K 是组合式调度规则中简单调度规则的个数，且 $\sum_{k=1}^{K} \omega_k = 1, 0 \leqslant \omega_k \leqslant 1$。将以上组合式调度规则应用于生产调度时，根据公式（10-3）计算设备前各个待加工工件的综合优先级 P_j，根据 P_j 确定工件的加工顺序。工件的综合优先级越大，越早被加工。

本节采用 EDD、SRPT 和 CR 组成的组合式调度规则作为调度策略，调度策略可用简单调度规则的权重表示，即 $(\omega_{\text{EDD}}, \omega_{\text{SRPT}}, \omega_{\text{CR}})$。采用多目标遗传算法求解确定环境下的多目标调度问题，获得其 Pareto 解集，同 3 个简单调度规则一起构成多目标调度策略集，如表 10-1 所示。

表 10-1 多目标调度策略

策略序号	ω_{EDD}	ω_{SRPT}	ω_{CR}
1	0.66	0.20	0.14
2	0.17	0.10	0.73
3	0.26	0.41	0.33
4	0.36	0.31	0.33
5	0.75	0.20	0.05
6	0.05	0.61	0.34
7	0.51	0.22	0.27
8	0.10	0.50	0.40

续表

策略序号	ω_{EDD}	ω_{SRPT}	ω_{CR}
9	0.08	0.71	0.21
10	1.00	0.00	0.00
11	0.00	1.00	0.00
12	0.00	0.00	1.00

b. 多目标鲁棒调度策略求解。根据本书第 5.4.1 节基于场景规划的生产数据获取方法，遍历仿真上述多目标调度策略集，获取生产数据。然后，通过第 5.4.2 节多目标鲁棒调度模型，计算各性能指标的熵值和权重，如表 10-2 所示（表 10-2 中第一列为四个性能指标 O_i，$i=1,2,3,4$，第二列表示对应的性能指标鲁棒性的信息熵值，第三列为对应的性能指标鲁棒性的权重值），并计算各多目标调度策略的综合鲁棒性值，进而从中选择鲁棒性最优者作为多目标鲁棒调度策略，即表 10-1 中策略序号为 9 的（0.08，0.71，0.21）。

表 10-2 性能指标鲁棒性的熵值和权重

指标	e_i	α_i
加工周期（CT）	0.5704	0.4345
准时交货率（ODR）	0.9542	0.0464
产量（TP）	0.6779	0.3257
总移动步数（MOV）	0.8088	0.1934

② 与单目标鲁棒调度方法的对比试验

将基于熵权法的多目标鲁棒调度方法与单目标鲁棒调度方法进行对比，各方法获得的调度策略的鲁棒性如表 10-3 和图 10-1 所示。

表 10-3 与单目标鲁棒调度方法对比

调度方法	性能指标下的鲁棒性				均值
	CT	TP	ODR	MOV	
WRM_CT	0.0021	0.0372	0.3119	0.0894	0.1101
WRM_TP	0.0022	0.0204	0.4703	0.0813	0.1435
WRM_ODR	0.7359	0.0408	0.2119	0.0569	0.2614
WRM_MOV	0.789	0.0272	0.4703	0.0285	0.3288
WRM_MORO	0.0022	0.0204	0.2373	0.0894	0.0873

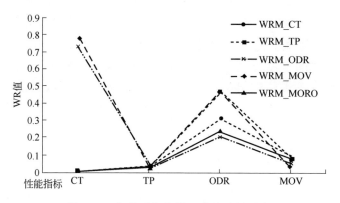

图 10-1 与单目标鲁棒调度方法的对比

其中，WRM_CT、WRM_TP、WRM_ODR 和 WRM_MOV 分别表示以 CT、TP、ODR 和 MOV 为目标的单目标鲁棒调度方法，WRM_MORO 表示基于熵权法的多目标鲁棒调度方法。每种调度方法都会生成一个鲁棒调度策略，其鲁棒性如表 10-3 中 2~5 列数据所示，第 6 列数据表示各性能指标鲁棒性的平均值。鲁棒性值越小，说明该调度策略在该性能指标上所表现出的鲁棒性越好。

从对单目标鲁棒性的优化效果来看，WRM_MORO 在性能指标 TP 的鲁棒性与最优单目标方法相同，均为 0.0204；在性能指标 CT 和 ODR 上的鲁棒性与最优单目标方法相差分别为 0.001 和 0.0254，相差较小；只有在性能指标 MOV 上的鲁棒性与最优单目标方法相差较大。

从整体来看，虽然单目标方法能够获得单目标鲁棒性最优，但对其他性能指标的鲁棒性优化效果较差，例如，WRM_MOV 在 MOV 上的鲁棒性最优为 0.0285，但是在其他三个性能指标上的鲁棒性较差，如 CT 鲁棒性为 0.789。相较之下，WRM_MORO 在多目标鲁棒性均值上优于其他单目标方法。

综上分析，所提出的多目标鲁棒调度方法能够在保证单性能指标鲁棒性优化的前提下，有效地提高调度策略在多性能指标上的全局鲁棒性。

（2）适应性重调度方法验证

本节验证由扰动识别和实时调度构成的适应性重调度方法的有效性，实验设计三种场景：生产线未发生扰动、发生扰动后未进行调度、发生扰动后进行调度。在 MiniFab 对象模型中，选定设备故障为突发型扰动事件，手工将生产设备设置为模拟故障状态，使其停止工作。随后在三维展示模型感知故障且提示重调度，通过集成的调度优化模块生成新的调度方案，并应用于 MiniFab 模型。生产结束后，分别记录三种情景下的各类生产信息数据。

在实验中，选择生产加工的订单产品数为 50 个，包含 2 种产品（产品 a、产品 b)各 25 个,每 5 个一组轮流投料,采取固定 WIP 数投料方法(WIP≤10)。在选用的调度规则集合中包括 4 种启发式规则,分别为:FIFO、CR、SRPT、FSVCT。生产线的调度方案由 3 个生产区域(Mab、Mcd、Me)所对应的调度规则组合形成。实验中记录的生产性能指标为加工完成后的产品平均加工周期(MCT)、最大/最小加工周期(MaxCT/MinCT)和加工周期标准差(CT_sd),以及各设备的总加工次数。同时,获取相应的生产记录,便于后续进行数据挖掘分析。

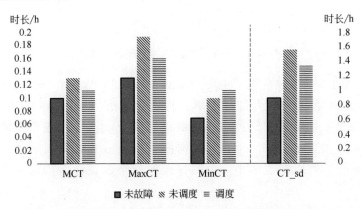

图 10-2 三种场景下生产性能柱状图比较

从图 10-2 中可以看出,对比故障和非故障情景:相较于未发生设备故障的理想情景,其他两种有故障情景的加工周期相关性能指标都有一定程度的劣化。这就说明了设备故障导致的待加工工件堆积,对制造系统产品的加工周期有较大的影响,并增加了其波动程度。对比故障状态下是否采取调度优化措施:对于故障发生后进行调度优化的情景,得到的各项生产指标均优于未进行调度的生产过程。因此,证明了该调度优化方法在改善设备故障后的加工周期相关性能指标下降的问题上,具有一定的效果。

总而言之,通过对实验结果的分析,证明适应性调度优化方法在应对系统设备故障而导致的突发扰动上的有效性,能够改善制造系统性能指标,并且提升系统稳定性。

(3)基于调度知识管理的闭环调度方法验证

基于调度知识管理的闭环调度是在数据驱动的适应性调度的基础上完成的。在本实验中,选取了表 10-4 中的生产状态特征集,以描述系统中工件和设备的状态;选取制造系统生产率 PROD 以及日平均移动步数 MOV 作为调度优化目标;结合调度目标,调度策略选取 EDD、SPT、CR 这三种调度规则组合而成的组合式调度规则。

表 10-4 生产状态特征集

字段名	数据项	数据类型
x_Qty	产品 x 的订单数量	整型
x_DueTime	产品 x 的交货时间	整型
y_MTBF/min	设备 y 的故障间隔时间	整型
y_MTTR/min	设备 y 的修复时间	整型
yz_Batch	设备 yz 的 Batch 数	整型
x_WIPQty	产品 x 的在制品数	整型
x_LastPhoto	完成 2/3 加工步骤的 x 产品的在制品数	整型
TME_a/min	工艺 a 的加工时间	整型
LastPhoto	完成 2/3 加工步骤的在制品数	整型
LastPhotoPercent	完成 2/3 加工步骤的在制品数所占的比例	浮点型

假定制造系统仿真模型运行时间划分为三个阶段,每个阶段运行时间为 60h,调度周期和制造系统状态采样周期均为 4 h。每个阶段的工件投料数不同,在阶段 1,每天工件的投料数约为 10~15 个;在阶段 2,每天工件的投料数约为 15~20 个;在阶段 3,每天工件的投料数约为 20~30 个。仿真模型预热 30 天,预热期的运行条件同阶段 1。分别采用调度知识更新与否两种方法指导 MiniFab 半导体生产线模型运行,记录连续 180h 的生产率和移动步数,分析实验结果。

图 10-3 为调度知识在线评估中得到的调度满意度控制图,其中,用圆点标识的样本点即为需要进行调度知识更新的样本点。在本实验中调度知识共更新了 7 次,调度满意度控制图更新了 2 次。图 10-4 及图 10-5 分别为以 4 小时为采样周期记录的系统生产率、日均移动步数变化图;图 10-6 为不同实验阶段生产率及日均移动步数的对比图。

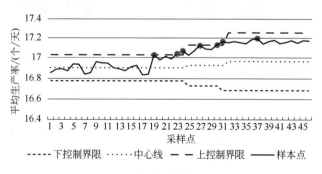

图 10-3 调度满意度控制图

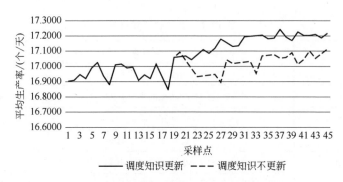

图 10-4　调度知识更新对生产率的影响

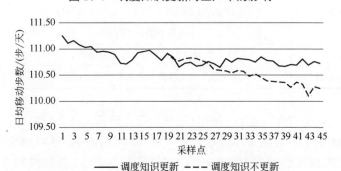

图 10-5　调度知识更新对日均移动步数的影响

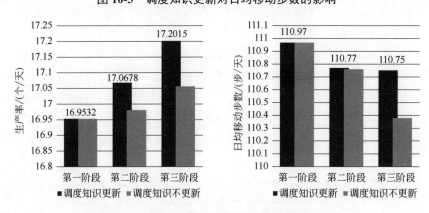

图 10-6　不同阶段生产率及日均移动步数的变化

根据图 10-3、图 10-4 以及图 10-5 中的变化趋势，可以看出：

a. 在实验的第一阶段（样本点 1～15），未进行调度知识的更新，调度知识不更新的方法和调度知识更新的方法均采用相同的调度策略，所产生的生产性能也一样，生产率为 16.9532 个/天、日均移动步数为 110.97 步/天。

b. 在实验的第二阶段（样本点 16～30），随着生产负荷增加带来的一系列生产状态的变化，调度知识评估方法判断出 5 处需要进行调度知识的更新，并相应对调度知识更新了 5 次，生产率为 17.0678 个/天，日均移动步数为 110.77 步/天，且生产率能够平稳上升，日均移动步数能够保持稳定。调度知识不更新的方法，生产率为 16.9806 个/天，日均移动步数为 110.76 步/天，且生产率有较大波动，日均移动步数也持续下降。分析数据，调度知识更新方法较调度知识不更新方法的生产率提高了 0.51%，日均移动步数略提高了 0.01%。相对于实验的第一阶段，调度知识更新方法的生产率提高了 0.68%，日均移动步数下降了 0.18%；调度知识不更新方法的生产率提高了 0.16%，日均移动步数下降了 0.19%。

c. 在实验的第三阶段（样本点 31～45），生产负荷进一步增加，生产状态又发生新的变化，调度知识动态更新的方法共对调度知识更新了 2 次，生产率为 17.2015 个/天，日均移动步数为 110.75 步/天，且生产率能够平稳上升，日均移动步数能够保持稳定。调度知识不更新的方法，生产率为 17.0560 个/天，日均移动步数为 110.38 步/天，但生产率有明显波动，日均移动步数依旧持续下降。分析数据，调度知识更新方法较调度知识不更新方法的生产率提高了 0.85%，日均移动步数提高了 0.34%。相对于实验的第二阶段，调度知识更新方法的生产率提高了 0.78%，日均移动步数下降了 0.018%；调度知识不更新方法的生产率提高了 0.44%，日均移动步数下降了 0.34%。

根据上述分析可以得到，调度知识更新的方法能够学习当前制造过程的样本数据，对调度知识进行更新，所给出的调度策略能够及时满足生产要求，持续对生产性能进行优化，而调度知识不更新所给出的调度策略不能适应生产状态的变化，所给出的调度策略不能完全满足生产要求。因此，在生产调度过程中，采用动态更新的调度知识进行生产调度，能够持续获取可靠适用的调度策略，进而保持生产过程的高效运行。

10.1.2 多级联动适应性调度方法的综合验证

（1）验证方案设计

① 基本生产参数

MiniFab 生产线可生产 a、b、c 三种类型的产品，其工艺信息如表 10-5 所示，三种类型产品的工艺路线一致，工序加工时间有所差别。模型初始时刻为 0 时刻，假设采用 24 小时工作制，初始订单为产品 a 和产品 b，其数量均为 400 个，交货期均为第 50 天。初始投料策略为固定时间间隔投料，时间间隔为 1 天，每种产品投料数量为 9 个。运行至完成全部订单，状态采集频率为 1 次/4h，每日产出量（TP_day）、每日移动步数（MOV_day）等短期性能指标的采集频率为 1 次/天，运行结束后计算产品准时交货率（ODR_x）、产品平均加工周期（MCT_X）、MOV

和 PROD 长期性能指标。

表 10-5 产品工艺信息

产品类型	工序	设备	加工时间/min
a	1	Ma	220
		Mb	235
	2	Mc	45
		Md	40
	3	Me	69
	4	Mc	55
		Md	60
	5	Ma	250
		Mb	245
	6	Me	18
b	1	Ma	220
		Mb	235
	2	Mc	40
		Md	35
	3	Me	65
	4	Mc	50
		Md	55
	5	Ma	250
		Mb	245
	6	Me	21
c	1	Ma	220
		Mb	235
	2	Mc	40
		Md	30
	3	Me	78
	4	Mc	60
		Md	45
	5	Ma	250
		Mb	245
	6	Me	22

② 实验场景设置

主要设计两个实验场景，分别记作 S1 和 S2，S1 为无扰动场景，即无扰动发生的生产场景，S2 为多源扰动场景，即有多种扰动发生的生产场景。为了验证闭环联动适应性调度方法对多源扰动的适应能力，S2 场景包括三种扰动，具体包括：

a. 工序不确定加工时间采用区间数表示。工序 i 的期望加工时间 p_i^* 已知，实际加工时间服从均匀分布 $p_i \sim U(p_i^L, p_i^H)$，其中，$p_i^L = p_i^* - \delta_i^L p_i^*$，$p_i^H = p_i^* + \delta_i^H p_i^*$。

b. 设备故障。描述设备故障主要有两个参数，一是描述故障何时发生的，如平均故障间隔（mean time between failure，简称 MTBF），二是描述故障的修复时间，如平均修复时间（mean time to repair，简称 MTTR）。本节中，假设在生产过程中设备会发生且仅发生一次故障，故采用故障发生时刻和故障修复时间两组参数表征设备故障，故障发生时刻服从正态分布 $t \sim N(\mu_t, \sigma_t^2)$，故障修复时间服从正态分布 $\Delta_t \sim N(\mu_{\delta t}, \sigma_{\delta t}^2)$。

c. 紧急订单。假设紧急订单的产品类型为产品 c，令 u 表示紧急订单，N_u、G_u 和 D_u 分别表示紧急订单的产品数量、插入时间和交货期。紧急订单的产品数量 N_u 为定值，紧急订单插入时间 G_u 服从均匀分布 $G_u \sim U(G_u^L, G_u^H)$，交货期服从均匀分布 $D_u \sim U(D_u^L, D_u^H)$。

在本实验中，三种扰动的参数设置如表 10-6 所示。

表 10-6　扰动参数设置

扰动	参数设置
工序不确定加工时间	设备 Me 上的工序：$\delta_i^L = 0, \delta_i^H = 0.05$
设备故障	设备 Mc：$t \sim N(40,1), \Delta_t \sim N(2,1)$(天)
紧急订单	产品 c 订单：$N_u = 200, G_u \sim U(20,21), D_u \sim U(45,46)$(天)

③ 对比实验设置

将实验场景与适应性调度方法组合，设计本节的对比实验，如表 10-7 所示。

表 10-7　四组对比实验设计

实验组	名称	实验设计	
		实验场景	所采用的调度方法
1	S1_Best rule	S1	调度规则
2	S2_Best rule	S2	调度规则
3	S2_Robust scheduling	S2	鲁棒调度方法
4	S2_Adaptive scheduling	S2	多级联动适应性调度方法

表 10-7 中的调度规则为最优启发式调度规则，即采用最优的启发式调度规则进行生产调度，且生产过程中不更改调度规则。四组实验的具体说明如下：

a. 第一组实验 S1_Best rule，是在无扰动场景下采用最优的启发式调度规则，即初始调度策略为调度规则，且生产过程中不更改。通过对比 5 种调度规则（CR、SRPT、EDD、FIFO 和 SPT），选择 S1 场景下性能表现最佳的 FIFO 规则。

b. 第二组实验 S2_Best rule，是在多源扰动发生的场景下采用 FIFO 规则，即初始调度策略为 FIFO 调度规则，且生产过程中不更改。该组实验与第一组对比，可反映在多源扰动场景下，若不调整调度策略，生产性能的劣化情况。

c. 第三组实验 S2_Robust scheduling，是在多源扰动场景下仅采用多目标鲁棒调度方法，即初始调度策略为鲁棒调度策略，且生产过程中不更改。该组实验与第二组实验对比，可反映所提出的多目标鲁棒调度方法在干扰场景下的调度效果。

d. 第四组实验记作 S2_Adaptive scheduling，为多源扰动场景下采用多级联动的适应性调度方法，即初始调度策略为鲁棒调度策略，在生产过程中，会进行在线扰动识别，并进行调度策略的适应性调整。该组实验与第二组和第三组实验对比，可用来验证所提出的多级联动适应性调度的有效性。

（2）结果与分析

将上述四组实验重复进行 30 次，采集长期性能指标 ODR_x、MCT_x、MOV、PROD 和完工时间（FT）。

30 次重复实验结果如表 10-8 所示，S1_Best rule 组作为无扰动情况下的性能指标基准值，加粗数据为其他三组中的最优值。

表 10-8　30 次重复实验结果

实验组	ODR_a/%	ODR_b/%	ODR_c/%	ODR/%
S1_Best rule	100.00	100.00	—	100.00
S2_Best rule	72.51	72.50	42.07	62.36
S2_Robust scheduling	**100.00**	**100.00**	0.80	66.93
S2_Adaptive scheduling	86.24	86.24	**55.97**	**76.15**

实验组	MCT/min	MOV	PROD	综合性能指标评价值
S1_Best rule	3567.99	103.66	17.26	0.98
S2_Best rule	14470.28	**99.70**	**16.60**	0.04
S2_Robust scheduling	8252.14	99.42	16.55	0.17
S2_Adaptive scheduling	**2866.72**	99.43	16.56	**0.35**

由表 10-8 可知，调度方法在对不同的性能指标的优化上表现出不一致性，如，适应性调度在 ODR 和 MCT 上表现最优，但在 MOV 和 PROD 上表现不够理想。产生此类现象的原因之一是制造系统多性能指标之间的复杂关系，有些性能指标之间呈现高度正相关性，而有些性能指标之间存在对立矛盾关系。因此，在制造系统中，无法使其所有性能指标同时达到最优值，需根据实际生产需求对指标有所取舍，在保证其他次要指标的劣化程度可容忍的前提下，使主要指标达到最优或近似最优。

为了进一步对比各种调度方法在干扰情况下的适应能力，将表 10-8 中各项性能指标的均值进行归一化处理，然后取均值作为综合性能指标评价值，得到表 10-8 中的综合性能指标评价数据。其中，由于 ODR 为 ODR_a、ODR_b 和 ODR_c 的均值，计算综合性能指标评价值时会重复加和，因此，计算综合性能指标评价值时只涉及 ODR 指标。

针对值越大越好的性能指标，归一化处理方式如式（10-4）所示：

$$p' = \frac{p - p_{\min}}{p_{\max} - p_{\min}} \tag{10-4}$$

针对值越小越好的性能指标，归一化处理方式如式（10-5）所示：

$$p' = 1 - \frac{p - p_{\min}}{p_{\max} - p_{\min}} \tag{10-5}$$

其中，p' 为归一化后的性能指标值；p 为性能指标原值；$p_{\max}$ 为 30 次重复实验的原始数据中该性能指标的最大值；$p_{\min}$ 为其中的最小值。

分别分析各组实验的综合性能指标评价值，具体如下：

a. S1_Best rule：在无扰动场景下，采用固定 FIFO 规则进行生产调度，其综合性能指标评价值为 0.98，表现最佳。

b. S2_Best rule：在多源扰动场景下，依旧采用固定 FIFO 规则进行生产调度，综合性能指标劣化严重，评价值仅为 0.04。

c. S2_Robust scheduling：在多源扰动场景下，若采用多目标鲁棒调度方法进行生产调度，综合性能指标评价值为 0.17，该方法与固定 FIFO 规则相比，能够在干扰发生情况下提高生产性能。

d. S2_Adaptive scheduling：在多源扰动场景下，若采用多级联动适应性调度方法进行生产调度，综合性能指标评价值为 0.35，优于多目标鲁棒调度方法和固定 FIFO 规则。

综上，在多源扰动发生的情况下，虽然多级联动适应性调度方法在 MOV、PROD 性能指标上的表现略逊于固定调度规则 FIFO，但是，从综合性能指标上来看，多级联动适应性调度方法还是优于固定调度规则以及鲁棒调度方法。因此，在多源扰动发生的情况下，本书研究提出的多级联动适应性调度方法与单级调度及调度规则相比,能够大幅提升 ODR 和 MCT 的性能,并保证整体综合性能指标的优化。

10.2 以某企业航空发动机装配线 AEAL 为对象的案例研究

航空发动机是飞机的动力来源,相当于飞机的心脏,作为技术含量较高的机械部件,其制造过程也极为复杂和精密。航空发动机的整机装配是制造过程的最后一个环节,涉及零部件达几千件,装配流程复杂,具有"两装两试"的特点。本节以某企业真实航空发动机装配线为对象,构建航空发动机脉动装配线 AEAL 模型,并以此展开多级联动适应性调度的应用案例研究。下面将介绍 AEAL 模型的工艺流程信息、站位信息等,然后设计系统级的验证方案,主要包括实验场景的设置和对比实验的设计,最后对实验结果进行分析与讨论。

10.2.1 航空发动机装配线 AEAL 介绍

(1) 某企业航空发动机装配线背景知识

根据某企业真实航空发动机装配线构建本节的航空发动机装配线 AEAL 模型。图 10-7 所示为该企业航空发动机装配线的工艺流程图,本节隐藏了站位内部详细工步信息,以站位为最小单位。每个矩形代表一个工序(其中"异常部分重新拆装直到试车成功"矩形除外),每个类型的工序均由与之对应的站位完成,每道工序由若干复杂的工步组成。

从图 10-7 可见,该企业航空发动机的装配工艺流程具有"两装两试"特点,工艺流程具体描述如下:

a. 一次拆装过程中,共有部件装配、假装配+分解、冷端装配、热端装配、附件传动及输出轴装配、外部管路及附件装配、视觉检测、整机检验、试车、总装分解、清洗检查零件 11 个操作步骤。其中,冷端装配、热端装配、附件传动及输出轴装配、外部管路及附件装配为脉动节拍式操作,在一次拆装过程中可将其称为一次总装。

b. 一次拆装结束后,不论一次试车成功与否,均进入二次拆装过程。二次拆装包含部件装配、假装配+分解、冷端装配、热端装配、附件传动及输出轴装配、外部管路及附件装配、视觉检测、整机检验、试车9个步骤，与一次总装相同，二次拆装中冷端装配、热端装配、附件传动及输出轴装配、外部管路及附件装配为相配合的脉动节拍式操作，称为二次总装。

c. 二次拆装试车完成后判断二次试车是否合格，若合格，则交付发动机，若不合格，则进入三次拆装。三次拆装针对异常部分进行拆装，直到试车成功。

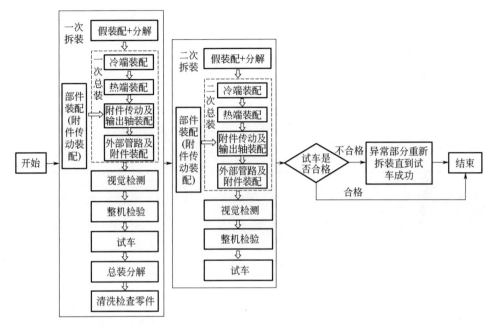

图 10-7　某企业航空发动机装配工艺流程示意图

工艺说明如下：

a. 部件装配：部件装配即为附件传动装配，该步骤与附件传动及输出轴装配步骤具有齐套性。

b. 假装配+分解：该步骤主要安装前段部位、压气机匣、压气机转子、扩压机匣等物料，并在安装完成后进行分解。

c. 冷端装配：该步骤预装配前段部位、压气机匣、压气机转子、扩压机匣等物料，并安装联动机构，该步骤与热端装配、附件传动及输出轴装配、外部管路及附件装配构成脉动节拍式操作。

d. 热端装配：该步骤主要安装燃气机涡轮转子、承力机匣、燃油总管、动力涡轮等物料，该步骤与冷端装配、附件传动及输出轴装配、外部管路及附件装配构成脉动节拍式操作。

e. 附件传动及输出轴装配：该步骤装配附件传动、输出轴、动力涡轮轴承后盖等物料，与部件装配具有齐套性，并与冷端装配、热端装配、外部管路及附件装配构成脉动节拍式操作。

  f. 外部管路及附件装配：该步骤主要安装滑油管路、燃油管路、空气管路、电气系统等附件物料，与冷端装配、热端装配、附件传动及输出轴装配构成脉动节拍式操作。

  g. 总装分解：该步骤主要拆卸发动机已安装的所有装备。

  h. 清洗检查零件：该步骤主要清洗拆除后的装备。

（2）AEAL 模型

  结合上述某企业航空发动机装配线背景信息，设计了航空发动机装配线 AEAL 模型，该模型装配三种类型的发动机，分别记作产品 A、B 和 C，具体工艺流程信息如表 10-9 所示。设计一个具有一次拆装和二次拆装的航空发动机装配线 AEAL 模型，用于多级联动适应性调度方法的应用案例研究。

表 10-9 产品工艺流程信息表

步骤	产品A 加工工序	加工时间/h	产品B 加工工序	加工时间/h	产品C 加工工序	加工时间/h
1	部件装配（一次拆装）	12	部件装配（一次拆装）	10	部件装配（一次拆装）	14
2	假装配+分解	8	假装配+分解	8	假装配+分解	8
3	冷端装配	4	冷端装配	4	冷端装配	4
4	热端装配	4	热端装配	4	热端装配	4
5	附件传动及输出轴装配	4	附件传动及输出轴装配	4	附件传动及输出轴装配	4
6	外部管路及附件装配	4	外部管路及附件装配	4	外部管路及附件装配	4
7	视觉检测	4	视觉检测	4	视觉检测	4
8	整机检验	4	整机检验	4	整机检验	4
9	试车	8	试车	10	试车	6
10	总装分解	4	总装分解	4	总装分解	4
11	清洗检查零部件	4	清洗检查零部件	6	清洗检查零部件	3
12	部件装配（二次拆装）	12	部件装配（二次拆装）	12	部件装配（二次拆装）	12
13	假装配+分解	8	假装配+分解	8	假装配+分解	8
14	冷端装配	4	冷端装配	4	冷端装配	4
15	热端装配	4	热端装配	4	热端装配	4

续表

步骤	产品A		产品B		产品C	
	加工工序	加工时间/h	加工工序	加工时间/h	加工工序	加工时间/h
16	附件传动及输出轴装配	4	附件传动及输出轴装配	4	附件传动及输出轴装配	4
17	外部管路及附件装配	4	外部管路及附件装配	4	外部管路及附件装配	4
18	视觉检测	4	视觉检测	4	视觉检测	4
19	整机检验	4	整机检验	4	整机检验	4
20	二次试车	8	二次试车	10	二次试车	7

AEAL模型的具体站位信息如表10-10所示,共有11种站位,除部件装配站位、假装配+分解装配站位和试车点有2个站位外,其余站位均只有1个。

表10-10　AEAL模型站位信息表

站位名称	站位数量	加工工序号
部件装配站位	2	1、12
假装配+分解站位	2	2、13
冷端装配站位	1	3、14
热端装配站位	1	4、15
附件传动及输出轴装备站位	1	5、16
外部管路及附件装配站位	1	6、17
视觉检测站位	1	7、18
整机检测站位	1	9、19
总装分解站位	1	11
清洗检查零部件站位	1	12
试车点	2	10、20

经调研得知,航空发动机装配过程存在多种扰动因素,接下来将分别介绍本节实验所考虑的工序时间波动和第二次试车不合格两种扰动。

a. 工序时间波动。工序时间波动主要由三种情况引起:一是由调整垫尺寸不合格引起,主要发生在首次装配中的第1~6道工序,发生的概率约为70%,发生后需要重新打磨调整垫,会造成工序时间延长3~5min;二是由装配技术问题引起,可能会发生在所有装配工序(第1~6、12~17道工序)中,其发生的概率较小,约为 5%,发生后需要相关技术人员协助解决,一般会造成工序时间延长 1~2h;三是由装配人员或检测人员手工操作引起,会发生在所有装配、分解、检测等工序中,会造成工序时间存在±5%的波动。

b. 第二次试车不合格。由图 10-7 可知,发动机装配过程经历两装两试之后,若第二次试车不合格,会将不合格部件进行第三次拆装,将不合格部分重复第 10~20 道工序,二次试车不合格概率约为 5%~10%。

10.2.2 多级联动适应性调度方法的案例研究

(1) 验证方案设计

① 基本生产参数

AEAL 模型的初始时刻为 0 时刻,假设采用 24 小时工作制,生产产品 A、B、C 三种产品,投料策略为固定时间间隔投料,时间间隔为 10 天,每种产品投料数量为 8 个。状态采集频率为 1 次/天,每日移动步数(MOV_day)等短期性能指标的采集频率为 1 次/天,运行至 60 天时,计算其性能指标站位平均利用率(OEU)和 PROD。

② 实验场景设置

主要设计两个实验场景,分别记作 S1 和 S2,S1 为无扰动场景,即无扰动发生的生产场景,S2 为多源扰动场景,即有多种扰动发生的生产场景,包括工序时间波动和第二次试车不合格两种扰动类型,扰动具体设置如下。

a. 工序时间波动:第 1~6 道和第 12~17 道工序存在工序延长风险,发生概率 $P_t = 5\%$,延长时间 t 服从均匀分布 $t \sim U(1,2)$。其余工序加工时间存在波动情况,工序 i 的期望加工时间 p_i^* 已知,实际加工时间服从均匀分布 $p_i \sim U(p_i^L, p_i^H)$,其中,$p_i^L = p_i^* - 5\%p_i^*$,$p_i^H = p_i^* + 5\%p_i^*$。

b. 第二次试车不合格:第二次试车工序存在不合格风险,不合格概率 $P_f = 10\%$,若第二次试车不合格,将重复第 10~20 道工序进行第三次拆装和试车,第三次拆装和试车过程中的各工序时间与第 10~20 道工序相同,并设定第三次试车不合格概率为 0。

③ 对比实验设计

将实验场景与实验方法组合,设计本节的对比实验,如表 10-11 所示。

表 10-11 中的调度规则表示最优启发式调度规则,即采用最优的启发式调度规则进行生产调度,且生产过程中不更改调度规则。四组实验的具体说明如下:

a. 第一组实验 S1_Best rule,是在无扰动场景下采用最优的启发式调度规则,即初始调度策略为调度规则,且生产过程中不更改。通过对比 3 种调度规则(CR、SRPT 和 EDD),选择 S1 场景下性能表现最佳的 SRPT 规则。

b. 第二组实验 S2_Best rule，是在多源扰动发生的场景下采用 SRPT 规则，即初始调度策略为 SRPT 调度规则，且生产过程中不更改。该组实验与第一组对比，可反映在多源扰动场景下，不调整调度策略时生产性能的劣化情况。

c. 第三组实验 S2_Robust scheduling，是在多源扰动场景下采用多目标鲁棒调度方法，即初始调度策略为鲁棒调度策略，且生产过程中不更改。该组实验与第二组实验对比，可反映本书所提出的鲁棒调度方法在干扰场景下的调度效果。

d. 第四组实验记作 S2_Adaptive scheduling，为多源扰动场景下采用多级联动适应性调度方法，即初始调度策略为鲁棒调度策略，在生产过程中，根据在线扰动识别结果，进行调度策略的适应性调整。该组实验与第二组和第三组实验对比，可用来验证所提出的多级联动适应性调度的有效性。

表 10-11 四组对比实验设计

实验组	名称	实验设计	
		实验场景	所采用的调度方法
1	S1_Best rule	S1	调度规则
2	S2_Best rule	S2	调度规则
3	S2_Robust scheduling	S2	鲁棒调度方法
4	S2_Adaptive scheduling	S2	多级联动适应性调度方法

（2）结果与分析

将上述四组实验重复进行 30 次，采集长期性能指标站位 OEU、累计产出（TP）和 PROD。由于 PROD 的计算是通过 TP 除以总时间得到的，总时间相同，两者成正比例关系，因此，接下来主要分析性能指标 PROD 和 OEU。为了反映 30 次重复实验的性能指标变化情况，将部分原始数据展示如图 10-8 和图 10-9 所示。

以图 10-8 为例，其横坐标为实验次数，纵坐标为日均生产率，四条折线分别表示四组实验：S1_Best rule、S2_Best rule、S2_Robust scheduling 和 S2_Adaptive scheduling。从图 10-8 可以看出，无扰动场景下的 S1_Best rule 实验的 PROD 值最大，在多源扰动场景下的三组实验中，S2_Adaptive scheduling 实验的 PROD 值明显高于其他两组实验，因此，在多源扰动发生的情况下，适应性调度在 PROD 上的表现优于调度规则和鲁棒调度方法。从图 10-9 可以得出类似结论，并且扰动场景下的适应性调度的 OEU 甚至优于无扰动场景下的最优调度规则。

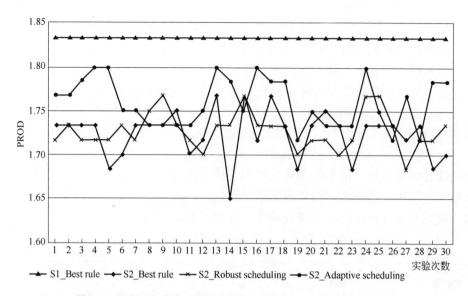

图 10-8　四组实验在 PROD 上的结果对比（30 次重复实验）

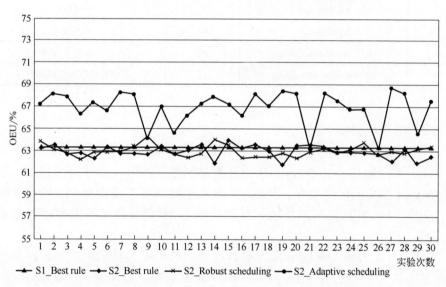

图 10-9　四组实验在 OEU 上的结果对比（30 次重复实验）

从图 10-8 中可以直观地反映出 S2_Adaptive scheduling 和其他三组的性能差距，但是 S2_Best rule 和 S2_Robust scheduling 之间的差距不明显，因此，接下来将对 30 次重复实验的均值进一步分析。

30 次重复实验结果如表 10-12 所示，S1_Best rule 组作为无扰动情况下的性能指标基准值，加粗数据为其他三组中的最优值。

表 10-12 30 次重复实验的均值

实验组	OEU/%	PROD
S1_Best rule	63.26	1.83
S2_Best rule	62.89	1.72
S2_Robust scheduling	62.99	1.73
S2_Adaptive scheduling	**66.90**	**1.76**

按照表 10-12 中的性能指标顺序依次讨论如下。

① 在 PROD 上的分析与结论

a. S1_Best rule：在无扰动场景下，采用 SRPT 规则进行生产调度，生产过程中规则不变，日均生产率 PROD 均值为 1.83。

b. S2_Best rule：在多源扰动场景下，依旧采用 SRPT 规则进行生产调度，日均生产率下降至 1.72。

c. S2_Robust scheduling：在多源扰动场景下，若采用鲁棒调度规则进行生产调度，且鲁棒调度规则在生产过程中不进行调整，日均生产率为 1.73，与原调度规则 SRPT 相比，略有提高。

d. S2_Adaptive scheduling：在多源扰动场景下，若采用联动的适应性调度方法进行生产调度，日均生产率为 1.76，高于原调度规则和鲁棒调度规则，为后三组中的最优值。

因此，在多源扰动发生的情况下，调度规则在 PROD 性能上的表现最差；与调度规则相比，鲁棒调度方法对 PROD 的优化效果不明显；适应性调度能够明显提高制造系统的 PROD。

② 在 OEU 上的分析与结论

a. S1_Best rule：在无扰动场景下，采用 SRPT 规则进行生产调度，生产过程中规则不变，站位平均利用率 OEU 均值为 63.26%。

b. S2_Best rule：在多源扰动场景下，依旧采用 SRPT 规则进行生产调度，OEU 下降至 62.89%。

c. S2_Robust scheduling：在多源扰动场景下，若采用鲁棒调度规则进行生产调度，且鲁棒调度规则在生产过程中不进行调整，OEU 均值为 62.99%，与原调度规则 SRPT 相比，优化效果不明显。

d. S2_Adaptive scheduling：在多源扰动场景下，若采用多级联动适应性调度方法进行生产调度，OEU 均值为 66.9%，高于原调度规则和鲁棒调度规则，为后三组中的最优值。

因此，在多源扰动发生的情况下，调度规则在 OEU 性能上的表现最差；鲁棒调度方法与调度规则相比，对 OEU 的优化效果不明显；适应性调度能够显著优化产线的 OEU，甚至优于无扰动环境下的 OEU 值。

需要特别指出的是，S2_Adaptive scheduling 的 OEU 值甚至高于 S1_Best rule。这是因为在适应性调度过程中，为了获得更高的日生产率，最直接的是提高站位利用率以增加产能。此外，虽然 S2_Adaptive scheduling 的 OEU 值高于 S1_Best rule，但是 S2_Adaptive scheduling 的 PROD 值与 S1_Best rule 最优值还有一段差距。这说明在多源扰动发生的情况下，即使将 OEU 优化至高于无扰动时的水平，也无法达到 PROD 和 OEU 两者皆优于无扰动时的水平，也间接说明了多源扰动发生对制造系统性能的影响。

综上，在多源扰动发生的情况下，所提出的多级联动适应性调度方法与鲁棒调度及调度规则相比，能够通过大幅提高制造系统的 OEU，保证 PROD 性能指标的优化。以航空发动机装配线为背景的案例研究，也说明了所提多级联动适应性调度具备一定的产业应用及推广潜力。

缩略词索引

序号	缩略词	首次出现章节	首次出现页码	中文	英文
1	A3C	第7章	155	异步优势行动者评论家算法	asynchronous advantage actor-critic
2	AGV	第3章	64	自动导引小车	automated guided vehicle
3	ALD	第8章	177	近似线性依靠条件	approximate linear dependence
4	AM	第1章	2	敏捷制造	agile manufacturing
5	AOR	第7章	136	受影响工序重调度	affected operations rescheduling
6	BPSO	第1章	10	二进制粒子群算法	binary particle swarm optimization
7	CCD	第6章	128	中心组合设计	central composite design
8	CDR	第1章	8	组合式调度规则	composite dispatching rule
9	CIM	第1章	2	计算机集成制造	computer integrated manufacturing
10	CL	第8章	173	中心线	central line
11	CPPS	第3章	52	信息物理生产系统	cyber-physical production system
12	CPS	第1章	2	信息物理系统	cyber-physical system
13	CR	第5章	97	临界值	critical ratio
14	CRM	第2章	22	客户关系管理	customer relationship management
15	DBSCAN	第2章	32	基于密度的噪声应用空间聚类算法	density-based spatial clustering of applications with noise
16	DNN	第7章	154	深度神经网络	deep neural networks
17	DQN	第7章	155	深度Q学习网络	deep Q-learning network
18	DRL	第7章	153	深度强化学习	deep reinforcement learning
19	EDD	第1章	8	最早交货期规则	earliest due date
20	ELM	第2章	47	极限学习机	extreme learning machine
21	EMS	第2章	23	能源管理系统	energy management system
22	ERP	第2章	22	企业资源计划	enterprise resource planning
23	FIFO	第1章	8	先进先出	first in first out
24	FLNQ	第5章	98	下一排队最小批量	fewest lots at next queue
25	FMS	第1章	2	柔性制造系统	flexible manufacturing system
26	FSVCT	第5章	98	加工周期方差波动平滑	fluctuation smoothing for variance of cycle time
27	GA	第6章	120	遗传算法	genetic algorithm

续表

序号	缩略词	首次出现章节	首次出现页码	中文	英文
28	GAN	第8章	171	生成式对抗网络	generative adversarial networks
29	GBDT	第2章	47	梯度上升决策树	gradient boosting decision tree
30	HMM	第7章	147	隐马尔可夫模型	hidden markov model
31	ICPS	第3章	59	工业信息物理融合系统	industrial cyber physical system
32	IoT	第1章	2	物联网	internet of things
33	K-NN	第2章	32	K近邻分类	K-nearest neighbor
34	LB	第5章	98	均衡生产	line balance
35	LCL	第8章	173	下控制限	lower control limit
36	LPT	第5章	98	最长加工时间	longest processing time
37	LS	第5章	97	最短等待时间	least slack
38	LSTM	第7章	148	长短期记忆	long short-term memory
39	MDP	第7章	154	马尔可夫决策过程	markov decision process
40	MDR	第1章	8	多启发式调度规则	multi- dispatching rule
41	MES	第2章	35	制造执行系统	manufacturing execution system
42	MORO	第5章	90	多目标鲁棒调度方法	multi-objective robust optimization method
43	MPN	第2章	34	多趟近邻排序算法	multi-pass sorted neighborhood
44	MTBF	第10章	215	平均故障间隔	mean time between failure
45	MTTR	第10章	219	平均修复时间	mean time to repair
46	NSGA	第5章	102	非支配排序遗传算法	non-dominated sorting genetic algorithms
47	NSGA-II	第5章	102	二代非支配排序遗传算法	non-dominated sorting genetic algorithms- II
48	OS-ELM	第8章	178	在线序列极限学习机	online sequential extreme learning machine
49	PCA	第7章	144	基于主成分分析	principle component analysis
50	PHM	第7章	143	健康状况管理	prognostics and health management
51	PLM	第2章	22	产品生命周期管理	product lifecycle management
52	PR	第7章	135	局部重调度	partial rescheduling
53	RF	第7章	147	随机森林	random forest
54	RFID	第2章	25	无线射频识别技术	radio frequency identification

续表

序号	缩略词	首次出现章节	首次出现页码	中文	英文
55	RL	第7章	153	强化学习	reinforcement learning
56	ROC	第7章	139	接收者操作特征	receiver operating characteristic
57	RSM	第6章	127	响应曲面法	response surface methodology
58	RSR	第7章	135	右移重调度	right shift rescheduling
59	SBO	第1章	12	基于仿真的优化方法	simulation-based optimization
60	SBO-NSGA-Ⅱ	第5章	90	基于仿真优化的多目标遗传算法	simulation-based optimaztion and non-dominated sorting genetic algorithms-Ⅱ
61	SCM	第2章	22	供应链管理	supply chain management
62	SDR	第1章	8	单启发式调度规则	single dispatching rule
63	SLACK	第5章	95	最小单位松弛量	slack
64	SMLC	第1章	2	智能制造领导者联盟	smart manufacturing leadership coalition
65	SNM	第2章	34	邻近排序算法	sorted-neighborhood method
66	SoS	第3章	55	系统之系统级	system of systems
67	SPC	第8章	172	统计过程控制	statistical process control
68	SPE	第8章	177	平均预测误差	squared prediction error
69	SPM	第1章	3	智能过程制造	smart process manufacturing
70	SPT	第1章	8	最短加工时间	shortest processing time
71	SRPT	第5章	97	最短剩余加工时间	shortest remaining processing time
72	SVDD	第7章	144	支持向量数据域描述	support vector data description
73	SVM	第1章	10	支持向量机	support vector machine
74	SVR	第2章	47	支持向量回归	support vector regression
75	TR	第7章	135	全局重调度	total rescheduling
76	UCL	第8章	173	上控制限	upper control limit